신인류와 문화콘텐츠 그리고 대중문화

신인류와 문화콘텐츠 그리고 대중문화

이 길 용

종문화사

프롤로그

매스미디어와 신인류

　매스 미디어의 발달로 문화의 영향력은 생각할 수 없을 정도로 커지고 있다. 동일한 시간에 서로 다른 공간에서 줄잡아 수억에 이르는 사람들이 모니터로 전해지는 같은 그림을 만나고 있는 장면은 이전 시대에서는 전혀 볼 수 없었던 장관이다. 영화 한 편에 천만 명이 들어오고, 잘 알려진 가수나 밴드들은 한 번 공연에 몇 만 명씩 찾아오게 만드는 솜씨를 자랑한다. 히트 드라마는 적어도 몇 개월씩 매주 천여만명의 사람들을 TV 수상기 앞에 줄 세우고 있다.
　모두 이전에는 없던 일이다. 고작 몇백, 몇천에 국한된 문화콘텐츠의 향

유가 전부였던 때도 있었다. 그마저도 여유가 있고 품격을 논할 수 있는 가정경제를 지닌 특정 계층만이 누리는 호사였고, 대부분의 서민은 생존을 위한 줄다리기에 여념이 없었다. 그러나 이제 시대가 바뀌었다. 우리 아이들은 각종 미디어로 꽉 들어찬 '인공 환경'속에서 성장기를 보내고 있다. TV와 라디오는 기본이고, 컴퓨터와 인터넷 그리고 이를 주머니 속으로 이동시킨 스마트폰 등 이전과는 비교도 할 수 없는 문명의 풍요로움과 편리함을 자연스레 습득하고 있다.

 이런 아이들은 이전 부모세대와는 전혀 다른 인류로 자리를 잡아갈 것이다. 같은 시간과 공간을 나누고 있지만, 이전 세대와 그들은 전혀 다른 인류요 시민이라 할 것이다. 그러니 부모시대의 소통기술과 방법으로는 그들과 더 이상 대화할 수가 없다. 코드도 다르고, 문법도 다르고, 생각도 다르다. 여기에 묶인 여러 글은 그러한 신인류와의 소통을 위한 작은 움직임의 결과로 볼 수 있을 것이다.

 사실 이 책의 글은 단일한 주제 아래 하나의 호흡으로 쓰인 것은 아니다.

다양한 매체의 부탁과 요청에 따라 세상에 나왔거나, 몇몇은 내 개인 블로그에 포스팅 된 것들도 있다. 사정이 그러하니 글의 내용과 표기의 수준이 일정하지 않았다. 학술지에 실렸던 경우는 제대로 된 논문의 형태를 취하고 있었지만, 신문이나 잡지의 부탁으로 기고한 글은 특정 상황과 환경에 집중된 표현과 내용을 담고 있기도 했다. 그리고 온라인 게시판에 올렸던 미발표 글들은 다른 것에 비해 사적이고, 또 편안한(?) 표현들도 적지 않았다. 또한 글을 쓴 시점도 제각기여서 1990년대부터 최근까지 다양한 글감과 소재들이 뒤섞여 있는 모습도 숨길 수 없었다.

하지만 이렇게 저렇게 세상에 나온 글들을 한군데 모아놓고 보니 모두 지금의 대중문화와 연관된 내용을 담고 있었다. 그래서 비슷한 내용과 흐름을 보이는 글들을 1~3부 별로 묶고, 표현과 용어를 가급적 균일하게 맞춰놓고 보니 나름 읽어줄만한 대중문화 비평서가 되었다. 그런 점에서 이 책은 대중문화와 신인류 이해를 위한 내 학문적 여정의 첫 결과라고 할 수 있겠다. 따라서 이는 마침표가 아니라 새로운 시작을 위한 이정표이다. 이 책은 향

후 보다 연속적이고 차분한 대중문화 분석을 위한 연구를 다짐하고 약속하는 단서로 충분히 역할하리라 자신하며, 이를 통해 이전 세대와는 전혀 다른 존재로 성장하고 있는 매스 미디어 시대의 신인류를 이해하는데 나름대로 이바지 할 것이라 믿어 의심치 않는다.

2016년 6월

忘羊齋에서 저자 書

목차

매스미디어와 신인류

I. 미디어 이해하기

미디어 시대의 신인류　　　15

미디어는 메시지다, 아니 맛사지인가?　　　21

사라진 아우라　　　26

진짜, 가짜? - 시뮬라시옹 시대에 사는 우리　　　31

보이는 것과 감춰진 것　　　36

II. 인문학적 영화산책

2월 2일의 저주, 시간을 느끼는 몇 방식　　43

〈밀양〉과 한국교회　　58

〈명량〉 분석적 읽기　　100

〈몬트리올 예수〉의 영성　　127

〈28일 후〉, 현대문화와 생명 살림　　155

"아빠 왜 저 사람 도망만 다녀?"　　178

음악의 시각화, 카핑 베토벤 (Copying Beethoven, 2006)　　190

일상의 수채화, 〈꽃피는 봄이 오면〉(2004)　　199

저패니매이션에 대한 한 단상　　203

현대인을 위한 비신화화?　　212

III. 터치, 대중문화

대중문화는 현실을 담고 있는 지도   231

〈너의 목소리가 들려〉   234

〈주군의 태양〉   239

유감, 〈런닝맨!〉   243

〈우리 동네 예체능〉   247

문화에 빠지는 사람들   251

참고문헌   259
미 주   265

I. 미디어 이해하기

미디어 시대의 신인류

미디어의 홍수다. 미디어에 관한, 미디어를 위한, 미디어에 속한 이야기들이 춤을 추고 꽃을 피우는 시대가 지금이다. 그런데 재미있는 것은 매번 미디어가 던져준 미끼를 물고 쉴 새 없이 뭔가를 떠들어대고는 있지만 미디어 자체를 묻는 이들은 그리 흔치 않다. 마치 물고기가 물속에 있으면서도 물을 의식하지 못하는 것처럼, 미디어에 둘려 쌓여 살고 있으면서도 정작 미디어가 우리에게 어떤 영향을 주고 있는지를 침착하게 되묻고 있는 이들이 많지 않다는 것이 지금의 아이러니이다. 특히 종교분야가 그렇다. 각종 음향기기에 멀티미디어 기자재 등 각종 종교 시설 안에는 여전히 셀 수 없이 많은 미디어들이 장사진을 이루고 있지만, 왜 그것이 하필 지금 그 자리를 지키고 있으며, 또 그를 쓰고 있는 우리에게 어떤 의미가 있는 것인가를 진지하게 물어보는 이는 극히 적다. 그냥 옆에 있고, 많이들 쓰고 활용하니까 특별한 물음 없이 또 그것들을 가져와 쓰고 활용할 뿐이다.

 이제 이런 식의 반성 없는 미디어 사용은 그만 멈춰야 하지 않을까? 바로 이런 생각이 이 글이 나오게 되는 한 배경을 이룬다. 현대 문화생활의 큰 부분을 맡고 있는 미디어에 대한 좀 더 치밀한 이해. 바로 그것이 이 글이 원하는 목표라 할 것이다.

 먼저 미디어라는 말뜻부터 살펴보자. 미디어라는 말은 라틴어 '메디움'(medium)에서 생겨났다. 그 뜻은 '중간에 … '이다. 가운데에서 (가)와 (나)를 연결해주는 도구나 기기들을 이 낱말로 설명한 것이다. 16세기 후반부터 자주 사용되기 시작한 이 말은 18, 19세기에는 주로 '신문'을 지칭했다고 한다. 그러다 20세기 이후에는 소통 도구 이상을 넘어서는 뜻으로 풀기 시작하는 이들이 생겨났다. 미디어가 단순히 소통을 위한 도구에서 인간의 의식과 인식형성에 영향을 줄 수도 있다고 본 것이다. 이런 배경에는 전기의 발견과 활용 그리고 그것의 폭넓은 확산이 자리하고 있다.

 전기의 활용은 미디어 세계에 지각 변동을 일으켰다. TV, 라디오, 영화, 인터넷, 핸드폰, 그리고 최근의 스마트폰에 이르기까지 전기로 구동되는 다양한 형태의 미디어들은 인간 생활에 혁명적 변화를 가져왔고, 더 나아가 그 기기를 다루고 활용하는 인간의 의식과 더불어 인간 자체를 이전과는 전혀 다른 존재로 바꾸어 갔다.

이런 환경의 변화는 결국 미디어를 단순한 도구에서 하나의 언어 요, 메시지 그 자체로 인식하게 만들었다. 이때 등장한 미디어 연구가들이 맥루한(Herbert Marshall McLuhan, 1911~1980), 벤야민(Walter Bendix Schönflies Benjamin, 1892~1940), 이니스(Harold Innis, 1894~1952), 보드리야르(Jean Baudrillard, 1929~2007) 같은 이들이다. 이들은 '사라진 아우라', '초과 실재', '시뮬라시옹', '기호가치', '핫 미디어', '쿨 미디어', '감각 비율' 등등 알쏭달쏭한 말들을 쏟아내며 인간이 만들어놓은 미디어가 어떻게 인간을 바꾸어왔는지를 설명하고 있다. 앞으로 이어질 이 글은 바로 저들이 현대를 사는 우리에게 던진 화두와도 같은 말들을 하나씩 풀어가며 우리를 포위하고 있는 미디어라는 괴물의 실체에 한 발짝 더 다가서도록 해주는 가이드가 되고자 한다.

이제 본격적인 진도를 나가기 전 먼저 인류의 역사를 미디어를 중심으로 재구성한 맥루한의 이야기에 귀를 기울여보자. 일반적으로 인류의 역사는 원시-고대-중세-근세-현대로 구분한다. 물론 이 역시 논란거리가 없는 것은 아니나, 편의에 따라 쉽게 그렇게들 구분하고 그것에 크게 딴죽을 걸지는 않는다. 한데 영문학자였던 맥루한은 이를 다시 미디어 중심으로 재편하여 구어시대(Oral Age)-문자시대(Literate Age)-인쇄시대(Gutenberg Age)-전기시대(Eletric Age)로 나눠 설명한다. 좀 더 그의 설명을 따라가 보자.

먼저 '구어시대'는 육성을 통해 소통하던 때이다. 그러다보니 지도

자의 목소리를 들을 수 있을 정도의 거리에 서로 모여 살게 된다. 위급한 시 언제라도 리더의 지시를 듣고 따를 수 있을 정도의 영역이 이들의 생활공간이 된다. 아울러 목소리만이 아니라 보고, 듣고, 맡고, 만지고 하는 등 사람이 할 수 있는 모든 지각능력들을 사용해 소통하던 것이 이때이기도 하다. 따라서 사람들은 하나의 감각이 아니라 여러 개의 감각을 동시에 사용할 수 있는 '복수감각형'이 주를 이루게 된다.

'문자시대'는 확연히 구어시대와는 달라진다. 이제 사람들은 시각을 주로 사용하게 된다. 대략 지금으로부터 2천 년 전에 한자와 알파벳이 쓰이게 되는데 그 이후 사람들은 물리적 대상 위에 적힌 글자들을 읽고 쓰는데 집중하게 된다. 이제 눈 이외의 다른 감각은 크게 필요치 않게 되었다. 그리고 문자의 발견은 인간이 본격적으로 '시간'을 지배할 수 있게 되는 계기도 되었다. 구어시대는 모든 것이 '라이브', 즉 '생방송'이었다. 그만큼 생생하고 역동성이 있지만, 또한 휘발성이 강하여 그때 그 자리에 있지 않으면 오로지 타인의 기억에 의존해서 그때의 정보를 확인할 수 있을 뿐이다. 따라서 정보가 시간의 장벽을 넘어서기 어렵다. 하지만 문자가 등장함으로 이제 수많은 정보들이 문자로 변신하여 수백 년, 수천 년을 살아남을 수 있게 되었다. 어쩌면 문자는 인류에게는 타임머신과도 같은 소중한 것이라 할 수 있을 것이다. 바야흐로 이 문자가 등장함으로 인류는 정보를 쌓고 확산시킬 수 있게 되었다. 그리고 이 정보를 저장, 전승할 수 있는 문자를 다룰 수 있는 사람들은 곧 권력의 중심에 서게 되었다.

15세기 구텐베르크((Johannes Gutenberg, 1398~1468)의 인쇄술은 미디어 세계의 지각 변동을 일으켰다. 물론 이미 문자시대를 통하여 이전과 달리 미디어가 시간의 장벽을 해결하긴 했지만, '인쇄시대'는 유일했던 거리와 범위의 제한까지 넘어서게 되었다. 물론 이런 결과가 있기까지는 기초 교육을 통해 적잖은 수의 시민들이 글자를 습득하게 되었다는 역사적 환경이 자리하고 있긴 하다. 이런 배경 하에 인쇄술은 문자가 지닌 거리의 한계를 성큼 넘어서버렸다. 단시간에 많은 양의 복사물을 만들어낼 수 있는 인쇄술은 이제 인간의 정보와 권력을 소수가 아닌 다수 민주시민에게 돌려줄 정도의 힘을 갖게 되었다.

'전기시대'는 인쇄술의 한계마저 넘어선다. 이제 빛의 속도로 정보는 전 세계를 하나의 동네로 묶어버렸다. 그리고 저장장치의 놀라운 발전은 구태여 정보를 문자로 기록하고 정리해야만 하는 번거로움도 잊게 해주었다. 모든 것을 실시간으로 녹음되고 녹화되어도 전혀 모자람이 없는 저장장치들. 이제 쓰기보다는 카메라와 녹음기에 정보를 담고, 그것을 검색엔진으로 살펴보는 시대가 되었다. 이런 미디어 환경의 변화는 인류를 '시각 중심형'에서 다시 '복수감각형'으로 바꾸어버렸고, 문자와 인쇄시대의 꽃이라 할 수 있는 '책읽기'를 통해 인류가 습득한 '집중과 논리 위주의 문화'가 '감성적, 촉각적, 통합적'으로 바꾸어 버렸다. 이제 '전기시대'를 사는 현대인들은 과거 문자와 독서행위에 전념하던 시각중심형 인간과는 전혀 다른 종류의 사람이 되어버렸다. 같은 모습의 사람이지만, 정보를 받아들이고 다루는 방법에서 이전과는 완전히 다른 존재가 되어 버린 것이다. 따라서 미디어에 대한 이해는 결국 현대인에 대한 자기 성찰로 이어질 수밖에 없다. 그것이 지금 우리가 미디어를 말하는 가장 큰 이유이기도 하다.

미디어는 메시지다, 아니 맛사지인가?

"미디어는 메시지이다." 어찌 보면 발칙한 말처럼 들린다. 소통의 도구가 내용 자체가 된다니! 정보를 나르는 도구가 그 내용도 구성한다는 말이니 소통의 주체들이 듣기에는 껄끄럽고 때론 불쾌하기까지 해 보인다. 하지만 이 말을 처음 세상에 선보인 맥루한은 한발 더 나아가 "미디어는 맛사지!"[1]라고 힘주어 외치기에 이른다. 본디 영문학자였던 맥루한은 본업보다는 이처럼 미디어 관련 연구에 몰두하였고, 또 전에는 듣도 보도 못한 새로운 용어들을 만들어내며 사람들을 연이어 당황케 하였다. 아무튼 그의 이러한 이상 행동(?) 덕에 현대인은 미디어에 관한 관심을 점차 키워갔고, 심지어 미디어에 대한 구조적, 철학적 물음을 던지며 그에 대한 답을 시도하는 지경까지 이르렀다. 그런 점에서 맥루한은 미디어라는 대상을 진지한 연구의 대상으로 삼은 최초의 학인이라 충분히 평가할 수 있을 것이다.

"미디어는 메시지이다." 맥루한의 이 말은 사람들 머릿속에 굳어 있던 기존 미디어관(觀)을 흔들어버리는 전환적 금언이 되었다. 미디어가 메시지가 되기 위해서는 우선 미디어를 이해하는 방식이 바뀌어야 할 것이다. 맥루한이 그랬다. 그는 기존 수동적 혹은 피동적 뜻으로 제한되던 미디어의 이해를 보다 넓혀갔다. '미디어가 메시지'라는 말 뒤에 담고자 했던 그의 의도는 미디어가 단지 '소통을 위한 도구'만은 아니라는 것이다.

그에게 미디어란 인간과 자연환경을 이어주는 모든 것이다. 그러니까 그의 눈에 신문, 잡지, 책, TV, 라디오, 영화 등만 미디어가 아니다. 맥루한이 보기에 인간의 인식 한계를 넘어서도록 해주는 모든 것이 바로 미디어다. 그래서 자동차도 미디어다. 그것은 인간의 다리가 가지는 한계를 넘어서도록 해주기 때문이다. 의복 역시 미디어다. 그것은 피부의 확장이다. 칼과 총 등 무기류는 전통적으로 인류가 싸움을 위해 동원하던 이빨과 주먹, 발길질의 확장이랄 수 있다. 또한 우리 주변을 가득 채우고 있는 전기전자 제품들은 인간의 중추신경을 확장시켜준다.

이런 미디어들로 인해 인간은 분명 이전과 달라진 정보세계를 맛볼 수 있게 되었다. 현미경은 육안으로는 확인할 수 없던 세계를 볼 수 있게 해 주었고, 전기통신의 발달은 가기에는 너무 먼 곳을, 아니

심지어 일반인으로서는 쉽게 갈 수 없는 곳까지 한달음에 가볼 수 있게 되었다. 렌즈를 통해 세포를 보고, 분자의 움직임을 포착하고, 천체의 흐름을 관측하게 된 인간들. 결국 인간의 몸과 자연환경을 이어주는 여러 미디어의 도움으로 인간의 인식 자체가 바뀌게 되었고, 또 이 변화는 지금도 흘러가고 있는 중이다. 따라서 같은 인간이라도 어떤 미디어를 사용하고 있느냐에 따라 전혀 다른 종류의 인간이 될 수 있는 것이다. 그러니 미디어가 메시지가 된다. 이제 중요한 것은 실어 나르는 내용이 아니라, 그 내용을 담고 있는 형식과 틀이다. 즉, 미디어가 주인이 되는 세상이 된 것이다.

그러면서 맥루한은 '감각비율'(sense ratio)이란 낱말 하나를 넌지시 끌고 나온다. 이 말이 뜻하는 바는 다음과 같다. 인간의 오감(시각, 청각, 후각, 미각, 촉각)은 서로 의존적이다. 외부환경과 접촉하여 얻게 된 갖가지 정보들을 제대로 구분하고 파악하려면, 다섯 가지의 감각이 하나의 체계를 이루어 균형을 이루고 있어야 한다. 그런데 이 다섯 가지의 감각을 연장시켜줄 외부 미디어의 등장은 쭉 진행되던 오감의 균형을 흔들어버리는 결과를 낳는다. 그래서 미디어가 달라지면, 즉 인간의 오감에 매체가 개입하면 그 전달 내용도 달라진다! 10인치짜리 태블릿과 30인치 대형 LED화면을 통해 보는 보고서의 차이를 생각해보시라! 같은 파일, 같은 내용인데도 그것을 받아들이는 우리의 감각은 전혀 다르다는 것을 느끼게 된다. 뭔가 확 트인 느낌, 뻥 뚫린 것 같은 시원함. 맥루한은 그게 단지 느낌의 차이에 머물지 않고,

감각비율의 조절에 의한 '인식내용의 차이'까지 가져온다고 보았다. 따라서 그의 말을 곧이곧대로 받아들이면 모니터의 크기는 수용하는 인식과 정보의 내용에도 어느 정도 영향을 주게 된다.

그러니 이제 미디어는 메시지를 넘어 '맛사지'가 된다. 기존 인간의 감각능력을 넘어서는 외부 미디어의 등장은 감각비율을 크게 흔들어 놓는다. 다시 인간은 이 깨어진 감각비율을 다시 재구성하기 위해서 무진 애를 쓰게 된다. 그래서 민첩하게 우리의 감각기관들은 하나의 체계로서 서로의 균형 맞추기에 매진하게 되고 이런 작업은 결국 감각의 촉각성을 더욱 예민하게 만든다. 이런 점에서 맥루한이 말하는 '촉각성'이란 외계와 인간 피부의 단순한 접촉에 머물지 않는다. 인간과 미디어의 결합으로 이루어지는 감각체계의 예민한 반응과 대응을 말한다 할 수 있다. 그러니 그에게 '미디어는 맛사지'이다.

맥루한이 만들어낸 새 낱말 중 '핫미디어'와 '쿨미디어'라는 것이 있다. 미디어를 뜨겁고 차갑다는 꾸밈말로 설명하는 것 자체가 이채롭다. 그가 말한 핫미디어는 일단 해상도가 좋아 이미지를 만들어내는데 굳이 수용자의 참여가 필요 없는 매체를 말한다. 예를 들어 고화질의 영화나 음질 좋은 라디오 같은 것이 여기에 속한다. 이런 양질의 미디어를 대하는 이들은 수동적이고 피동적일 뿐이다. 반면 쿨미디어는 해상도가 떨어져 그것을 받아들이는 이의 적극적이고 능동적인 참여가 요청된다. 요즘은 다르겠지만, HD급 훨씬 이전의 브라운관 TV나 음질이 아주 안 좋은 전화 등이 여기에 속한다. 즉, 그림이 분명하지 않고, 잡음이 많이 끼기 때문에 수용자들이 더 적극적으로 참여하게 되는 미디어들이다.

하지만 맥루한의 이런 구분은 현실에서는 그렇지 못했다. 오히려 쿨미디어를 접한 사람들은 집중력을 가지고 그 미디어에 참여하는 것이 아니라 곧 싫증을 내고 그 자리를 뜨곤 했다. TV 브라운관에 비춰지는 그림이 분명치 않으면 그것이 무엇인가 확인하기 위해서 최고의 집중력을 동원하는 것이 아니라 사람들은 금방 전원 스위치를 찾게 된다. 잡음이 끼어있는 통화에는 곧 자제력을 잃고 다른 매체를 찾게 되는 것도 매 한가지이다. 그래서 핫-쿨 미디어에 대한 맥루한의 설명은 제한적으로 받아들일 수밖에 없었다. 또한 미디어에 대한 맥루한의 설명도 못마땅해 하는 이들도 적지 않았다. 에코라는 이는 미디어를 메시지로 본 것은 맥루한이 미디어가 전하는 내용을 받아들이는 '수신자의 해석과정'을 진지하게 생각하지 못한 결과라 진단한다.

이처럼 맥루한의 주장에도 문제와 시빗거리가 전혀 없는 것은 아니나, 미디어가 실어 나르는 내용이나, 방법 혹은 사회적 영향에만 집중되던 기존 미디어 연구를 미디어 그 자체로 돌리게 만들었다는 점에서 맥루한의 가치는 쉽게 잊히지 않을 것이다.

사라진 아우라

오래된 예수의 초상화에는 어김없이 등장하는 아우라,(aura) 예수의 머리 뒤로 둥글게 자리하고 있는 빛의 무리, 그것이 바로 아우라다. 사람이나 물체에서 발산하는 기운이나 매력들을 일컬어 그렇게 부른다. 이 말이 예술작품에 적용되면 원작임을 나타내는 고유하고 독특한 분위기가 된다. 요즘 말로 원작의 포스를 강하게 느낄 수 있도록 하는 것이 바로 아우라인 셈이다. 바로 이 아우라 때문에 사람들은 진품과 원작에 매달리게 된다.

그런데 발터 벤야민은 현대 사회에서 이 아우라는 무너지고 있다고 진단한다. 아우라가 무너지고 있다는 것은, 결국 원본, 진품의 가치가 쇠락하고 있다는 것일 텐데, 과연 그런가? 그렇다! 지금 우리가 살고 있는 시대는 진품과 복사본의 차이가 거의 없다! 그리고 그것이

가능하게 된 것은 바로 '대량복제기술의 발전' 때문이다.

19세기 초부터 시작된 석판인쇄와 사진술은 이전에는 없던 경험을 인류에게 가져다주었다. 동일한 품질과 내용을 지닌 다량의 작품 생산이 가능한 환경을 인공적으로 구축하게 된 것이다. 이전 같으면 예술가의 정성스런 땀과 무사한 시간을 투자한 이후에나 겨우 '하나' 건질 수 있었던 작품이, 이제 비슷한 노력과 정성을 들였다손 치더라도 수백, 수천, 수만 아니 그 이상의 동일한 복제품으로 '생산'이 가능해졌기 때문이다. 작가의 처음 손을 거쳐 나온 것이나 그의 모형 틀을 통해 찍어낸 복제품이나 질과 내용면에서 큰 차이를 보이지 않게 되니 이제 더 이상 그런 복제품들 속에서 '진품'을 주장하는 것은 엄한 짓이 되어버렸다. 게다가 지금은 디지털 시대 아닌가! 동영상이고 음악이고 그림이고 디지털 논리조합으로 바뀌어버린 요즘 세상에 진품과 복사본을 구별하는 자체가 우습게 되어버렸다. 정품과 복사본의 차이가 없어져 버렸고, 정품 판매 자체를 온라인 내려 받기를 통해 하는 시대이니 정말 진품만이 풍길 수 있는 아우라는 사라져버렸다고 할 수 있겠다.

바로 이 현상, 기술복제로 인한 아우라의 무너짐이 현대 예술을 이해하는 매우 중요한 열쇠라고 앞서 언급한 벤야민은 힘주어 말하고 있다. 그런 점에서 현대 문화, 예술, 미디어를 이해하는데 그의 논리는 빠짐없이 등장하고 끼어든다. 예서 좀 더 그의 목소리에 귀를 기울여 보자.

그는 대량복제 기술의 발달로 인해 이제 사회의 중심은 개인이 아니라 대중이라고 본다. 특정한 이가 만들어낸 특정한 작품을 특정한 이들만이 소유하고 누리는 것이 아니라, 대중을 대상으로 생산해 낸 대량문화 결과물들을 대중이 함께 공유하는 사회가 되었다는 것이다. 그리고 이러한 환경에 가장 잘 적응된 문화상품이 바로 '영화'다.

영화야말로 현대사회가 만들어 놓은 매우 독특한 문화 현상이다. 세계가 산업화되고 공장생산이 주요한 경제활동이 되자, 사람들은 농촌을 떠나 도시로 모여들었다. 일손이 필요한 공장들은 비슷한 부류의 많은 사람들을 고용하게 되었고, 이들의 거주를 책임지는 도시는 점점 비대해갔다. 거대한 메트로폴리스의 등장은 이전에는 없던 '대중'이라는 이전의 문화생활로는 충족시킬 수 없을 정도로 큰 규모의 인간 공동체를 만들어냈다. 하루 종일 공장의 중노동에 시달린 대중은 그들의 피로함을 달래거나 잊게 해줄 또 다른 '아편'이 필요하게 되었다. 하지만 이들은 이전 귀족들이 하듯이 자신들의 시름을 덜어줄 고급스런 문화 활동을 할 만큼은 경제적으로나 시간적으로 여유가 없었다. 오페라 하우스는 갈 형편이 되지 못했고, 멋진 그림으로 거실을 장식할 꿈은 꾸지도 못했다. 그래도 삶은 고달프다! 노동자나 자본가나 귀족이나 하루 중 피곤을 달랠 시간은 필요한 것이다. 어떻게 이 힘에 겨운 딜레마를 해결할 수 있을 것인가? 어찌해야 돈 적게 들이고 많은 이들이 시름을 달랠 수 있고, 거친 시간을 망각할 수 있을 것인가?

시대의 고민은 곧 해결책을 찾기 마련이다. 그리고 이런 대도시가 만든 '대중의 고민'은 '영화'라고 하는 문화상품을 통해 답을 찾아내기 시작한다. 누군가가 작품 하나를 만들면, 다량의 복사본을 떠서 광장이나 극장에 스크린을 달아 동시에 수백 명, 수천 명이 모여서 정해진 시간 동안 시간을 흘리며 시름을 버릴 수 있는 구도! 영화야말로 아우라가 사라진 현대 사회와 새롭게 등장한 대중에게는 말할 수 없이 딱 좋은 대안 중의 대안이었다.

새롭게 등장한 영화예술은 인간의 지각과 인식세계에도 적잖은 변화를 가져왔다. 이전의 예술들은 '집중'을 요구했다. 눈이든 귀이든 예술의 수혜자들은 집중해서 작품을 보고 들었다. 그리고 그들 눈앞에 놓인 작품은 언제나 그 자리를 지키며 '영원'을 향해 달리고 있는 듯이 읽혀졌다.

하지만 기술복제 시대가 낳은 새로운 예술인 영화는 달랐다. 영화는 '영원'보다는 '지금'에 충실하다. 바로 여기 우리는 이 자리에 앉아서 스크린에 지나가는 잔상을 보고 있기 때문이다. 정신없이 초당 수십 프레임으로 지나가는 사진들의 연속을 보면서 동시에 스토리를 파악해야만 하니 집중보다는 산만함에 더 익숙하게 된다. 한 장면에 집중해 있다가는 영화 전체를 놓칠 수가 있기 때문에 사람들은 정신없이 자신의 모든 촉각을 동원하여 영화에 빠져든다. 특정 기관의 집중에 의존했던 이전 예술 문화 활동과는 다른 변화가 생긴 것이다. 보고, 듣고, 느끼고, 생각하고, 반응하고… 이 모든 일이 동시에 그리고 반복적으로 이뤄진다. 휘발성 짙은 영화의 전개는 관객을 잠시라도 주춤거리지 못하게 만든다. 결국 이런 유의 감각반응에 익숙해진 대중에게 점차 지각방식의 변화가 생겨난다. 이제 대중은 정적 이미지보다 동적 이미지에 더 빠르고 정확히 반응하게 된다. 변화 없고 고정된 이전의 예술 유형은 현대의 대중들에게는 지루하고 고루한 것이 되고 만다.

그런 점에서 영화는 현대 문화예술의 꽃이다. 그리고 현대인에게 가장 잘 적응하고 있는 문화상품이라고 부를 수 있을 것이다. 벤야민은 이렇게 기술의 발달이 인간생활에 어떤 영향을 끼치는 가를 매우 세밀히 관찰한 사람이었다. '사라진 아우라'를 가장 잘 보여주고 있는 대중예술인 영화. 이 영화를 통해 현대를, 현대인을, 현대문화의 본질을 읽을 수 있다는 매우 세련된 힌트를 우리는 벤야민을 통해 읽게 된다.

진짜, 가짜? - 시뮬라시옹 시대에 사는 우리

몇 년 전 화제를 불러일으키며 전 세계적으로 히트한 워쇼스키 형제의 작품 〈매트릭스〉 1편(1999)을 기억해 보자. 영화의 도입부에서 네오로 변신하게 될 주인공이 불법 시디를 팔기 위해 책 하나를 꺼내든다. 그 책의 속은 비어있고 시디 하나가 들어있다. 네오의 손에 들린 책의 제목은『시뮬라크르와 시뮬라시옹』(Simulacres et Simulation), 바로 오늘 살펴보려고 하는 장 보드리야르가 지은 책이다.

보드리야르는 프랑스가 낳은 철학자요 사회학자로서, 특히 포스트모던 사회의 본질은 대중문화와 미디어 연구를 통해 밝히려 한 학자이다. 그를 통해 문화연구는 학문계에 큰 손님으로 대접받기 시작했다고 해도 지나치지 않을 것이다. 여느 대가들과 같이 그 역시 요상한 신조어를 만들어 사람들의 호기심을 자극했는데, 앞서 꺼내든 '시물라크르', '시뮬라시옹', '초과실재'(hyper-reality) 등이 그것이다.

사실 그가 사용한 용어는 포스트모던적인 우리 시대의 본질을 설명하기 위한 도구들이다. 포스트모던 사회가 가져온 변화들에 우리의 인식과 지각이 어떻게 반응해야 하는가를 그는 끝없이 되묻고 있는 것이다. 그런데 여기서 우리는 포스트모던에 대해 꼼꼼히 되짚고 넘어갈 필요가 있을 것이다.

요즘 여기저기서 반복적으로 지겨울 정도로 들리는 말이 바로 '포스트모던'이라는 말이다. 이는 종교분야에도 비켜감이 없이 이른바 '첨단', '최신' 종교연구 흐름을 이야기할라치면 이 전가의 보도 같은 용어가 또 다시 고개를 내민다. 그런데 대관절 포스트모던이 무엇인지에 대한 극명하고 뚜렷한 설명은 좀체 찾아보기 힘들다. 그저 단어만 춤추고, 용어만 넘실거릴 뿐이다. 게다가 그 포스트모던은 곧바로 우리 사회에 적용되어 갖가지 문제에 대한 친절한 진단과 처방을 내리기 위한 가장 분명하고 중요한 환경이 되어버린다. 되물음이 없는 우리네 삶의 관습이 예서도 병처럼 재발되는 순간이다.

포스트모던은 한마디로 정리하자면 '인식의 다원화'이다. 즉, 한 가지 시각과 생각으로 세계를 지배하고 다스리고, 이끌던 것이 더 이상 효용성이 없어졌음을 인식하는 것이 바로 포스트모던의 시작이요 정수라 할 수 있을 것이다. 따라서 이는 지극히 제한된 서구사회의 개념이랄 수 있다. 계몽주의-그리스도교-진보적 역사세계관으로 올인하던 서구 사회가 20세기 이후 지구상의 다양한 비서구권 문화와 만나게 되고, 1-2차 세계대전을 통해 그토록 신봉하던 이성주의와 합리주의도 광기에 사로잡힐 수 있음을 역사적으로 경험한 그들이 이제 그들'만'의 '유일적 시각'을 포기하고 인식의 다양성을 인정하기 시작하면서 포스트모던은 생겨난다. 따라서 우리의 입장에서 보면 포스트모던적 도전은 서구보다 백여 년이나 먼저 생겨난 현상이라 할 수 있다. 동아시아적 가치로 전일적 세계관을 유지하던 우리 사회는 서구와 그 세력을 등에 엎은 일본의 등장으로 커다란 문화충격을 겪게 되었고, 이는 곧바로 우리가 세계를 이해하는 기존의 방식을 해체시켰기 때문이다. 포스트모던에 대한 이야기는 에서 잠시 멈추고 다시 우리 이야기의 본류로 돌아가 보자.

보드리야르는 현대인이 사는 세계가 이전과는 확연히 다르게 바뀌었음을 인정한다. 그리고 그 변화에는 생산과 소비양식의 변화가 자리하고 있다. 이 변화를 설명하면서 그는 세계의 역사를 크게 셋으로 구분하여 설명한다. 처음 〈위조의 시대〉이다. 이 시대는 원본이 존재하며 아울러 그것을 본 딴 위조-모조품도 동시에 존재하고 있다. 끊임없이 위조품은 원본을 지향하며 닮아가려고 하는 것이 이 시대의 특징일 수 있다. 두 번째로는 대규모 생산이 기술적으로 가능해진 〈생산의 시대〉이다. 이때는 더 이상 위조나 모조에 신경쓸 일이 없게 된다. 왜냐하면 대량생산 시대에서 원본은 더 이상 아우라를 발산할 수 없기 때문이다. 이제 우리는 하나의 원본과 그를 닮은 수많은 위조품을 갖게 된 것이 아니라, 동일한 원본을 셀 수 없이 많이 갖게 된 것이다. 이제 원본을 구별할 수 있는 것은 제품에 달린 일련 번호, 즉 시리얼 번호일 뿐이다. 이를 이어 등장하는 것이 바로 〈시뮬라시옹 시대〉이다. 이제 진짜 가짜의 구별 자체가 의미가 없어졌다. 이제 실재를 지시하는 기호가 더 대접받는 시대가 된 것이다.

전에는 상징과 기호보다는 그것들이 지시하는 대상이 더 중요했다. 기호는 실재를 반영하는 하나의 표시였을 뿐 실재만큼의 존재론적 가치를 갖기 못했다. 하지만 대량생산이 넘쳐나 진짜와 가짜를 구별할 수 없는 시대에는 더 이상 기호가 기호로서 갇혀 지내지 않게 되었다. '무언가'를 나타내고 보여주는 기호가 더 이상 그 '무언가'를 요청하지 않아도 된다. 오히려 기호는 그것이 지시했던 대상보다 더 큰 생동감과 존재감을 우리에게 선사한다. 보드리야르는 이를 '초과실재'라고 이름 붙였다.

그러니 사람들은 이제 기호의 대상이 아니라 기호 그 자체를 소유하고 소비하려 한다. 이제 물건 질의 좋고 나쁜 것은 부차적인 것이 되었다는 것이다. 사람들은 단순히 상품의 기능이나 내용을 구매하는 것이 아니라, 그것이 지닌 사회적 기호가치를 더 선호한다는 것이다. 이제 실체가 어떤지, 원본이 어떤지 묻고 따질 필요가 없다. 무엇보다 중요한 것은 그 상품의 기호적 가치가 사회적으로 얼마나 더 인정받고 있는가 이다. 따라서 우리는 수많은 콜라 가운데 코카콜라를 선택한다. 정신없이 쏟아져 나오는 스마트폰 중에서 애플의 기기에 지갑을 열게 된다. 이제 사람들은 햄버거를 먹는 것이 아니라, 맥도널드나 버거킹을 먹는 셈이다. 대량생산과 그를 뒷받침한 기술의 발전은 상품 간의 차이를 극도로 적게 만들었어도 사람들은 사회적 기호가치의 무게에 따라 소비를 하게 된다는 것이다.

이런 환경 속에서 더 이상 가짜와 진짜를 구분 짓고 묻는 것을 별 의미가 없어지게 된다. 보드리야르는 이를 시뮬라크르와 시뮬라시옹으로 설명하고 있다. 시뮬라크르는 실제 있지는 않지만 마치 존재하는 것처럼, 때론 존재하는 것보다 더 생생하게 인식되는 대체물들을 말한다. 원본 없이도 그 스스로 현실을 대신하는 것이 바로 시뮬라크르이며, 시뮬라시옹은 바로 이와 같은 시뮬라크르가 작용하는 것이며 동사적 개념이다.

복제의 시대, 원본이 없는 시대에 살고 있는 현대인들 … 따라서 끝없이 시뮬라크르를 반복 생산하는 미디어는 매우 중요한 철학적 사유 대상이 되어간다. 그리고 이런 환경 속에서 이제 미디어는 인간의 확장을 넘어, 인간 자신이 미디어의 확장이 되어간다. 진짜와 가짜의 구별이 어려워진 지금. 우리의 정체성은 어디에서 찾을 수 있는가.

보이는 것과 감춰진 것

    미디어가 단지 소통을 위한 도구에만 머물지 않으며 인간의 정신을 구조화하고 더 나아가 미디어를 토대로 형성된 문화의 성격마저 결정지을 수도 있다는 생각은 이미 오래 되었다. 1950년대 이와 같은 생각을 『제국과 커뮤니케이션』으로 세상에 알리기 시작한 사람이 있었으니 그의 이름이 해럴드 이니스이다. 앞서 살펴보았던 미디어 연구의 신기원을 이룬 마셜 맥루한에게 적지 않은 사상적 영향력을 끼친 이이기도 하다.

    이니스는 미디어를 크게 두 가지로 구분한다. 〈시간 편향적 미디어〉와 〈공간 편향적 미디어〉가 그것이다. 우선 시간 편향적 미디어는 내구성이 강한 매체를 뜻한다. 돌이나 암벽같이 한번 새겨두면 오래도록 유지되는 성향이 강한 미디어들을 이니스는 그렇게 불렀다. 오래된 벽화나 이집트의 스핑크스 같은 구조물들이 여기에 해당한다. 시간 편향적 미디어는 오래도록 살아남아 시간의 한계는 뛰어넘을 수 있었지만 공간적 확산에는 제약이 많았다. 그처럼 큰 덩치와 무게의 미디어를 이리저리 보내기에는 어려움이 많았기 때문이다. 따라서 한 자리에 고정된 시간 편향적 미디어는 대부분 특정 지역의 특정 종교와 연관되는 경우가 많다. 반면 공간 편향적 미디어는 가볍고 공간적 확산이 간편한 특징을 지닌다. 예를 들어 종이가 대표적인 공간 편향적 미디어이다. 이 미디어는 생산에 큰돈이 들지 않는 데다가 가볍고 이동이 손쉬어 공간적 제약을 받지 않는다. 그리고 공간 편향적 미디어가 주류를 이루는 사회는 행정이나 법이 중요시된다. 이처럼 효율적 제도 관리에 탄력을 받은 공간 편향적 미디어 사회는 군사적-제국주의적 속성을 갖게 된다.

　이렇게 미디어를 구분한 이니스는 한 문명이 안정적으로 유지되기 위해서는 특별히 어느 한쪽 미디어만 발달해서는 안 되고, 두 미디어가 균형을 맞추어야 한다고 보았다. 하지만 문명이 발달하게 되면 특정한 미디어에 집중하게 되고, 결국 그것이 문명의 쇠락을 가져오는 결정적 계기가 된다고 보았다. 따라서 피라미드, 스핑크스 등 대규모 토목-건축사업으로 흥하게 된 이집트 문명은 아이러니 하게도 파피루스라는 지극히 공간 편향적인 미디어가 확산되면서 쇠락의 길을 걷게 되었다. 그리스는 문자도입이 상대적으로 늦었기 때문에 이미지-상징 중심의 사유가 발달되었고, 이는 시각예술의 발달을 가져왔다. 반면 문자와 문서가 본격화된 로마 사회는 시간 편향적 성향이 강했던 그리스의 구술토론 문화를 지양하고, 황제를 정점으로 문서 중심의 체계적이고 행정적인 국가 시스템을 이룰 수 있어서 그리스보다 더 효율적으로 제국주의화 될 수 있었다고 본다. 결국 공화정에서 황제의 통치로 국가 시스템이 바뀌게 된 것 역시 이니스의 관점을 따르자면 미디어와 커뮤니케이션의 변화 때문에 생긴 일이라 할 수 있을 것이다. 이처럼 미디어는 개인과 사회의 변화에도 지대한 영향을 끼친다.

지금껏 미디어에 대한 이야기를 쉼 없이 풀어놓았다. 등장한 학자들만 해도 4명(맥루한, 벤야민, 보드리야르, 이니스)에 이른다. 이들의 이야기는 한결같이 미디어를 도구로만, 부차적인 것으로만 보아서는 안 된다는 것이다. 결국 미디어가 정보의 전달 도구로만 멈추어 있지 않고, 정보를 수용하는 이들에게도 일정 부분 영향을 미친다는 것이다. 따라서 무비판적으로 미디어에 노출되는 것보다는 그 미디어의 속성과 본질을 꿰뚫고자 하는 진지한 생각과 자세가 무엇보다 요청되는 시점이다.

재미있게도 미디어는 있는 그대로의 객관적 정보를 전달하는 기계적 매체가 아니다. 앞서 살펴본 학자들은 미디어의 속성 자체에 집중한 면이 있긴 하지만, 미디어를 이해하는데 미디어 생산자의 관점을 파악하는 것 역시 매우 중요하다. 여기 그림 하나를 집중해서 살펴보자.

분명히 같은 상황을 담고 있는 데도 어떻게 그림을 잘라 미디어에 싣는가에 따라 독자들에게 전달하는 메시지는 사뭇 달라질 것이다. 우선 가운데 그림이 주는 정보를 살펴보자. 세 명의 군인이 등장하는데 양 옆의 두 군인은 같은 복장을, 그리고 가운데 주저앉아 수통의 물을 받아 마시고 있는 이는 다른 복장을 하고 있다. 왼편 병사의 총은 자연스레 어깨에 매여 있는 것으로 해독된다. 동료인지 포로인지 확실지는 않지만 이 사진은 쓰러져 녹날라하는 병사에게 물을 수는 매우 인도적인 장면으로 충분히 읽혀진다.

자, 이제 왼편의 그림을 보자. 이 그림 역시 사실을 담고 있기는 하다. 분명 가운데 원본과 살펴보아도 특별히 조작이 이루어진 것은 아니다. 다만 원본의 특정 부분이 삭제되어있고, 그것이 독자들에게는 전혀 다른 해석이 가능하도록 강요(?)하고 있을 뿐이다. 가운데 사진에서는 분명 쓰러진 병사에게 물을 주는 모습인데, 왼편의 그림은 그에게 총을 겨누고 있는 상황이 되고 만다. 쓰러진 병사의 머리를 노리고 있는 소총은 곧 이 그림의 출처가 전장이나 그와 유사한 현장임을 알리는 듯하다. 반면 맨 오른쪽 그림은 단순히 한 병사가 쓰러진 동료에게 물을 마시도록 해주는 것으로도 해석된다. 저 장면은 꼭 전쟁터가 아니더라도 상관없다. 훈련 중에라도 언제든 나올 수 있는 그림이기 때문이다.

위 그림이 우리에게 던지는 화두는 무엇일까? 그것은 바로 미디어의 또 다른 속성에 관한 것이다. 저 위의 한 그림이 다양한 용도(?)로 쓰일 수 있는 것처럼 미디어는 그것을 제작, 유포하는 이에 의해 또 다른 왜곡이 일어날 수 있다는 것이다. 따라서 무엇보다 중요한 것은 주어진 미디어를 그냥 그대로 반성 없이 받아들이는 것이 아니라, 그 미디어 정보를 만들고 건네는 이들의 '숨겨진 의도'를 읽어내는 일일 것이다. 그런 점에서 앞서 살펴보았던 이들의 미디어에 대한 훈수는 우리에겐 매우 유익하고 요긴한 암호해독집이 될 수 있을 것이다.

II. 인문학적 영화산책

2월 2일의 저주, 시간을 느끼는 몇 방식

〈Groundhog Day〉(1993)

아주 오래전 무료한 시간을 견뎌내기 위해 비디오 숍을 찾았다. "무엇이 좋을까, 시간 때우기에 최적의 영화는 무얼까?" 반복되는 고민을 머리에 담고 여기저기 기웃거리는데 코미디 파트에 촌스런 이름이 붙은 비디오 하나가 눈에 들어왔다.

〈사랑의 블랙홀〉

제목만 봐서는 별반 구미가 당기지 않았는데, 비디오 커버에 걸려있는 한 남자 배우의 얼굴이 눈에 들어왔다. 빌 머레이(Bill Murray). 그가 누구인가? 일찍이 '유령 잡는 사냥꾼'(Ghostbusters, 1984)이 되어 뭇사람들에게 유쾌한 웃음을 전해준 장본인 아니던가. 난 그저 그 이름

하나만으로 비디오 선택에 조금도 주저하지 않았다. 빌 머레이 정도라면 아깝지 않은 선택이 되리라 믿어 의심치 않았다.

질주하듯 집으로 돌아와 아내와 함께 빌이 주연한 이 유쾌한 영화에  몰입해 들어갔다. 기대했던 것처럼 영화의 시작은 흔하디 흔한 로맨틱 코미디의 정법을 따르고 있었다. 그런데 잠시 후 … 지금껏 쉽게 찾아볼 수 없었던 상당한 정도의 깊이를 지닌 매우 사색적이고 철학적인 영화를 만나게 되었다. 그리고 그 주제는 시간. 영화는 줄곧 우리에게 그 시간에 대한 물음 던지기를 멈추지 않았다.

영화의 줄거리는 단출했다. 필 코너스(빌 머레이 분)라 불리는 한 방송국의 기상 캐스터는 해마다 '성촉절'[2)]에 '펑츄토니'란 작은 도시를 방문한다. 한 해 날씨를 점치는 그곳 행사를 중계하기 위해서이다. 매번 반복되는 이 행사방문이 지겨운 코너스는 끊임없이 불평을 해댄다. 그와 동행한 PD는 신출내기 리타. 별 탈 없이 행사는 마무리되고 코너스 일행은 도시를 떠나려 하는데, 그만 엄청난 눈보라를 만나 발이 묶이게 된다. 다시 작은 동네로 돌아온 그들은 묵었던 호텔로 돌아와 길이 풀리기를 기다린다. 그런데 그 다음날부터 요상한 일이 벌어진다. 우리말 제목에 적혀있듯이 마치 블랙홀에 빠진 듯, … 코너스 일행에게 2월 2일 성촉절이 '무한 부팅'되고 있는 것이다. 그런데 그걸 느끼는 사람은 오직 코너스 자신. 매번 반복되는 시간이지만 그것을 인식하고 괴로워하는 이는 바로 코너스 일뿐이다. 그를 뺀 나머지 사람들은 많고 많은 날들 중의 그저 그런 하루를 지극히 평범하게 살아가고 있을 뿐이다. 하지만 코너스는 모두가 동일한 '한' 날을 매일 살/아/내/고 있는 중이다. 하루하루가 똑같은 날. … 그렇게 2월 2일의 저주는 시작되었다.

영화감독이 의도했든 안했든 우리는 이 성촉절의 저주에서 인간이 경험할 수 있는 지옥의 실상과 마주치게 된다. 우선 급하게 생각해보면 우리는 코너스가 지옥의 현장에 떨어져 있다고 생각하게 될 것이다. 모두는 그저 그런 하루를 무심하게 살고 있지만, 그에게는 그 하루가 계속 지루하게 반복되기 때문이다. 다른 이들에겐 역시 평범한 하루였지만, 코너스에겐 하나같이 똑같은 하루가 결코 평범하지 않았기 때문이다. 영화는 이를 매우 생동감 있게 그려내고 있다.

코너스는 무한 부팅하는 성촉절 때문에 처음엔 당혹스러워한다. 이 새롭게 펼쳐진 나날을 어떻게 해석하고 수용해야 할지 미처 준비가 안 되어 있었기 때문이다. 몇 번의 반복된 경험이 그로 하여금 이제 '하루'를 '통치'할 수 있도록 해준다. 그래서 이제 하루를 무척 자유롭게 즐기기 시작한다. 필요한 돈은 현금 우송차량에서 탈취하고, 아무런 거리낌 없이 여성들을 유혹하고, 이런 저런 이유로 기피하던 여러 음식들을 정신없이 몸속으로 흡입하고 … 허나 이런 일상의 자유로움과 통치가 결코 그에게 행복으로 다가오지 않았다. 그래서 선택한 것이 죽음이다. 이제 그에게 필요한 것은 이 반복의 순환 고리를 끊어내는 것이다. 하여 그는 다양한 방법으로 죽음을 선택한다. 낭떠러지에서 떨어지기, 자동차 사고내기, 열차에 부딪히기, 감전사고 일으키기 등등. 허나 2월 2일의 저주는 결코 멈춰 서지 않는다. 2월 2일 아침 6시 동일한 라디오 방송에 같은 멘트가 그의 잠을 반복해서 깨우고 있을 뿐이다.

얼마가 지났는지 … 코너스는 생각을 바꾼다. 이제 하루를 정복하고 통치하려던 자세에서 벗어나 그는 하루를 관찰하고, 하루를 살아가려고 한다. 그래서 구석구석에 누군가의 도움이 필요한 사람을 찾아내고, 누군가를 위해 연주할 수 있도록 피아노를 배우고, 취미생활을 위해 얼음조각 기술도 연마하고 … 여전히 그에게 남아있는 것은 2월 2일 하루뿐이었지만, 그는 그 하루를 살피고 받아들임으로써 '내일'을 담아낼 수 있게 되었다. 왜냐하면 세계는 2월 2일이었겠지만, 코너스는 여전히 '진화'하고 '발전'하고 있었기 때문이다. 이 작지만 큰 차이를 깨달은 코너스는 열심히 하루를 살면서 '내일'을 담아내고 있었다. 그 사이 동행했던 PD 리타에게 호감을 갖게 되고, 그녀를 알아가는 끈질긴 시간을 견뎌낸다. 그것 역시 일방적이지 않도록 … 그는 세심히 배려하고 준비한다. 얼마나 흘렀을까? 무턱대고 그 '날'을 '정복'하려던 코너스는 세심한 배려와 관찰을 통해 그 하루를 철저히 '이해'하게 되었다. 그래서 자신의 도움이 필요한 사람들을 찾아다니며 하루를 살아간다. 그래서 마을 사람들의 칭송을 들어가며 멋진 피아노 연주로 리타의 마음을 사로잡고, 결국 두 사람은 사랑하는 연인이 되어간다. 그리고 그녀와 함께 행복한 시간을 보낸 다음 … 코너스는 2월 2일이 아닌, 눈 내린 '2월 3일'을 맞이하게 되는 것으로 영화는 끝을 낸다.

별 고민 없이 살펴보자면 코너스는 지옥에서 천국으로 탈출한 사람처럼 보인다. 허나 과연 그럴까? 2월 2일의 저주는 과연 누구를 향한 것이고 누구를 지목하고 있는 것일까? 영화를 꼼꼼하게 되짚어보면 오히려 코너스야말로 '선택받은 사람'이었다. 왜냐하면 그는 시간을 '인지'하고 있었기 때문이다. 그래서 그 시간의 올무로부터 벗어나야겠다는 희망과 기대를 가질 수 있었다. 그렇지 않은 다른 사람들은. … 그들이 바로 시간의 함정에 빠져있거나 혹 갇혀있다는 것조차 모르고 있었다. 다시 말해 전혀 자신의 처지와 상황을 눈치 채지 못하고 있던 이들은 구원의 갈망과 희구마저 가질 수 없었던 것이다. 그렇다면 오히려 지옥에 있었던 이들은 코너스를 뺀 모두라고 할 수 있겠다. 이렇게 관점을 달리해보면, 결국 시간을 인지하지 못하고, 그 시간의 반복성과 무의미함에서 탈출하지 못한 사람들이 성촉절의 저주에 걸린 것이라 하겠다. 오히려 하루가 멈춰있음을 인지한 코너스는 저주에 갇힌 것이 아니라 그 저주를 탈출할 수 있는 '기회'를 얻은 셈이다.

그렇다면 우리는? 여전히 무표정한 모습으로 주어진 하루를 뜻 없이 반복하며 살고 있는 우리는? 하루하루가 전혀 새롭지 않고 그 하루의 무게조차 전혀 느껴내고 있지 못하는 우리는? 어쩌면 그런 우리도 역시 2월 2일의 저주에 걸린 좀비 같은 존재들은 아닐는지 …

시간은 흘러가는 것 …

2월 2일의 저주 속에 무한 반복되는 하루를 지내던 코너스에게 적지 않은 변화가 찾아온다. 그것은 시간을 매우 분석적으로 보기 시작했다는 것이다. 이는 앞서도 살펴보았듯이 하루의 시간을 무척 꼼꼼히 분석하여 자신에게 이익이 되는 행동을 감행하기 시작했다는 것을 통해서도 분명해진다. 영화는 이를 매우 코믹스럽게 그리고 있다. 돈이 필요한 코너스는 현금수송 차량을 '습격'한다. 아주 꼼꼼하고 치밀하게. 그는 이 거사의 성공을 위해 수송요원의 발걸음과 행동습관까지 계산해 낸다. 그렇게 코너스는 시간을 '지배'하고 '정복'하며, 아울러 '공간화'시키고 있었다.

'시간의 공간화'란 무슨 말일까? 이는 시간을 도표화시키고 있다는 말이다. 본디 시간은 흘러간다. 잡아챌 수도 규격화할 수도, 붙잡을 수도 없는 것이 시간이다. 하지만 사람들은 이런 저런 이유와 때론 공동체적 약속에 따라 그것을, 즉 시간을 눈에 보이는 물건으로 만들어 놓는다. 대표적으로 시계를 생각해보라. 시계는 시간을 잡기 위해 만든 인간의 물건이다. 이런 인간의 욕심은 시간을 '죽여' 시체처럼 눈앞에 펼쳐놓고 시점을 만들고 포인트를 만들어 그래프로, 도표로 '읽도록' 만들었다. 지금 코너스처럼!

하지만 시간은 그런 것이 아닌 것임을! 시간은 그저 흘러가는 것! 프랑스의 사상가 베르그송(Henri Bergson, 1859~1941)은 이를 '지속'(durée)이라고 불렀다. 그의 눈에 시간은 역동적이고 생동적이며, 아울러 연속적인 것이었다. 따라서 시간을 '이해'하기 위해서는 무조건 그 시간 '속'으로 들어가야만 한다. 하지만 대부분 사람은 시간을 시체처럼 해부하여 시간이 가진 역동성을 마비시켜 버린다. 예서 잠시만 베르그송의 이야기에 집중해보자.

생의 철학자라 불리는 베르그송은 쇼펜하우어, 니체, 딜타이 등과 같이 세계를 기계적으로 보려는 시도에 크게 저항한다. 이는 이성만능주의에 대한 항거라 할 수 있을 것이다. 이성 중심으로 세계를 보려는 이들은 분석적이다. 즉, 세계를 멈추게 하고 낱낱이 그 차이와 유사함을 조각내어 이성이 '이해'할 수 있는 논리 속에 규격화하려는 경향이 있다는 것이다. 과학의 세계가 그렇고, 수학의 세계가 그렇다. 그들은 참 '실재'(réalité)를 있는 그대로 받아들이려 하지 않는다. 그 보다는 그 세계를 토막 내어 파편화함으로써 지식을 챙기려 한다. 그러니 아무리 용을 써도 세계를 분석코자 하는 이들은 정작 '참 세계'를 이해할 수 없게 된다.

　베르그송은 이러한 인간의 인식과정을 면밀히 관찰한 뒤 두 가지로 풀어 설명한다. 그 하나는 무엇인가를 인식하기 위해 그 대상 주위를 뱅뱅 도는 방법이 있고, 다른 하나는 그 대상 속으로 들어가는 길이 있다. 앞의 것은 '분석'이고, 뒤의 것이 '직관'이다. 대상 주위를 어슬렁거리는 이들은 돋보기나 현미경을 들고 꼼꼼하게 대상을 따져 보기 시작한다. 심지어 그 대상이 움직인다 하더라도 그 동작을 시점별로 나누어 분석하고 설명하려고 한다. 허나 이와 같은 대상인식 방법은 전혀 참 실재를 이해하는 데 적절치 않다고 베르그송은 힘주어 지적한다. 그것은 없는 세계를 있는 것처럼 꾸미는 일이요, 잡을 수 없는 시간을 추상화하여 억지로 공간속에 줄 세우는 것에 지나지 않는 것이다. 결국 그것은 대상을, 세계를 그리고 시간을 이해하기 보다는 죽이게 되는 것이다.

　제대로 대상을 이해하는 방법은 '직관' 뿐이다. 그 주변을 뱅뱅 도는 것이 아니라 바로 그 대상으로 빨려 들어가야 한다. 흐름은 대상 바로 그 자체 안에 있는 것. 그처럼 시간도 그저 흘러갈 뿐이다. 베르그송은 분석적 대상 이해는 결국 그 대상의 본질을 파괴하지 않고는 이룰 수 없는 것이라 보았다. 분석과 따져 묻기로는 대상의 본질과 삶의 깊이에 결코 다가설 수 없다고 본 것이다. 오직 직관을 통한 '지적 공감'(sympathie)만이 참 본질을 깨달을 수 있게 해준다. 이러한 베르그송의 이야기를 비유로 풀어보면 다음과 같을 것이다.

장미가 있다. 그 꽃잎은 붉게 타오르고 있다. 그리고 그 장미를 바라보는 두 개의 시선이 있다. 하나는 식물학자의 눈이다. 그는 장미의 조직과 구조 그리고 광합성 과정의 면면을 아주 꼼꼼하게 분석하고 있다. 그의 손은 부지런히 장미라는 식물의 신진대사활동과 세포의 특징을 수량화하여 데이터베이스에 입력하고 있다. 마치 현미경과도 같은 그의 눈은 장미의 모든 것을 분자 수준에서 서술할 정도이다.

그 장미를 지키는 또 하나의 눈이 있다. 그는 바로 시인이다. 시인은 붉은 장미의 꽃술을 지키며 물음 자체를 잊어버린다. 뭐라 따져 물을 필요조차 없이 그의 심장에는 장미의 향기가 그득하며 지금 온 몸으로 그는 장미를 느끼고 있다. 마치 장미는 시인의 연인처럼, 때론 어미처럼 그와 교감하며 서로의 존재를 확인하고 있다.

자, 이 두 시선 중 누가 더 장미를 '잘' 이해하고 있는 것일까? 장미를 이해하는 것은 그 장미에 '대하여' 많은 정보를 수량적으로 취득하는 것을 말하는 것일까? 아니면 지금 그 장미와 공감적으로 교감하고 있는 것이 더 본질에 가까운 것인가? 베르그송은 시인의 손을 들어주고 있다고 봐야 할 것이다. 시간도 이와 같은 것. 역동적이고, 생동적이며 연속적인 시간은 분석의 기술로는 잡아챌 수 없는 것. 그 분석은 대상을 해체하고 훼손할 뿐!

이 법칙은 코너스에게도 적용된다. 그가 시간을 '지배'하게 되었을 때, 잠시 그는 스스로를 신으로 생각하기도 했었지만, … 결국 그 일은 시간과 더불어 자기도 죽여 버리는 결과만 가져올 뿐. 시간 속으로 들어가지 못한 코너스는 끝없이 그 시간으로부터 벗어나려 한다. 시간을 대상화시킨 이들에게 오는 지울 수 없는 질병이다. 시간은 대상이 될 수 없음에도 그것을 대상화, 추상화, 공간화시키기에 시간은 괴물이 되어 그를 분석하려는 이들을 무지막지한 무게로 눌러 질식케 한다. 하여 시간은 때론 인간의 약속체계 속에 아주 짧은 순간이라 해도 참을 수 없을 정도의 긴 시간으로 늘어나버리게 된다. 시간은 정복함으로 지배할 수 있는 성질의 것이 아님을 많은 시행착오 끝에 코너스는 깨닫게 된다.

그리고 리타에 대한 앎도 역시 마찬가지! 코너스는 많은 세월을 두고 리타를 '분석'하여 그녀에 대해 많은 것을 알게 되었지만, 매번 그의 구애는 실패하고 만다. 허나 그가 분석의 기술을 버리고, 과감히 공감의 길을 택했을 때 비로소 둘의 사랑은 이루어진다.

이처럼 존재는 분석이 아니라 직관을 통해 깨닫게 되는 것. 우리의 '진리 체험'도 마찬가지 아닌가.

카이로스와 時中

코너스가 시간을 대상화하여 그것을 '지배'하려고 했을 때, 오히려 그는 뫼비우스의 띠 같은 시간의 감옥 속에 갇히고 말았다. 분명히 그 안에서 그는 신처럼 시간을 지배했으며, 모든 시간을 토막 내어 낱낱이 '자기 것'으로 만들어 버렸다. 그런데도 그는 시간으로부터 자유롭기는커녕 아무리 발버둥 쳐도 그곳으로부터 벗어날 수 없었다.

여기서 우리는 시간에 대해 묻게 된다. 도대체 시간이란 무엇인가? 시간이란 인간이 태어나기 전부터 인식을 위해 주어진 선험적 형식이라고 누군가가 장황하게 설명한다 하더라도, 이 물음에 대한 우리의 갈증은 쉽게 가셔지지 않는다. 또 누군가 시간이란 인간이 '변화'를 인지적으로 받아들이는 것이라 강변해도, 시간은 매번 괴물처럼 우리의 자유로움을 묶어내고 옭아매 버린다. 도대체 시간이란 무엇인지…

이러니 옛 사람들도 시간에 대해 진지한 고민을 안 할 리 없다. 먼저 고대 그리스인들은 시간을 두 가지 방식으로 받아들였다. 하나는 양적인 시간이고, 다른 하나는 질적인 시간이다.

양적인 시간을 그들은 크로노스(chronos)라 불렀다. 크로노스는 우리가 흔히 일상에서 만나게 되는 시간개념이다. 1초, 1분, 1시간, 1일, 1달, 1년 … 우리는 시간을 단위로 쪼개어 셈할 수 있게 만들었다. 그래서 특정 시점을 이야기할 수 있게 하였고, 이를 통해 다양한 스케줄 관리도 할 수 있도록 하였다. 거기에 멈추지 않고 더 나아가 우리는 이를 항시 확인할 수 있도록 시계와 달력을 만들었다. 이 물건들은 언제나 간편하고 즉시 우리가 지금 어느 시점에 있는지를 알려주도록 고안되었다.

 반면 카이로스(kairos)는 셈할 수 있는 크로노스와는 달리 질적이고 특별한 '계기'를 말해준다. 이를 '알맞은 때'로 풀어도 좋을 것이다. 언제라고 딱 못 박을 수 없지만 어떤 일이 생기기에 딱 좋은, 아주 알맞게 무르익은 바로 그때. 굳이 영어로 구별하자면 타이밍(timing) 정도로 말할 수 있을 것 같다. 타임과 타이밍. 구태여 비교하자면 크로노스와 카이로스는 그렇게 나눌 수 있을 것이다. 이 카이로스 개념은 사도 바울도 사용하고 있다. 바로 그리스도로서 예수가 이 땅에 나타나기에 매우 적절한 바로 그때. 모든 것이 그분이 오시기에 딱 좋은 바로 그때. 바울은 이 '때'를 설명하기 위해 카이로스란 단어를 사용했다. 하나님의 구원 행위가 무르익어가는 그때, 대속자로서 예수의 출현이 딱 맞게 조성된 바로 그 계기. 카이로스의 때이다.

 그런데 재미있게도 이렇게 '때'(時)와 관련된 개념은 동쪽에서도 중요하게 생각되어 왔다. 동쪽, 좁혀 말하면 유학에도 시간과 연관된 용어가 있는데 그것이 바로 '시중'(時中)이다. 단어 그대로 살펴보자면, '때(時)에 알맞게(中) 행동하라'는 것일 게다. 멍쯔(孟子)는 꽁쯔(孔子)를 가리켜 '시중의 성인'(聖之時者)[3]이라 했다. 그리고 꽁쯔의 언행을 담아놓은 『논어』만 보아도 유교에서 시중이란 개념이 지닌 무게를 금시 찾아낼 수 있다. 『논어』의 마지막 장 '요왈'(堯曰)에는 요왕이 순왕에게 정권을 넘기며 당부하는 말 중에 '참으로 그 가운데를 잡을 것'(允執其中)을 강조하는 대목이 나온다. 그리고 계속 이어진 꽁쯔의 설명에도 그 중앙을 잡는 것이 곧 '하늘의 명'(天命)을 아는 것이라 하며 '時中'이 그에게도 매우 중요한 가치였음을 살필 수 있게 해준다. 다시 시중을 단어적으로 살펴보면 다음과 같다.

먼저 '中'이라고 하는 말은 『중용』에 따르면, "기쁘고, 성나고, 슬프고, 즐거운 것이 아직 발동하지 않는 것"(喜怒哀樂之未發謂之中)으로 이 세상의 가장 큰 근본이 되는 것이기도 하다.(中也者天下之大本) 그리고 '時'라고 하는 것은 '하늘의 때'라고 봐야 할 것이다. 따라서 '時中'이라는 말은 희노애락 등 감정적 요소에 치우치지 않고, 정확히 하늘의 때를 알아 적절한 행위를 취하는 것을 강조한 말이라 할 것이다. 세속적 일상을 살면서 하늘의 때를 놓치지 말고, 이를 적절히 잘 수행하기 위해서 끊임없이 수양과 수련을 이어가는 것이 유교 선비의 삶임을 이 단어는 잘 말해주고 있다. 그런 점에서 유교의 시중에는 성속의 하나로 묶여지고 있다. 세속의 삶에서 하늘의 때를 잡아내는 것이야말로 성속의 일치 말고 또 무엇이겠는가. 그런 점에서 시중이라는 용어는 유교가 가지는 종교성을 충분히 감지할 수 있게 해준다.

카이로스와 時中. 너무도 먼 거리를 두고 생겨나 전혀 다른 이들에 의해 쓰인 개념인데도 여러 모로 깊숙이 닮아있다. 무엇보다 이들은 일상 속에서 '하늘의 시간'을 보고 있다는 점에서 많이 닮아있다. 여기서 새로운 궁금증이 고개를 든다. 어떻게 이런 일이 가능한 것일까? 고대 그리스인들과 중국인들은 서로 밀접히 교역이라도 했단 말인가. 어쩌면 이 물음에 답하기 위해서는 우리가 제기했던 처음 문제로 돌아갈 필요가 있을 것 같다.

  이 논의의 시작에 우리는 인간을 시간을 잊고자 하는 존재로 묘사했다. 다른 동물들과는 달리 인간들은 시간을 매우 구체적으로 느/낀/다. 이를 우리는 인간이 지닌 '형이상학적 질병'으로 이름까지 붙여보았다. 그런데 왜 인간은 시간을 이처럼 생생하게 느끼고 인식하게 된 것일까? 혹 시간의 대상화, 화석화, 계량화에 기인하는 것은 아닐까?

  우리는 편의에 따라, 때론 공동체 생활의 효율성을 위해 시간을 셀 수 있는 것으로 만들어 갔다. 그래서 약속도 잡고, 모임도 만들고, 회의도 하고, 중요한 일정도 지킬 수 있게 되었다. 매 순간 그렇게 살아왔다. 시간을 토막내고 잘라내어 서로가 인지할 수 있는 '물건'으로 만들어 버렸다. 그렇게 시체처럼 잘라진 시간은 쌓이는 양만큼이나 엄청난 무게가 되어 계속 인간의 머리위로, 어깨위로 쏟아져 내린다. 필요에 따라 시간을 토막냈지만, 결국 잘라진 시간은 계속 인간을 피곤하게 만들고, 힘겹게 내몬다. 시간의 대상화는 결국 알람시계라는 괴이한(?) 물건까지 만들게 했다. 이 세상에 존재하는 그 어떤 생명체가 스스로가 아닌 기계의 힘에 의해 아침을 맞이할까? 알람의 등장 이후 사람들은 충분한 잠을 더 이상 잘 수 없게 되었다. 이제 잠마저 기계에 의해 조정당하는 처량한 존재가 되어버린 것이다. 서서히 사람들은 이 같은 시간의 질주 속에 현기증을 느끼게 된다. 하지만 뾰족한 수도 없다. 지금까지 시간을 세워왔던 사람들에게 시간의 참 모습은 쉽게 찾아낼 수 있는 것이 아니기 때문이다.

 그런 점에서 시간에 사로잡힌 현대인들은 옛 사람들의 카이로스와 時中을 뜻깊게 받아들여야 할 것이다. 게다가 우리는 거기에 더하여 시간 속에 함께 흐르고 있는 '신의 때'를 살피는 일에 게을러서는 안 될 것이다. 옛 그리스인들과 중국인들 역시 일상의 시간 속에서 하늘의 존재를 읽으려 하였다. 그런데 이미 절대자를 체험한 신앙인들이 생활세계에서 그의 존재를 읽을 수 없다면 어찌하겠는가.

 영화 속 코너스 역시 시간은 쌓이는 것도 아니고, 조각낼 수도 없다는 것을 사랑을 통해 깨우치게 된다. 결국 일상 속에서 '질적 시간'을 '경험'함으로써 그는 시간의 굴레로부터 벗어나게 된다. 마치 신앙인들이 '지금' '여기서' 신을 경험함으로 그의 '나라'를 '선점'하고 있듯이 ….

〈밀양〉과 한국교회[4]

　최근 한 일간지에 기독교윤리실천(이하 기윤실)에서 실시한 설문조사를 소개하는 기사가 실렸다.[5] 그 기사 꼭지에 달린 제목은 다음과 같았다. 「기독교 신뢰/호감도 꼴찌: 기독교윤리실천 설문조사 "한국교회 소통위기 심각"」. 기독교인이라면 누구라도 불편한 마음이 될 수도 있을 이 제목은 지금 한국사회에서 교회가 어떤 대접을 받고 있는지 대번에 알려주는 시금석이라 할 것이다. 대략 기사의 내용은 다음과 같다. 기윤실이 전문기관에 의뢰해 전국 남녀 1천 명을 대상으로 전화 설문 조사를 실시했는데, 그 결과가 기독교로서는 충격적이라는 것이다. 설문에 응한 남녀들 중 한국교회를 신뢰한다는 비율은 18.4%였고, 그 반대로 불신한다는 이는 무려 48.3%에 달했다는 것이다. 호감이 가는 종교에서도 불교 31.5%, 가톨릭 29.8%에 비해, 기

독교는 20.6%에 머물렀을 뿐이라는 것이다.[6]

이 글의 시작은 바로 그 기사에 대한 다음과 같은 '물음 던지기'로부터 출발한다. '과연 한국교회의 경우 보이는 모습과 있는 그대로의 모습이 큰 충돌 없이 조화를 이루고 있는가?' '한국사회에 널리 퍼져있는 기독교회에 대한 이미지는 본디 그러한 본질의 모습을 잘 반영하고 있는가, 아니면 있는 그대로 와는 상관없이 특정한 목적에 의해 지속적으로 왜곡, 확대 재생산 되고 있는가?' 바로 이 글의 물음이 시작하는 시점이나.[7]

그것이 부정적 혹은 긍정적이든 간에 지금 한국교회의 이미지를 끊임없이 생산하고 있는 것은 매스 미디어이다. 미디어란 메시지를

수용자에게 전달하는 어떠한 것을 말한다.[8] 구텐베르크의 인쇄술 발달 이후 빠른 속도로 발전한 미디어에 대한 학문적 관심은 20세기 중후반 들어서 본격화되기 시작했고, 아울러 지금은 미디어 분석과 평가를 위한 세밀한 이론 정립도 활발해지고 있는 모양새이다.[9] 하지만 한국교회의 미디어에 대한 대응과 해당 분야 전문가 육성을 위한 준비는 그리 탄탄해 보이지 않는다. 따라서 이 글은 현대 한국 매스 미디어에 비친 한국교회의 모습을 점검하면서 그 문제점과 대안 모색에 힘을 기울이는 것을 주목적으로 삼는다. 적시한 뜻을 이루기 위해 이 글은 〈밀양〉이라는 영화를 중심으로 현대 한국 미디어에 비친 기독교회의 모습과 그 이미지가 가지는 양면을 모두 살펴볼 것이다.

왜 〈밀양〉인가?

특별히 분석의 대상으로 〈밀양〉을 선택한 것에는 몇 가지 이유가 있다.

우선 이것이 영화라는 매체 사실을 지적하지 않을 수 없다. 현대 사회에서 영상매체가 차지하는 비중은 간과할 수 없다. 갈수록 현대인들, 특히 젊은 세대들은 여가시간을 영상매체와 함께 하고 있다.[10] 한국 방송공사와 서울대학교 「언론 정보 연구소」의 조사결과에 따르면, 대략 한국인들은 4시간 32분 정도의 여가시간을 갖는데, 그 중

66%정도가 영화를 비롯한 매스 미디어에 투자하고 있다고 한다.[11] 그만큼 영상매체 〈밀양〉이 가지는 한국교회의 이미지에 대한 분석은 대중 영향력과 파급력에서 매우 주요한 작업이라 할 것이다.

하지만 영화 〈밀양〉은 종교를 전면에 내 건 작품은 아니다. 영화의 상영시간 중 적잖은 분량이 특정 종교(기독교)에 관한 것이긴 하지만 기본적으로 이 영화가 택한 주제는 '인간의 용서'에 대한 질문이라고 봐야 할 것이다. 이는 영화를 연출한 이창동 감독의 진술에서도 드러나고 있다.

> "신앙과 관련이 있지만 신앙이나 신에 관한 이야기는 아니에요. 인간의 이야기죠. 남들이 보기에 자기를 포기하는 듯 한 행동을 하지만, 신애는 자기 집착이 아주 강한 여자예요. 러닝타임 중 '볼 점유율'은 여자 쪽이 많지만 내적으로는 신애와 종찬 두 사람이 균형을 이뤄야 하는 영화죠. 그런데도 외적인 구조에서는 한쪽의 이야기를 따라가야 하는 영화예요. 왜냐하면 중요하지 않은 듯 보이는 것이 실은 중요하다는 것이 〈밀양〉의 주제니까."[12]

한 나라의 문화부 장관까지 지낸 작가 감독의 말이다. 그의 진술을 따르자면, 이 영화는 신에 관한 것이라기보다는 차라리 '인간의 이야기'이다. 하지만 감독은 자신의 이야기, 즉 인간의 용서 이야기를 꺼내들기 위해 매우 세밀하고도 주도면밀하게 특정 종교를 공적 전시장에 올려놓고 있다. 그러면서 애초 자신의 목적이 곡해라도 될까봐 감독은 자신의 영화가 특정 종교와 결부되는 것을 막기 위해 촬영 내내 극도로 조심하고 주의했었노라고 전한다. 이를 위해 감독은 영화에서 그려지는 기독교의 모습에 행여 부정적 이미지가 중첩되지 않도록 꼼꼼하게 많은 관련된 이들로부터 자문을 받았다고 하며, 이는 선정적 볼거리에만 우선적으로 집착하는 기존 언론사의 태도와는 분명 다른 모습이다.[13]

바로 그 점에서 이 영화는 현 한국사회에서 바라 본 교회의 모습을 보다 분명하게 살펴 볼 수 있다는 장점을 갖게 된다. 가급적 의도를 가지고 폄하하지 않으려 했다는 감독의 증언은 영화〈밀양〉이 그리고 있는 교회의 모습이야 말로 현대 한국사회 대부분이 인정하고 있는 '공적(公的) 이미지'라 할 수 있기 때문이다. 즉, 영화〈밀양〉은 현대 한국의 보통 사람이 바라보는 한국 기독교회의 현 주소를 나름대로 살펴볼 수 있는 좋은 사례라 할 수 있다.

〈밀양〉을 선택한 또 다른 이유는 영화가 개봉된 뒤 나타난 한국교회의 반응에서 찾을 수 있다.〈밀양〉은 이창동이라는 이미 검증된 작가 감독[14]에 송강호, 전도연이라는 스타급 배우의 출연, 그리고 개봉 전에 세계 굴지의 영화제인 칸에서 따낸 여우주연상 등등으로 많은 이슈를 낳은 것 치고 그 흥행실적은 신통치 않았다. 영화를 관람한 관객수는 전국 집계로 대략 160여만 명 정도로 2007년도 개봉한 영화들 중에서는 10위권 밖이다.[15] 당시〈디워〉와〈화려한 휴가〉가 각각

8백만과 7백만을 넘어서면서 한국 영화 흥행을 쌍끌이 했던 것에 비해 전직 문화부 장관과 칸 영화제의 주연상을 차지한 여배우의 영화 치고는 상당히 초라한 성적표라 할 수 있을 것이다.

하지만 영화가 개봉하자마자 보여준 한국 기독교 쪽에서의 반응은 매우 뜨거웠다. 먼저 반응은 온라인으로부터 올라왔다. 〈밀양〉의 개봉과 더불어 기독교 온라인 웹진인 「뉴스앤조이」에는 연일 다양한 논평들[16]이 올라왔으며, 급기야 영화가 마무리되던 2007년도 7월에는 한국 최고(最古)의 기독교 잡지 「기독교 사상」은 영화 〈밀양〉을 특집으로 꾸미기까지 하였다.[17] 여기에 더 나아가 이 한 편의 영화만을 위한 평론집[18]이 출판될 정도로 기독교내의 반응은 매우 뜨거웠고 또 즉각적이었다.

하지만 이러한 열정적 반응은 어떤 점에서는 차분한 시선의 비평이라기보다는 정서적 대응에 가까웠다고 볼 수 있다. 또한 대부분 뜨거운 반응을 보인 진영은 현 한국교회에 비판적 시각이 강하거나 또는 그런 논조를 유지하는 쪽이었다. 그 글은 대부분 열띤 언설들로 무장하며 지금의 한국교회는 〈밀양〉에서 그리는 그런 모습으로는 더 이상 변화된 세계에 제대로 적응할 수 없다는 훈수를 두고 있었던 것이다. 하지만 〈밀양〉을 비롯한 다양한 한국의 매스 미디어에 비치는 한국교회의 모습이 적절한 것이고, 정당한 것인가에 대한 세밀한 관찰과 분석은 좀처럼 찾아보기 힘들다. 그저 부끄럽고 수치스러우니 영화에서 그리고 있는 모습의 교회는 빨리 지워버리자는 소리만 크게 들릴 뿐이다. 허나 이 시점에서 무엇보다 필요한 것은 지금 한국교회의 모습이 어떠하며 그 모습이 제대로 사회에 비치고 있는가에 대한 세밀한 분석이 아닐까. 이 글이 놓치고 싶지 않는 임무가 있다면 바로 그것이다.

비밀스런 볕 혹은 빽빽한 볕

제목 붙이기에 심혈을 기울이는 작가 감독의 영화답게 〈밀양〉은 그 이름부터 남다르다. 영화의 영어 제명은 Secret Sunshine이다. 아마도 감독은 밀양의 '密'을 '은밀하다'는 의미로 풀었나 보다. 그리고 그렇게 뜻을 새기는 것이 가해자의 용서에 대한 피해자의 항변을 주테마로 하는 영화에 어울리기도 했을 것이다. 또한 용서가 신의 것이라면 그것은 은밀하고 비밀스레 주어지는 볕과도 같을 것이라는 나름대로의 계산도 저 이름을 고집하게 했을 것이다. 하지만 이는 동리(洞里) 밀양의 본뜻과는 상당한 거리가 있다. 게다가 한자 뜻을 풀 때도 밀양을 그렇게 '비밀스러운 볕'이라 새길 수 없는 일이기도 하다. 본디 밀양의 密은 '빽빽함'을 뜻한다. 빼곡히 채워져 모자라지 않는 것을 나타내는 것이다. '秘密'이라는 말 역시 '밝혀지지 않은 것이 너무 빽빽하여 알 수 없는 상태'를 뜻하지 않던가. 물론 '密輸', '密酒' 등에서는 密이 '은밀하다', '그윽하다' 등의 뜻으로 풀어지고는 있지만, 그 때의 경우는 대부분 동사를 수식하는 부사적 의미이다. 즉, '은밀하게 거래하다'나 '남몰래 술을 빚다'와 같은 용례로 사용되는 것이지, 陽과 같은 명사 앞에 서있는 密은 빽빽함을 의미하는 형용사로 풀어야 할 것이다. 그렇다면 밀양은 볕이 꽉 들어찬 곳, 즉 햇살 좋은 곳이 된다. 허나 감독은 이 밀양에 자신의 고집스런 오역을 한껏 강조하고 있다. 이미 이러한 무리수가 이 영화에 대한 감독의 의중을 충분히 읽게 만든다. 도대체 볕이 은밀할 수 있을까. 볕은 그 자체가 밝고 따뜻할 수밖에 없는 것이다. 이미 작가 감독의 무리수는 제목에서 시작되고 있었다.

그렇다면 감독이 영화를 통해서 하고 싶었던 이야기는 무엇이었을까? 영화는 시작부터 조급한 감독의 의중을 곳곳에서 드러내고 있다. 〈밀양〉은 하늘의 시선으로부터 시작된다. 차 유리창을 통해 쏟아져 들어오는 하늘의 볕. 게다가 하늘은 더 없이 파랗다. 적당한 구름과 거침없이 내리쬐는 햇살. 그리고 그 하늘의 볕을 온 몸으로 받고 있는 아이 준. 차 안에 앉아 제한 없이 햇빛을 받아들이는 준. 그리고 어딘가에 부지런히 전화를 하는 차 밖의 한 여인. 그들은 타고 있던 차가 고장 나서 가던 길을 멈춘 상태이다. 정비차가 오기를 기다리며 '시체놀이'를 하는 준이와 엄마. 이 모든 것이 영화의 흐름 전체를 요약해 놓은 듯이 감독은 영화 시작 5분 동안 하고픈 모든 이야기를 상징과 이미지로 포장하고 있다.

재미있게도 감독의 카메라는 처음과 끝의 시선을 달리하고 있다. 첫 시작은 이미 설명했듯이 '땅에서 하늘로' 향하는 모양새이다. 땅에서 바라 본 하늘. 말할 수 없이 높고 높은 그리고 맑고 맑은 저 하늘의 모습. 그리고 영화의 마지막은 '위에서 바라 본 땅의 모습'이다. 두 장면 모두 화면 가득히 햇볕이 주인공이 되어 있지만 마지막 장면에서 바라보는 시선은 땅으로부터 하늘로 옮겨간다. 사실 이 두 장면으로 감독의 의중은 어렵지 않게 읽혀진다. 하늘의 이야기를 한 듯이 보이나, 결국 이 영화는 땅의 것, 즉 인간의 것임을 감독은 구석구석에서 강조하고 있는 셈이다. 여기서 잠시 영화의 대강을 살펴보자.

'영화의 배경은 밀양이다. 그리고 극중 밀양은 주인공 신애의 남편 고향이기도 하다. 불륜 끝에 교통사고로 숨진 남편을 뒤로 하고 신애는 남편의 고향을 찾는다. 아이러니하게도 죽은 남편의 고향에서 새로운 삶을 시작하려고 하는 중이다. 마치 실패한 결혼을 보상받기라도 하는 듯이 신애의 밀양행은 그렇게 시작된다. 피아노 학원을 차린 신애는 서서히 밀양생활에 익숙해진다. 혼자 사는 여자의 약함을 감추기 위해서일까. 그는 적잖은 재산을 가지고 있음을 내비치게 되고, 결국 이 거짓행위가 비극의 시작이 된다. 신애의 재산에 욕심을 낸 학원장이 하나 남은 그의 혈육 준이를 납치 살해함으로 영화 속의 갈등은 절정에 다다른다. 남편과 아들, 두 남자를 먼저 보내고 홀로 남은 여인 신애. 그는 끝없이 절망하며 자책한다. 그러다 발견한 한 교회의 기도회 현수막. 무엇에 홀린 듯 신애는 교회를 향하고 그곳에서 새로운 안식을 얻는다. 이후 성실한 신앙인의 삶으로 무장한 신애. 그는 갱생한 생활의 완성을 위해 교도소를 방문한다. 자신의 아이를 살해한 범죄자를 용서하기 위해서이다. 하지만 이는 또 다른 불행의 시작이었다. 이미 신앙에 귀의하여 신께 용서를 받았다고 하는 살인자. 오히려 신애를 걱정하며 너무도 평온한 얼굴을 보이는 그의 모습에 신애의 가슴을 다시 충동질한다. 피해자의 용서 없이 어찌 가해자가 저토록 평온할 수 있단 말인가. 걷잡을 수 없는 신애의 방황은 그 이후 교회에 대한 반항과 도전으로 이어지며, 결국 정신 분열증세 끝에 그는 자살을 시도하나 성공하지 못하고 병원신세를 지게 된다. 퇴원 후 머리 단장을 위해 들어선 미용실. 허나 그를 기다리고 있던 것은 살인자의 딸. 다시 그곳을 도망치듯 나오는 신애. 엉망이 되어버린 그의 집 뜰에서 불안한 자세로 자신의 자르다 만 머리카락을 손보는 신애. 햇살은 다시 하늘로부터 땅으로 내리 쬔다. 그것이 시궁창이라도 볕은 가리지 않고 그의 열기를 전하고 있다.'

  이 영화에는 원작이 있다. 이청준의 『벌레 이야기』이다. 본디 이 작품은 1985년에 단편으로 발표되었다. 당시 작가는 서울에서 벌어진 한 어린이 유괴사건을 접하고 이 작품을 썼다고 한다. 그가 작품을 쓰게 된 결정적 동기는 붙잡힌 범인이 남긴 마지막 말에 있다고 한다. 범인은 그 사이 종교에 귀의하여 평화롭게 자신의 최후를 받아들이고 있었으며, 오히려 자신 때문에 고통 받고 있을 가족에게 위안의 말을 건넸나 한다. 작가는 이러한 범인의 고별사에 큰 충격을 받고 가해자의 용서에 대하여 진지하게 생각해 보게 되었고, 그 결과 나온 것이 『벌레 이야기』이다.[19] 영화를 만든 이창동 감독 역시 이러한 작가의 문제의식을 공유하고 있는 듯하다. 그 역시 이 작품을 처음 접하고 '광주 이야기'를 떠올렸다고 한다.[20] 피해자의 용서 없는 가해자의 일방적 참회. 과연 그것이 가당키나 한 것이며 그 진실성은 도대체 누가 보장할 수 있단 말인가. 이렇게 이청준의 문제의식은 이창동으로 이어지고 있다.

다양한 종교적 상징과 표상으로 포장이 되어있긴 하지만 이런 점에서 이 영화는 종교에 대한 영화는 아니다. 그저 하나의 단순한 물음, '인간에게 용서란 무엇인가'에 대한 답변을 감독은 모두에게 물어오고 있을 뿐이다. 따라서 영화는 신(神)에게 주목하지 않으며, 또 그럴 필요도 없다. 다만 피해자가 가져야 할 최소한의 권리를 어떻게 보장받느냐에 대한 '실존적 물음'이 강하게 울려올 뿐이다. 감독 역시 이 영화가 행여 특정 종교를 비하하거나 혹은 종교영화로 낙인(?) 찍힐까 노심초사하는 모습을 그의 인터뷰 내내 보여주고 있다.[21]

하지만 감독의 의중과 배려(?)와는 관계없이 이 영화는 개봉과 더불어 곧 종교영화가 되어버렸다. 더 나아가 영화는 특정 종교에 대한 고발 르포가 되어 끊임없이 새로운 담론을 양산하는 자양분(滋養分)이자 숙주(宿主)가 되어버렸다. 이것이 감독이 원했던 바였는지 아니었는지 가늠해 볼 길은 없지만 결과적으로 그렇게 되었고, 영화가 그리고 있는 현 교회의 모습은 하나의 모범답안처럼 세속의 관심을 쓸어 담았다. 그리고 이에 따라 교회 안과 밖의 뜨거운 반응이 이어졌고, 결국 본의든 그렇지 않든 간에 영화〈밀양〉은 현 한국교회의 실상을 알리는 고발 프로그램이 되었고, 지금도 그러한 〈밀양〉의 역할은 이어지고 있다 할 것이다.

그렇다면 여기서 〈밀양〉에서 그리고 있는 한국교회의 모습을 다시 한 번 꼼꼼하게 챙겨 보아야 하지 않겠나. 그곳에서 그려지고 있는 교회의 모습이 가지는 의미와 또 실제의 모습은 어떠한지 보다 분명히 짚고 넘어가야 하지 않겠는가.

단절된 소통

종교영화가 아니라는 감독의 선언이 무색할 정도로 〈밀양〉에서 그려지는 특정 종교에 대한 길이는 무려 1시간[22]을 넘어선다. 그처럼 매우 치밀하고도 끈질긴 시각으로 영화는 한 종교의 모습을 화면에 담아낸다. 물론 〈밀양〉에서의 특정 종교는 '한국 기독교'다. 이는 영화 전편에 걸쳐 잠시도 쉬지 않고 반복되는 소재이기도 하다. 아들 준의 사망 후 신애가 본격적으로 신앙에 귀의하기 전부터 밀양에 새로 자리를 잡은 신애에게 끈질기게 구도(求道)의 길을 권하는 약국집의 시선을 통해 이미 영화는 줄곧 한 종교를 지목하고 또 그에 대하여 말하고 있다. 신애와 교회의 만남은 동사무소에 아들의 죽음을 신고하고 나오면서 부터이다. 하나 밖에 없는 아들의 죽음을 그 어미가 공식적으로 신고해야 하는 현 행정시스템의 잔인함에 몸부림치며 절규하는 신애의 눈 속에 치유 기도회를 알리는 현수막이 들어온 것이다.

무엇에 홀린 듯 신애는 처음으로 자신의 발로 교회 문을 들어선다. 그 이후 절규하는 기도와 목사의 안수 기도. 그리곤 모든 것이 변했다. 격정적으로 흔들리던 신애의 마음은 차분해졌고, 정상적으로 교인들과 어울리며 신의 은총을 간증하는 성실한 신앙인으로 변모한 것이다. 이후 영화에서 묘사되는 한국교회의 모습은 지극히 상식적이다. 가급적 폄하하는 경우가 없도록 했다는 감독의 진술처럼 객관적 시각을 철저히 유지하며 현 한국교회가 살아가는 모습, 그리고 교회 안 신자들이 보이는 행동 양태를 다큐 찍듯이 건조하게 그려내고 있는 것이다.

그러나 오히려 이것이 화근이었다. 객관적 시선을 유지하겠다는 감독의 의중은 통했는지 모르겠지만, 그러한 '의도의 유지'는 철저히 한국교회의 모습을 '피상화'시키는 길로 치닫고 말았다. 즉, 〈밀양〉에서 그려지는 한국교회의 모습은 '알맹이가 사라진 껍데기의 모습'이다. 수없이 많은 종교적 언사와 행위가 넘실대곤 있지만, 왜 그들이 그런 언어와 움직임을 보이는지에 대한 '해석'은 '실종'되어 버린 것이다. 그런 점에서 영화는 한국교회에 익숙한 이나, 그렇지 못한 이에게 모두 '불편한' 그 무엇이 되어버린다. 한국교회에 속한 이들 입장으로서는 너무도 닮은 외형적 모습에 생략되어버린 '내용들'로 인하여, 교회 밖에 서있는 이들로서는 그러한 불균형이 일종의 교회가 보이는 이중적 모습으로 해독하게 됨으로써 이들의 불편은 어김없이 이어진다. 감독 역시 이런 이중 구조에서 자유롭지 못함을 영화 구석구석에서 노출하고 있다.[23] 여전히 영화의 시선을 통해 관객들은 한국교회를 한 실존이 견뎌야 하는 고통의 심연까지는 접근하지 못하는 피상적이고 형식적인 기관으로만 읽게 된다. 아울러 그 조직안의 사람들조차 교조와 이념에 사로 잡혀있는 인형 같은 존재에 머물러 있는 것으로 묘사된다. 따라서 영화 속의 교인들은 마치 앵무새처럼 암기한 대사만을 읊조리는 이들처럼 보인다. 안과 밖이 다르고 속과 겉이 다른, 그리고 언어와 행동의 균질함을 유지하지 못하는 이들처럼 영화 속의 교회와 교인들은 그려지고 있다. 물론 현장에서 만나는 다양한 교인들 가운데에서는 영화에서 언급하는 것 같은 이들 역시 없지는 않을 것이다. 그렇지만 영화는 적어도 한 종교를 선택하고, 그 종교에 속하여 사는 이들의 실존적 의미와 그 내면의 고백을 화면에 담으려는 최소한의 시도는 해야 하지 않았을까. 허나 여전히 영화는 그저 무감(無感)한 타인의 시선으로 한 종교의 겉으로만 읽혀지는 모습만을 미디어라는 액자에 담아내고 있을 뿐이다.

이런 점에서 영화 〈밀양〉은 한국교회와 제대로 소통하지 못하고 있다. 그런데 그 소통의 단절이 비단 영화 제작자들과 세속사회에만 있는 것일까? 어쩌면 이 불통의 이유를 한국교회 안에서도 찾아낼 수 있을 것 같다. 그 이유들 중의 하나로 '용어의 낯섦'을 거론할 수 있을 것이다. 성스러움에 너무 치우친 탓인지, 사실 한국교회의 용어는 교회 밖에 있는 이들로서는 매우 낯설고 어색하게 들린다. '구원', '예수', '부활', '하나님' 등 이미 익숙해진 용어 이외에는 한번 듣고는 곧

바로 그 뜻을 잡아채기 어려운 말이 적지 않다. '예수의 피(혹은 보혈)', '십자가 은총', '주님의 섭리', '영접', '보혜사 성령' 등 한문 투로 옷 입은 전형적 교회의 용어는 익숙한 이들이 아니고서는 따로 그 뜻과 용례를 배워야 할 정도인 것도 사실이다. 그런 점에서 한국교회는 세속인의 입장에서는 친절하지 못하다. 교회의 용어를 풀이 없이 그대로 강요(?)함으로써 그 '의미로의 초대'를 오히려 막고 서 있는 것은 아닌지 진지하게 생각해볼 일이다.

커뮤니케이션 이론가 맥루한은 미디어 환경의 변화로 인류 역사는 구어시대(oral age), 문자시대(literate age), 인쇄시대(Gutenberg age), 전기시대(electric age)로 구분할 수 있다고 주장한다.[24] 그리고 각 시대는 미디어 환경에 잘 적응한 인간형이 나타나게 되는데, 첫 번째 구어시대에는 주로 인간의 오감을 통해 의사소통을 하기에 '복수감각형' 인간이 사회를 지배했고, 문자시대에는 다수의 복수감각형 인간과 소수의 '시각형 인간'으로 인간 사회가 구성되었다.[25] 반면 인쇄시대에는 주로 시각에 의존하는 '부분 감각형' 인간이 주를 이루게 되었고[26], 현 전기매체 시대에는 과거의 구술문화가 힘을 발휘하는 '복수 감각형' 인간으로 복귀하는 추세에 있다고 진단한다. 전기매체 시대는 이전과는 달리 이성적이라기보다는 감성적, 시각적이라기보다는 촉각적, 파편적이라기보다는 통합적 성격을 지향하는 특성을 보인다.[27] 즉, 매체를 대하고 소통하는 인간의 유형이 이전과는 확연히 달라졌다는 것이다. 바야흐로 매스 미디어의 발달과 인터넷 환경의 급격한 진화, 그리고 저장기술의 혁명적 발달 때문에 인류는 구태여 이전의 서적과 인쇄술에 기초한 시각적 인간형에 머물 필요가 없게 될 것이다.[28] 문제는 이렇게 변모한 미디어 환경에 과연 교회는 적절히 대응할 준비가 되어 있느냐 이다.

교회와 세속사회의 소통단절은 영화에서도 그대로 이어진다. 2시간여를 넘어서는 러닝타임 동안 영화 속 신앙인들은 자신의 목소리로 세상과 소통하지 못한다. 그저 교회 안에서 통용되는 전문화된 용어를 쉼 없이 반복하고 있을 뿐 세상이 이해할 수 있는 언어로 세상을 포용하는 자세는 좀처럼 찾아 볼 수 없다. 이는 영화 속 교회와 교인에 대한 제작자의 이해 부족만을 탓하기에는 교회 내의 변화모색 역시 충분히 고려해야 할 한 요소라 할 수 있을 것이다.

이러한 소통의 단절은 앞서 거론했던 기윤실의 통계에서도 여실히 드러난다. 통계에 의하면 한국교회의 신뢰도는 5점을 척도로 하면 2.55점, 90점을 기준으로 하면 40.95에 머문다.[29] 설문참여자의 반수에도 못 미치는 신뢰도이다. 그리고 고소득 엘리트층일수록 신뢰도는 더 낮아 90점 기준으로 37.5점에 머문다. 반면 저소득층의 신뢰도가 평균 이상인 47.7점인 것을 보면 묘한 대조를 이룬다. 이러한 신뢰도를 학점으로 평가하자면 비기독교인이 매기는 교회 신뢰도는 평균 'D+', 그리고 기독교도들이 평가하는 교회 신뢰도는 'Bo'정도이다. 결코 좋은 점수라고 할 수 없다. 한데 재미있는 것은 바로 고소득층의 신뢰도가 상대적으로 더 낮게 나왔다는 사실이다. 이는 달리 해석하면 다양한 미디어 환경에 노출된 빈도수에 따라 한국교회에 대한 안 좋은 이미지를 갖게 되었다는 말로도 해석이 가능하다. 만약 이처럼 미디어 환경의 노출빈도에 따라 한국교회에 대한 불신이 높아간다고 본다면, 이 통계들이 과연 한국교회의 실제모습을 잘 반영하고 있는 것인지, 아니면 그것이 미디어에 의해 어느 정도 왜곡된 형태를 별다른 숙고 없이 드러낸 것인지를 보다 치밀하게 분석해야 할 필요가 생기게 된다. 통계결과의 다른 부분을 살펴보면 이와 같은 가정은 쉽게 지나칠 수만은 없게 된다. 그것은 한국교회가 신뢰도를 회복하기 위해서 어떤 일을 해야 할 것인가를 묻는 설문에 대한 결과이다.

도표 1) 한국교회 신뢰회복을 위해 우선적으로 해야 할 일에 대한 설문결과

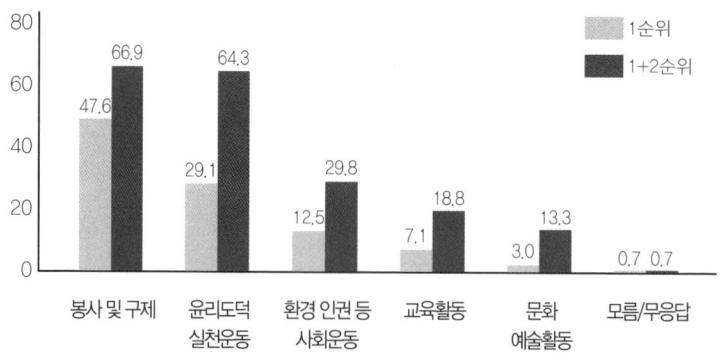

통계에서 우선 꼽는 신뢰 회복을 위해 해야 할 일은 바로 '봉사 및 구제 활동'이다. 그런데 다른 통계결과에 의하면 한국교회의 봉사와 구제활동은 여타 종교에 비하면 비교가 되지 않을 정도의 수준으로 실행하고 있는 것이다. 여기 몇 가지 통계를 살펴보자. 우선 종교별 사회 복지시설 현황이다. 총 906개에 해당하는 국내 종교계 사회복지시설 중 기독교가 차지하는 비율은 59.5%에 달한다. 가톨릭 19.9%, 불교 6.6%에 비하면 그 비중이 압도적으로 크다 할 수 있다.[30] 또한 3대 종교의 국내외 구휼활동[31]을 살펴보면 1년 총 기부금액 86억 원에서 65.5%에 해당하는 56억 정도를 기독교에서 담당하고 있다. 참고로 가톨릭은 3.5%, 불교는 3.3%에 불과하다.[32] 이러한 기독교의 압도적 사회봉사 참여 비율은 헌혈, 각막, 장기 및 골수 기증 비율에서도 그대로 이어진다. 해당하는 봉사실천에서 기독교는 총 69.1%, 가톨릭은 6.8%, 불교는 3.1% 비율을 구성하고 있다.[33] 교육시설 투자 및 운영에 있어서도 기독교의 비중은 압도적이다. 국내 총 431개의 종교계 사립학교들 중 323개소, 즉 74.9%에 해당하는 학교가 기독교에서 설립한 것이다. 학생 수와 교직원 수까지 합하면 전체 종교계 사립학교 중 기독교가 차지하는 비중이 총 80.3%에 해당한다. 이는 2년제 이상의 대학교육 기관 비율에서도 그대로 이어진다. 총 68개에 해당하는 종교계 대학교육기관에서도 총 50개의 학교가 기독교 계열이다. 타의 추종을 불허할 정도의 비율이라 할 수 있다. 그런데도 여전히 세속 사회는 한국교회의 사회봉사와 구제를 독려하고 있다. 오히려 통계가 말해주는 것은 한국교회의 대 사회 봉사 및 구제 활동은 너무 과하다 할 정도로 압도적이다.

이는 역사에 대한 평가에서도 그대로 이어진다. 실상 한국 근대사에서 기독교가 보여준 사회 참여와 민족의식 고양은 다른 그 어떤 종교보다 전혀 뒤처지지 않는다. 일제 강점기에도 '105인 사건'과 '3·1 운동' 등을 통하여 한국교회는 이 땅의 질곡을 극복하는 일에 적극 동참하고 있었다. 특히 105인 사건은 일제가 조작한 최대 규모의 한민족 탄압사건으로 줄잡아 이 사건에 연루된 피의자가 7백여 명에 이르렀다는 사실[34]만으로도 당대 일제가 한국교회를 어찌 생각했는지를 충분히 짐작해볼 수 있다. 그것 외에도 앞서 언급했듯이 한국교회는 적지 않은 수의 고등교육기관을 설립하여 새로운 지도자 육성에도 전념했다.

이에 반해 조선조 5백여 년 한국사회를 이끌던 유교지식인들의 모습은 초라하기까지 하다. 1910년 일본이 조선을 강점하자마자 그들은 유생들을 회유하기 시작한다. 일제는 합방에 일정 부분 협력한 적이 있는 관료요원에게는 작위를 부여하고 '은사공채'(恩賜公債)를 주어 그 이자로 여생을 편히 살 수 있도록 해 주었다. 그 외에도 친일파 양성책의 하나로 귀족이나 공로자의 유족들, 그리고 이전 조선정부의 관리 총 3,638명에게는 8,246,800원[35]의 은사금(恩賜金)을 주었고[36], 전국 각지의 양반 유생 12,115명에게는 300,000원으로 분배하였다.[37] 이러한 일본의 회유에 넘어가지 않은 유생이라야 황현(黃玹, 1855-1910)을 위시해 을사늑약에 비통해 자살한 20여 명이 전부라고 할 수 있다.[38] 사실 이들의 자결은 곧 조선을 이끌던 선비 정신의 종말로도 해석할 수 있다.[39]

한국교회의 배타성에 대한 논의도 매한가지이다. 지금은 일방적으로 한국교회의 배타성이 비난의 대상이 되고 있긴 하지만,[40] 실제 선교 초기 한국교회가 당해야 했던 핍박과 억압의 주체는 누구이었던가. 어쩌면 현 한국교회가 보이고 있는 타 종교에 대한 배타적 성향은 선교 초에 있었던 수세적 경험이 크게 작용했다고 볼 수도 있다.

그러나 현 매스 미디어는 그러한 역사적 사례와 경험에 대한 친절한 설명은 제쳐놓는다. 작금 불거지는 몇몇 한국교회의 왜곡현상만 침소봉대되어 마치 그러한 모습이 교회의 본질, 혹은 특성인 양 고정시켜 버리는 일이 반복되고 있을 뿐이다. 그리고 이렇게 고정되어가는 한국교회의 이미지는 계속 확대 재생산되면서 세속 사회인에게 각인되고 있는 것이 지금의 모습이다. 따라서 많은 부분 한국교회의 이미지는 본래적이라기보다는 작위적이고, 또한 세속사회와의 소통 부재 혹은 단절의 결과라 할 수 있을 것이다. 그리고 〈밀양〉에서 그려지는 한국교회의 표피적 모습 역시 그 속내를 내보이지 못한 소통의 단절이 가져온 것이라 할 수 있을 것이다.

맺는 글

앞서도 지적했듯이 작금 한국교회는 변화된 미디어 환경에 적절히 적응하고 있지 못하다. 그리고 세상과의 소통에도 그리 적극적이지도 못하다. 대부분 교회 내부의 언어와 행위에 국한된 특수 집단으로 자꾸 스스로를 좁히고 있는 형국이기도 하다. 하지만 이런 자세로는 현대 사회 속에 보다 긍정적으로 그리스도의 복음을 알리기가 곤란해질 것이다. 보다 적극적인 자세로 세상과 소통하고, 또 스스로 그들의 언어로 교회의 본질과 그 알맹이를 매개해야 할 것이다. 앞서 제시한 기윤실이 실시한 설문조사와 현실 통계 사이의 불일치가 의미하는 바를 한국교회는 유의해서 읽어내야 할 것이다. 따라서 한국교회로서는 이 왜곡된 미디어 환경을 개선 혹은 교정하는 일에 최선의 경주를 해야 할 것이다. 이에 필요한 몇 가지 대안들을 제시하자면 다음과 같다.

우선 범 교단 차원의 미디어 대책팀이 필요하다. 현 기독교 내 언론단체들의 모임인 한국기독언론협회가 있으나 주로 신문언론이 중심을 이루고 있고 아직 변변한 사이트 하나 구축하지 못한 상태이다. 이에 다양한 한국사회의 미디어에서 반복 생산되는 왜곡된 한국교회 이미지를 시정할 수 있는 범 교단 차원의 대책기구 마련이 시급히 요청된다. 개별적 단위에서 이미지 시정 작업이 이루어질 수도 있겠지만 다양하고 세분화된 미디어 환경에 적시에 대응하기엔 개인으로는 역부족이다. 이에 체계화된 대 미디어 전담반의 설치는 매우 필요한 대책이 될 수 있다.

둘째, 교회 내 특화된 미디어 전문가를 양성할 필요가 있다. 교육기관 내에 해당분야 과목을 개설하고, 아울러 단기 미디어 전문가 양성 과정을 설치할 필요도 있다. 이를 통해 신진 전문가를 육성시키면서 동시에 기존 교회지도자를 위한 재교육도 진행할 필요가 있다. 이를 통해 방송, 신문, 잡지, 인터넷 등 다양한 미디어 환경에 특화된 전문가로부터 구체적이고도 다양한 연구 결과물을 얻을 수 있을 것이며, 또 양화(量化)된 이들의 결과물은 각 교회와 교단 정책에 필요한 자료가 될 수 있다.

셋째, 교회 용어의 해석이 필요하다. 물론 이는 기존 용어가 가지는 내용의 훼손이나 변질을 말하는 것이 아니다. 본래의 뜻은 그대로 유지하되 용어만큼은 일반인도 이해하기 쉽도록 바꾸는 작업이 필요하다. 기독교적 용어가 아니라 일반 용어로도 소통이 가능할 수 있도록 '용어의 통역' 작업이 필요하다. 이를 위해 교계 내 신학자와 국어학자의 긴밀한 협력 작업이 필요하다.

넷째, 세속 미디어에 대해 부정적 대항보다는 보다 적극적인 대처가 필요하다. 특정 미디어의 진행을 막는 대항적 자세보다는 양질의 기독교 미디어 콘텐츠를 개발 보급하는 것이 필요하다고 본다. 이에 대해서 몇 년 전 실시한 한미준의 여론조사가 중요한 암시를 준다. 조사 시점인 2004년 기준으로 영상 및 인터넷 매체를 통해 선교 프로그램을 접촉한 비율은 대략 15%정도이다.[11] 이 수치는 한국의 미디어 환경과 열성도를 염두에 둘 때 충분한 것이라 보기는 힘들다. 그만큼 미디어 환경 내에서 기독교가 차지하는 비중이 그렇게 높은 편은 아니다. 하지만 뒤이어 나온 다른 통계가 한국교회로서는 의미심장하다. 그 다음 질문은 '그러한 매체를 경험한 적이 있다면 그 이후 느낌이 어땠는가?'였다. 이 질문에는 67.3%의 응답자가 거부감이 들지 않았다고 답하고 있다.[42] 이는 사람을 통해 이루어진 전도 행위에 무려 83.9%의 응답자가 부정적이었다고 답한 것과는 크게 대조된다.[43] 그만큼 미디어를 통해 접하는 전도나 선교에 대해서는 덜 거부적이며 수용적이었고, 또 긍정적일 수 있다는 것이다. 따라서 보다 세련되고 볼만한 미디어 콘텐츠를 교회가 생산해 낸다면 왜곡된 한국 내 기독교에 대한 이미지 제고와 더 나아가 보다 긍정적인 선교환경도 마련할 수 있다는 말이 되는 것이다. 이런 점에서 준비된 문화사역 혹은 문화선교는 한국교회의 미래를 담고 있다고 할 수 있을 것이다. 하지만 아쉽게도 아직까지 한국교회는 폭넓은 미디어 콘텐츠 구축에는 성공적이지 못한 듯하다. 여전히 기독교 계열의 영화나 연극, 드라마 등은 인물중심에 틀에 박힌 형식에서 크게 벗어나지 못하고 있어 나름대로 의미 있는 작품을 내어 놓는 불교[44]나 가톨릭[45]에 비해 상대적으로 열세를 벗어나지 못하고 있다.

이러한 문제를 극복하기 위해서라도 한국교회는 미디어에 대한 인식 재고(再考)와 더불어 미디어 전문가 육성이라는 시대의 책무를 게을리 해서는 안 될 것이다.

〈아바타〉와 몰입의 영성[46]

미디어 연구의 새로운 장을 연 마셜 맥루한은 그의 대표작 『미디어의 이해: 인간의 확장』에서 "미디어는 메시지다"[47]라고 주장한다. 맥루한의 이 선언은 송신자와 수신자 그리고 그들이 주고받는 텍스트 중심으로 이뤄지던 미디어 연구 방향을 뿌리부터 틀어버리는 혁신적 역할을 하였다. 이제 더 이상 미디어는 도구로만 기능하지 않는다는 것이다. 아니 오히려 미디어야말로 그것을 도구 삼아 커뮤니케이션 하는 인간의 인식형식과 사회 환경을 바꾸는데 지대한 영향을 끼칠 수 있다는 것이 맥루한의 진단이다. 이런 시각 속에 맥루한은 미디어의 정의(definition)를 더 확장시켜갔다. 그의 눈에 미디어는 소통을 위한 도구에 한정되지 않고, 인간이 자연과 관계를 맺는데 사용되는 모든 것들이라고 할 수 있다. 예를 들어 도끼, 전등, 철도 등과 같은 것들도 당당히 미디어의 하나로 평가를 받는다. 그런 점에서 맥루한이 사용하는 미디어란 개념은 인간과 자연환경을 만날 수 있도록 해주는 모든 것들이라 할 수 있다.[48] 따라서 미디어는 메시지가 되며, 중요한 것은 메시지가 아니라 그것을 담고 있는 형식, 즉 '미디어 그 자체'라는 것이다.

맥루한의 선언적 주장이 아니더라도 갈수록 현대 사회에서는 미디어가 중요시 되고, 아울러 그에 대한 학문적 관심 또한 커가고 있는 중이다. 이는 종교연구와 신학 분야에서도 마찬가지이다. 이미 1964년에 영국의 버밍험(Birmingham) 대학은 「현대문화연구센터」(The Center for Contemporary Cultural Studies)를 창설하면서 현대미디어 문화에 대

한 관심을 구체화했고, 또 그러한 선구 작업은 지금까지 이어지고 있다.[49]

그렇다면 이즈음에서 우리는 다음과 같은 질문 하나를 던질 수 있을 것이다. '성스러움을 앞세우는 종교계에서 왜 세속의 극에 있다 할 수 있는 미디어, 그것도 매스미디어와 대중문화에 관심을 기울이는가?' 그것은 바로 그것, 즉 대중문화 연구는 그 결과물 이상을 넘어선다는 생각 때문이다.[50] 즉, 종교-신학계에서 행하는 대중문화 연구는 대상이 되는 문화콘텐츠를 단순 분석하는 것에만 멈춰있는 것이 아니라, 그것이 지향하고 있는 내적 의미, 더 나아가 종교적 상관관계를 분석하는 데까지 나아가게 된다. 왜냐하면 대중문화는 '실재의 지도'(Maps of Reality)이기 때문이다.[51] 대중문화는 단지 누리고 즐기는 대상에만 머무는 것이 아니라, 그것을 향유하는 주체, 즉 시민의 생각과 세계관을 담고 있는 살아있는 자료가 된다는 것이다.

또한 대중문화는 본질적 특성상 종교와 유사한 구조를 지니고 있다. 치데스터(David Chidester)[52]는 그것을 '촉각'이라 생각한다. 그가 종교와 대중문화의 특성을 '촉각적'이라고 특별히 규정한 것은 그 안에 피부의 감성, 운동감각으로 생겨난 신체 움직임 속의 감각, 몸 안 대상들의 물리적 조정을 통해 얻게 된 지각 정보 등이 포함되기 때문이다.[53] 더 나아가 그는 종교적 촉감이 가지는 특성을 묶음(binding), 불태움(burning), 움직임(moving), 다룸(handling)으로 정리했고, 이는 '우리', '열정', '전진', '도전'으로 구체화된다고 보았다.[54] 이처럼 촉각으로 대표되는 종교적 특징을 공유하는 대중문화는 거칠게 현대인의 마음을 흔들고 있는 중이다. 바야흐로 대중문화는 종교적 영성이 쇠락하는 시점에서 그것을 대체하고 있다 할 수 있다. 따라서 영성과 교회에 대한 관심이 갈수록 옅어지고 묽어지고 있는 현대인의 심성을 보다 진지하게 이해하기 위해서라도 대중미디어-문화에 대한 이해는 필수적이라 할 것이다.

영화라는 매체는 인간의 거주방식이 메트로폴리스화 되면서 생겨났다. 대도시가 생겨나고 이전과는 비교할 수 없을 정도의 규모를 자랑하는 '대중'이 역사의 실체로 등장한 이후 이들이 즐길 수 있는 '문화적 대안'으로 생겨난 것이 바로 영화이다. 도시 노동자들이 적절한 비용을 내고 함께 즐길 수 있는 문화콘텐츠가 바로 영화였다. 벤야민(Walter Benjamin, 1892~1940)은 이 영화의 탄생으로 인간의 지각과정에도 적잖은 변화가 일어났다고 지적한다. 영화는 정지된 장면이 아니다. 쉼 없이 움직이는 이미지들은 정적이고 집중을 요했던 이전의 문화 예술품들과는 그 뿌리부터 달랐다. 이와 같은 영화의 산만함은 관객들의 '촉각적 지각'을 자극한다.[55] 그리고 영화의 편집 기술은 자연적 시공간을 해체시켰고, 그 결과 인간의 연대기적 시간개념 역시 묽어지게 되었다.[56] 이제 정신없이 나타나고 변화하는 스크린 위의 이미지들을 추적하느라 사람들은 더욱 산만하게 되고, 시각과 논리적 이성에 매달려서는 그 광대한 정보의 홍수를 소화해내기 어려운지라 더 촉각적으로 변하게 된다는 것이다. 영화 한편을 관람하기 위해 관객들은 가능한 모든 감각을 일으켜 세워야 한다. 이 복합 행위

속에 관객들은 쾌감을 얻고, 이때 얻어지는 즐거움이, 영성이 퇴락한 종교의 촉각을 대체해간다고 볼 수 있다. 이런 점에서 사람들이 몰리는 영화를 신학적으로 분석하고 해석한다는 것은 영화의 무엇이 종교적 영성을 대체하고 있는지를 확인할 수 있는 계기를 제공한다 할 것이다.

이 글은 이와 같은 문제의식을 안고 영화라는 미디어에 대한 종교학적 반성을 시도한다. 단순히 특정 영화의 스토리나, 감독의 의도 등에 천착하기보다는, 앞서 맥루한의 주장을 통해 살펴보았듯이 이 글은 무엇보다 영화라는 매체의 본질적이고도 구조적인 특징에 집중하고자 한다. 따라서 왜 현대사회에 사람들은 대중미디어와 문화에 열광하고 있으며, 또 어느 영화에 집중하고 있는가? 영화의 무엇이 지속적으로 사람들을 끌어들이고 있는지에 대한 메타적 분석에 우선하고자 한다. 이 분석을 위해 특별히 2009년도 개봉되어 세계적으로 최고의 흥행 성적을 올린 〈아바타〉를 하나의 사례로 선택할 것이다. 그리고 이러한 분석과 탐구를 통해 현대 문화 속에 영화란 미디어가 갖는 문화적 의미와 그것을 통해 사람들이 얻고자 하는 것이 무엇인지를 살펴 볼 것이다.

〈아바타〉라는 영화

〈아바타〉(Avatar, 2009) 열풍이 대단하다. 지난 2009년 12월에 개봉된 제임스 카메론(James Francis Cameron, 1954~)의 이 영화는 미국을 비롯한 전 세계에 무려 27억 달러 이상의 수입을 거둬들였다. 이 기록은 지금까지 흥행기록을 갖고 있던, 역시 카메론 감독의 작품인, 〈타이타닉〉(Titanic, 1997)의 18억 달러를 훌쩍 뛰어넘는 것이다.[57] 한국에서도 〈아바타〉의 기세는 대단했는데, 관객동원에서 기존 1,300만으로 1위를 유지하고 있던 봉준호 감독의 〈괴물〉(The Host, 2006)을 개봉 73일 만에 추월했으며, 흥행수익에서는 총 1,200억 이상을 올려 기존 〈해운대〉의 810억을 훌쩍 앞서 버렸다.[58] 가히 하나의 신드롬이라 불릴 정도로 카메론의 새 작품은 세계를 단숨에 정복해 버렸다.

〈아바타〉의 스토리라인은 복잡하지 않다. 그 대강의 내용을 살피자면 아래와 같다.

"미래의 지구인들은 에너지 고갈로 고민하게 된다. 그때 행성 '판도라'가 그들 눈에 들어온다. 이 행성에는 고가의 '언옵타늄' 등 지구에서는 구하기 힘든 자원들이 가득하다. 따라서 지구인들은 자원획득이라는 부푼 꿈을 안고 판도라 행성을 찾아온다. 하지만 곧바로 그들에게 쉽지 않는 어려움이 나타난다. 우선 판토라라고 하는 행성의 환경이 지구와 너무도 달랐다. 독성 가득한 별의 대기는 보호 장구 없이는 기본적인 활동 자체를 할 수 없을 지경이다. 그래서 지구인들은 '아바타 프로젝트'를 기획하게 된다. '나비'(Navi)라 불리는 판도라 행성의 원주민들과 인간의 DNA 결합해 '하이브리드 생명체'(hybrid creature)를 만드는 것이 이 프로젝트의 목표다. 그렇게 해서 이른바 '아바타'가 생겨났다. 하반신이 마비되어 해병대에서 퇴역한 제이크 설리가 프로젝트 진행 중 사망한 형을 대신하여 이 아바타 조종사로 일하게 된다. 우여곡절 끝에 제이크는 아바타를 통해 나비족의 생활세계에 끼어들게 되고 서서히 그들과 하나가 되어 간다. 그 와중에 제이크는 나비족 추장의 딸인 네이티리와 사랑을 나누게 되고, 결국 인간이 부여한 자신의 임무를 버리고 나비족의 일원이 되어 '판도라'의 독립을 쟁취하기 위해 투쟁한다."

중심을 이루는 스토리텔링은 닳고 닳은 것처럼 진부했지만, 그렇다고 이 영화에 서사(narrative) 자체가 없는 것은 아니다. 다만 영화적 재미를 서사구조보다는 스펙터클한 볼거리에 더 두었을 뿐이다.

일반적으로 〈아바타〉는 'SF 판타지 물'로 구별할 수 있다. 그런데 이 영화의 제목으로 사용되고 있는 '아바타'라는 말은 그 기원을 인도의 종교전통에서 찾을 수 있다. 문자적으로 이 말은 '(하늘로부터) 내려옴'을 뜻하는데[59], 특별히 이는 인도의 신 비슈누(Viṣṇu)와 밀접히 연결되어 사용된다. 인도의 대표적인 신으로는 앞서 언급한 비슈나와 브라흐마,(Brāhma) 시바(Shiva) 이렇게 셋을 꼽을 수 있다.[60] 이때 비슈누는 다양한 모습으로 인간 세계에 내려와 인간의 구원을 위해 도움을 주는 신으로 인식되며, 그때 변모된 모습의 비슈누를 일컬어 '아바타'[61]라 부른다.

하지만 컴퓨터 시대에 들어와 아바타에는 위 종교적 의미 외에 다른 뜻이 하나 더 첨가된다. 온라인상에서 사용자가 자신을 대신할 수 있는 3D, 2D 모양의 아이콘 역시 '아바타'라 부르게 된 것이다. 그런 점에서 영화 〈아바타〉는 위 두 가지 용례를 모두 포함하여 사용하고 있다고 할 수 있다.

감독 제임스 카메론은 이러한 기존 아바타라는 단어의 용례와 그의 개인적 경험이 결합되어 영화의 테마로 사용하였다. T.E.D.[62]에서 행한 강연에서 카메론은 〈타이타닉〉이라는 영화를 제작하는 과정에서 이 테마를 얻게 되었다고 고백한다. 〈타이타닉〉이라는 영화를 제작하던 중 카메론은 제작사에 제안 하나를 한다. 그 제안은 바로 심해에 난파되어 있는 타이타닉의 실제모습을 촬영하자는 것이었다. 영화 홍보를 위해서도 그 일이 유익하다는 구실로 결국 실제 타이타닉을 카메라에 담기 위해 심해 잠수정에 카메론은 몸을 실었다 한다. 잠수정 안에서나마 육안으로 가라앉은 타이타닉을 확인한 카메론은 더 나아가 작은 로봇 잠수정을 통해 배안을 살펴보기로 했다고 한다. 로봇 잠수정은 빛을 비추어가며 타이타닉 내부를 탐색했는데, 그때 카메론은 말로 설명할 수 없는 체험을 했다고 한다. 당시 그와 제작사는 영화촬영을 위해 타이타닉의 본설계도를 보고 그와 동일한 크기의 세트를 만들었고, 이미 수개월여 그곳에서 촬영을 진행하고 있던 터였다. 따라서 너무도 익숙하고 잘 아는 장소를 작은 로봇 잠수정이 찾아가는 모습을 보고 그 잠수정이 자신의 몸처럼 인식되었고, 이와 같은 그의 경험이 보다 사실감 있는 〈아바타〉란 영화 제작의 주요한 동기가 되었다고 한다.[63]

이런 문화적 융합을 통하여 새로운 형식의 3D영화인 〈아바타〉가 만들어지게 되었다. 이제 이 영화를 제작, 감독한 카메론이란 인물에 대하여 개략적이나마 살펴보도록 하자.

1997년 〈타이타닉〉으로 모든 영화기록을 갈아치우고 그해 아카데미 감독상까지 손에 쥔 카메론은 시상대 위에서 다음과 같이 외쳤다.

"나는 세상의 왕이다!"(I'm the king of the world!)

물론 이는 바로 그 영화 〈타이타닉〉에서 레오나르도 디카프리오(Leonardo Di Caprio)가 외친 대사를 그대로 흉내 낸 것이다. 하지만 그의 외침이 허투로 들리지 않는다. 이는 지금까지 그가 감독한 영화의 목록을 보는 순간 금시 깨닫게 된다.

아바타(2009) / 에이리언 오브 더 딥(2005) / 타이타닉(1997)

트루 라이즈(1994) / 터미네이터2: 심판의 날(1991) / 어비스(1989)

에이리언2(1986) / 터미네이터(1984) / 피라나2(1982) / 제노제네시스 (1978)

감독 데뷔시절의 두 편과 1989년 저주받은 걸작 〈어비스〉외에는 모두 큰 히트를 기록했고, 또한 영화계의 흐름을 바꾸어놓은 전환적 작품들이라 할 수 있다. 그중 〈터미네이터〉와 〈에이리언〉은 여전히 시리즈를 이어가며 영화사의 또 다른 전설이 되어가는 중이기도 하다. 〈아바타〉 역시 총 3부작으로 제작할 계획이라 하니 만드는 작품마다 흥행에 성공을 거두는 감독 카메론은 '미다스의 손'이라 불려도 손색이 없을 정도이다.

그런데 여기서 우리가 지나쳐서는 안 될 부분이 이 희대의 영화 쟁이 카메론도 일본 아니메[64]의 열혈 마니아라는 사실이다. 특히 그는 〈모노노케 히메〉[65](Princess Mononoke, 1997)를 만든 미야자키 하야오(宮崎駿, 1941~)의 작품은 빼놓지 않고 본다고 한다. 그러고 보니 그의 작품 속에는 일본 아니메의 흔적들이 심심치 않게 눈에 띤다. 이번 작품 〈아바타〉에서도 하늘에 떠있는 돌산은 미야자키의 〈천공의 성 라퓨타〉(Laputa: Castle in the Sky, 1986)를 연상시키며, 이전 작품인 〈터미네이터 2: 심판의 날〉(Terminator 2: Judgment Day, 1991)에 등장하는 몸의 형태를 자유자재로 변형시키는 T-1000은 일본 망가[66] 〈바벨2세〉의 '로뎀'의 또 다른 변신으로 봐도 무방하다 할 정도이다.

하지만 이런 현상이 카메론에게만 국한된 것은 아니다. 〈매트릭스〉[67] 시리즈로 전 세계 SF 마니아들을 흥분케 한 워쇼스키 형제 역시 공인된 일본 아니메 마니아이다. 그들의 〈매트릭스〉역시 일본 아니메 〈공각기동대〉(Ghost In The Shell, 1995)의 실사 버전이라 불릴 정도이니, 현 세계 영화계에서 일본문화가 차지하는 비중은 상상을 초월한다 할 것이다. 90년대 서구 문화계에 〈아키라〉(Akira, 1988)라는 일본 애니메이션이 소개되면서 불기 시작한 일본 문화의 열풍은

O.V.A.(Original Video Animation)를 통해 서구사회에 커다란 영향을 끼치게 된다. 이제 바야흐로 일본 아니메를 보고 성장한 세대가 직접 자신들의 작품을 만들고 있는 형국이다. 그리고 워쇼스키 형제나 카메론 역시 그렇다고 할 수 있다.

왜 사람들은 〈아바타〉에 빠지나?: 영화 미디어의 구조적 특징

가히 문화의 시대다. 문화콘텐츠 시장은 해매다 커지고 있고 또 그곳에 몰리는 자본 역시 상당하다. 이 현상을 어찌 설명해야 하나? 단순히 여가시간이 이전보다 더 늘어났고, 또 덩달아 가계 수입이 늘어나기 때문에 문화산업, 그 중에서도 영화시장이 자연스레 커지고 있다고 분석해야 하는가. 하지만 이런 식의 분석은 너무 단선적이다. 수입과 여가시간만 가지고 따지자면, 그렇게 국민소득이 높지 않은 인도에서 상당한 수준의 영화시장과 산업이 형성되고 있는 것을 설명할 길이 없어지기 때문이다.[68]

카메론이 〈아바타〉를 위해 퍼부은 돈이 무려 4억 달러이다. 우리 돈으로 5천억을 헤아리는 이 엄청난 자금으로 그는 그의 몇 배인 27억 달러를 벌어들였다. 막대한 초기 제작비로 카메론은 보다 섬세하고 현실감 높은 3D와 이모션 캡쳐 기능을 쓸 수 있었다. 그리고 이에 자극받은 한국 정부는 2015년까지 총 8천억의 예산을 3D산업 지원에 투자하겠다고 나섰다.[69]

여기서 우리의 질문 하나가 떠오른다. 그렇다면 카메론 사용한 정도의 돈과 자본, 그리고 기술만 있다면 그 정도의 흥행은 언제고 보장받는 것인가?

어느 누구도 이 질문에 확실한 답변을 줄 수는 없을 것이다. 지금도 지구 곳곳에는 다양한 이야기들이 영화로 만들어지고 있지만 모두 성공하지는 못한다. 성공은커녕 손익분기점까지 다다르기도 쉬운 일이 아니다. 그런데도 사람들은 끊임없이 영화를 만들고 또 사람들은 볼거리를 찾아 지갑 여는 일을 주저하지 않는다. 그렇다면 이는 단순한 시장이나 경제논리로 풀 수 없는 그 무엇인가가 더 있는 것은 아닌가. 사실 이 문제에 대한 씨름이 영화〈아바타〉에 대한 정보를 나열하는 것보다 훨씬 중요하고 뜻깊은 일이 될 수 있을 것이다.

우선 우리가 먼저 생각해볼 문제는 '사람들은 왜 영화관에 출입하는가?' 이다. 이는 곧 '영화의 본질적 목적이 무엇인가?'라는 질문과 맞닿아있다고 할 수 있을 것이다. 뭐라 화려하고 다양한 설명을 달아놓는다 하더라도 대부분 영화관을 찾는 이들은 '시간을 죽이기'(killing time)위해서이다. 즉 '무료함'과 '심심함'을 이겨낼 목적으로 사람들은 영화를 본다. 그렇다면 이때 무료함과 심심함은 어떤 의미를 지니고 있는 것일까?

바로 여기서 우리는 영화감상 혹은 관람이 지니는 형이상학적 의미를 찾아낼 수 있다. 무료함과 심심함은 사실 인간들이 지니는 매우 독특한 형이상학적 특징에 기인한다. 이 감정들은 '시간'과 관련 깊다. '심심하다는 것', '무료하다는 것'. 이는 시간을 '선점'해 인식하는 인간만이 지닌 특징을 대표한다 할 수 있다. 즉 인간은 시간을 느끼며, 또 인지한다. 지금의 흐름에만 매몰되지 않고 앞으로의 시간을 계산하고 예측함으로써 지금 자신의 태도와 상황을 해석하려 한다. 그래서 인간은 변화 없는, 혹 자극 없는 시간의 흐름을 예측하여 심심함과 무료함을 느끼게 된다. 즉 시간이란 질병이 인간을 괴롭히게 되는 것이다. 단 한 시간도, 아니 단 10분도 올곧게 시간 흘리기에 집중할 수 없는 인간은 다른 동물들이 지니지 못한 시간 때문에 생겨난 '형이상학적 질병'을 갖고 있다 할 것이다.[70]

따라서 인간은 시간을 잊/고/자/ 한다. 시간을 인지한다는 것. 온몸으로 시간을 감당한다는 것은 인간으로서는 엄청난 고통이며 아픔이다. 인간이 시간을 느낀다는 것은 '존재의 쇠락'을 감지한다는 것과 다를 바가 없다. 그래서 인간은 시간을 잊을 수 있는 또 다른 '몰입'이 필요하게 된다. 그때 스토리가 있고 볼거리가 있는 영화는 최적의 선택이 된다. 물론 이 조건이 충족되기 위해서 영화는 철저히 시간을 '죽여줘야' 한다. 영화를 보면서도 시간을 느끼게 되면 그 영화는 성공할 수 없다. 그러므로 자본이 들어오고, 기술이 받쳐준다 해서 모든 영화가 성공하는 것은 아니다. 바로 이 시간죽이기에 적절히 성공하고, 또 관객들의 몰입에 도움을 줄 수 있을 때에만 영화는 성공할 수 있게 된다.

이때 몰입 역시 매우 중요한 조건이 되는데 이를 위해 우리는 칙센트미하이(Mihaly Csikszentmihalyi)의 소리에 귀를 기울일 만하다. 그는 '몰입'(flow)이란 삶이 올라가는 순간에 물 흐르듯이 자연스럽게 행동이 이루어지는 느낌이라고 보았다.[71] 예를 들어 '몰아일체의 경지' '무아지경' 혹은 예술가들의 '황홀경' 상태가 이와 같다고 보았다. 더 나아가 그는 사람들이 몰입에 빠질 수 있는 세 가지 조건을 지적했는데, 이는 다음과 같다. 1) 적절한 대응을 요구하는 분명한 목표가 앞에 있을 때 2) 피드백의 효과가 빨리 나타날 때 3) 쉽지도 그렇다고 어렵지도 않은 적절한 난이도가 과제로 주어질 때.[72]

영화 역시 이렇게 관객들에게 시간을 인지하지 못하고 몰입할 수 있도록 할 때 성공을 거둘 수 있는 것이다.

이런 점에서 카메론은 〈아바타〉에 세심한 장치를 해 두었다. 우선 스토리텔링에서는 관객들 내부의 부딪힘이 적게 했다. '시간 죽이기' 용 블록버스터에 충실하게 너무 복잡한 복선구조를 깔지 않고 관객들이 충분히 이해 가능한 이야기구조를 촌스럽지 않게 배치한 것이다. 대신 그는 '볼거리'에 만전을 기한다. 그래서 선택한 것이 보다 현실적인 3D와 '이모션 캡쳐'(Emotion Capture)이다. 이미 알고 있듯이 영화의 대부분은 C.G.로 이루어져있다. 물론 실사 역시 영화의 한축을 맡고 있긴 하지만 〈아바타〉의 주는 CG가 차지한다고 할 수 있다. 최근 CG기술은 급속도로 진화했고 카메론은 이를 충실히 영화제작에 이식시켰다. 영화의 주 무대가 '판도라'라 불리는 지구와는 전혀 다른 이질적 세계이다. 이미 이 설정 자체가 사람들을 신화의 세계로 이끌 준비가 되어 있다. 문제는 보다 구체적이고 현실에 가까운 체험을 제공해 줌으로써 영화 관람 내내 달리 시간을 느낄 수 없도록 해주는 일만 남은 것이다. 우선 3D화면을 통해 사실감을 더욱 높이고 미지의 세계에서 활동하는 인류와 다른 종류의 생명체에 인간보다 더 세밀한 감정의 변화를 표현토록 해주어야 한다. 이를 위해 카메론은 이모션 캡쳐 기술을 사용한다. 우리 눈에 투영되는 배우들의 모습은 물론 CG가 만들어낸 시각 효과이긴 하지만 그들의 섬세한 표정과 감정의 흐름은 각종 캡쳐 기구를 온몸에 장치하고 직접 연기한 인간 배우들의 노력결과이다. 촬영장을 가득채운 190여대의 카메라, 캡쳐한 배우들의 모션과 감정표현들을 곧바로 CG를 통해 가상 배우들에게 이식시킬 수 있는 최고 성능의 컴퓨터 들이 카메론의 이 기획과 욕심을 현실로 만들어 줄 수 있었다.

그림 6 〈아바타〉에서 사용된 이모션 캡쳐 기술의 촬영 과정

적절히 축소된 스토리라인은 변화된 문화세대들에겐 큰 문제

가 될 것이 없었다. 게다가 '대규모 다중 사용자 온라인 롤플레잉 게임'(MMORPG; Massive Multiplayer Online Role Playing Game)에 익숙해진 세대들에게 부족한 스토리텔링은 충분히 스스로 채워 넣을 수도 있었기 때문이다. 문제는 보다 현실감 넘치는 신화적 공간 체험일 뿐이다. 따라서 카메론의 주 관심과 집중대상도 이 부분에 있게 된다. 그리고 그의 집요한 장인정신은 어느 정도 이러한 목적 구현에 성공을 이루고 그 결과 162분여에 달하는 짧지 않은 〈아바타〉의 러닝타임은 금방 지나가게 된다. 물론 몇몇 이들은 〈아바타〉 관람 내내 지루함을 느꼈다는 이들도 있다.[73] 이들은 주로 스토리텔링에 익숙한 이들이었고, 물론 앞서 언급한 MMORPG등에는 익숙지 않는 세대들이라 할 수 있을 것이다.

하지만 이런 유의 영화, 즉 스토리텔링보다는 볼거리에 집중한 영화의 성공은 아마도 〈아바타〉에서 멈출 가능성이 크다. 사실 〈아바타〉는 '처음'으로서 충분한 특권과 기회를 얻은 셈이다. 이후 개봉되는 영화들 중 아바타 유의 혹은 아바타에 근접하거나 그를 뛰어넘는 기술력으로 무장한 작품들이 나올 수 있을 것이다. 하지만 일단 이런 유의 자극에 한번 노출된 관객들은 동일한 자극에 같은 규모의 반응을 보이지 않을 것이다. 따라서 향후 감독들은 다시 스토리텔링에 보다 더 심혈을 기울여야 할 것이다. 탄탄한 서사구조와 이야기의 복선은 관객들의 심리에서 시간을 뺏어가기에 충분하다. 볼거리의 집중은 오래 지속하기 곤란하다. 따라서 아무리 스펙터클한 장면에 충실한 영화라도 기본적인 서사구조를 무시해서는 안 되고, 또 그럴 수도 없는 것이다. 이 점에서 카메론과 그의 〈아바타〉는 '최초'라는 특권을 만끽한 셈이다. 그리고 그것 역시 분명한 감독의 재능이다. '처음'을 만들어내는 것, 그야 말로 최고의 재능 아니겠는가.

맺는 글

너도 나도 문화를 말한다. 시각과 논리적 이성을 중심으로 한 인쇄시대는 이제 지나가고 현란한 디지털 시대가 사람들을 더욱 촉각적이고 감성적이 되게 한다. 갈수록 문화적 상상력이 빼어난 이들이 늘어나고, 또 그들에 의해 세상은 문화 중심적으로 돌아가게 될 것이다. 따라서 문화콘텐츠의 위상과 위세에 대해서는 따로 언급할 필요조차 없어진다. 엄청난 숫자의 인파와 자금이 지금도 콘텐츠시장을 향해 모여들고 있다.

놀랍게도 그 많은 미디어들 중 영화와 그것을 상영하는 극장은 교회의 예배 현장과도 많이 닮아있다. 사람들은 밀폐된 공간 안에 들어가 무언가에 골몰한다. 스크린과 강대상에서는 다양한 스토리텔링이 쉼 없이 펼쳐진다. 정해진 시간 동안 그들은 침묵하며 한 공간을 시켜낸나. 왜일까? 앞서 우리는 이와 같은 성향은 사람들은 바로 '시간 없음(timelessness)의 체험'을 갈망하기 때문이라 해석해 보았다. 시간의 진행을 미리 인지할 수 있는 인간은 심심함과 무료함을 참을 수 없어 한다. 더군다나 쌓여가는 시간은 그 무게만큼 사람들에게 불안과 공포로 다가온다. 시간이 흘러가면 계속 늙어가고, 늙어감의 끝에는 죽음이 있다. 이 늙음과 죽음, 영원에 속하지 못한다는 실존적 불안이 사람들로 하여금 시간으로부터 탈출하려는 욕망을 불러일으킨다. 그래서 무언가 시간을 잊을 '동기'와 '자극'이 필요하다. 그리고 이를 위한 문화적 행위가 다양한 문화콘텐츠, 그 중에서도 영화란 작품을 만들어왔다고 살펴보았다. 거기에다가 종교와 대중문화가 공유하는 촉각성 때문에 지속적으로 사람들의 발길이 영화관을 향한다. 그리고 그곳에서 그들은 시간을 잊고, 잠시나마 '순간의 영원', 혹은 '영원의 순간'을 경험하려 한다. 더군다나 어린 시절부터 영상 미디어에 익숙해져 있는 젊은 세대들에게 이러한 경향은 더 강하다. 그들은 문자 중심적이고 이성적이라기보다는 감성적이고 자기 지향적 성향 또한 강한 세대들이기도 하다.[74]

그런데 시간의 흐름이 멈춘 곳. 더 이상 시간을 인식할 필요가 없는 곳. 어떤 점에서 종교는 바로 그것의 중심이라 할 수 있다. 신을 만나는 곳. 신에게 경배하고 예배하는 현장과 공간이야 말로 바로 시간이 멈춰야 하는 곳이 아닌가. 그런데도 예배 의식에서 시간을 느끼고 지루해 한다면, 그것은 바로 마땅히 유지되어야 할 종교와 의례의 본질적 기능이 퇴색되었거나 소실되었다는 증거는 아닐지.

본디 종교 시설은 예배를 위한 곳이고, 예배는 신과 관계하는 궁극의 종교 행위이다. 여전히 예배에 대한 뚜렷한 정의가 하나로 정리되지는 않고 있지만, 대다수 예배학자들이 주장하고 있는 바는 '예배의 핵심은 신'이라는 것이다.[75] 또한 교회에서 강조하는 영성 역시 그 출발은 하나님에게 있다. 즉 우주를 창조한 신을 교회라는 시공 속에 예배라는 형식을 통해 조우하고 경배함을 통하여 우리는 그의 창조의 운행에 동참함으로 세속적 시간의 흐름으로부터 벗어날 수 있게 되는 것이다. 훈(Paul W. Hoon)은 이를 '기독교적 누미노제(numinose)[76]의 경험'이라 정리하고 있다. 그는 예배에서 누미노제의 경험을 나누는 것이 매우 중요하다고 강조하고 있다.[77]

하지만 이런 누미노제의 경험, 즉 신체험이 빠진 예배라면? 만약 그렇다면 그 예배는 연대기적 시간의 무게에 눌려 질식되고 말 것이다. '신체험'을 통해 '시간 없음'을 경험하고, 그를 통해 신의 영광을 경배하는 시간이 되지 못한 예배와 또 그러한 신앙생활은 결국 영성의 고갈을 초래할 것이다. 그리고 이렇게 종교에서 충분한 촉각성의 채움을 얻지 못한 대중은 곧바로 발을 옮겨 또 다른 자극을 찾기 위해 진력을 다할 것이다.

〈명량〉 분석적 읽기[78]

2014년 여름. 한국 극장가에는 〈명량〉(2014)이라는 큰 바람이 몰아쳤다. 〈명량〉은 김한민이라는 직전 〈활〉이라는 작품을 통해 한국 영화계에 신선한 자극을 주었던 감독에 의해 만들어진 이순신 관련 영화이다. 우리 사회에서 이순신하면 불패의 아이템이기도 하다. 그런데 아무리 그걸 감안한다 하더라도 〈명량〉의 질주는 도를 넘어선 지경이다. 대략 8백만 관객 정도가 한국 영화판이 수용할 수 있는 합리적인 수치라 말한다. 인구 5천만이 안 되는 나라에서 8백만 정도의 흥행은 신화라 불리기에 부족하지 않을 것이다. 따라서 그 이상 천만[79]을 헤아리는 작품들은 단순히 영화논리만으로는 설명할 수 없는 그 무엇인가가 있다고 봐야 할 것이다. 아무래도 그 무엇은 당시의 시대적 정황과 관객의 심리 등 안팎의 여러 요소가 개입된 결과일 것이다.

그런데 〈명량〉이 보여준 결과물은 그런 예측마저 넘어설 정도이다. 8백만이라는 마지노선을 훌쩍 뛰어넘어 지금까지 역대 최고 기록을 유지하고 있던 〈아바타〉(2009)의 천3백만도 넘어 2014년 10월 23일 현재 총 188,522회의 상영을 통해 무려 17,608,101명의 관객을 극장 안으로 불러들였다.[80] 아마도 이 기록은 당분간 깨지기 힘들 것이고, 따라서 2014년 한국사회의 〈명량〉 열풍은 〈명량 신드롬〉이라 칭해도 지나치지 않을 것이다.

〈명량〉의 위세가 이러하니 사계 전문가들의 작품평이 줄을 이었다. 제일 먼저 자극적 포문을 연 것은 문화비평가로 알려진 진중권 교수이다. 그는 자신의 트위터를 통해 〈명량〉은 졸작이며, 인기는 이순신에 기댄 바 크다고 일갈했다.[81] 이후 각종 매체에서 진교수의 이 트윗을 실어 나르면서 논란은 커져만 갔다. 많은 수의 〈명량 팬덤〉들은 진 교수의 트윗을 비난하기에 이르렀고, 이에 대한 진 교수의 반응은 지난 2007년 심형래 감독의 〈D-War〉논쟁과 크게 다르지 않았다. 바로 '애국코드'를 들고 나온 것이다.[82] 그런데 아쉬운 것은 이 논쟁에서 정작 있어야 했던 영화〈명량〉에 대한 다양한 분석은 자취를 감췄고, 우리 사회의 병폐 중 하나인 진영논리와 이념갈등이 블랙홀처럼 명량담론을 흡수해 버렸다는 점이다.

앞에서도 지적했듯이 우리 사회에서 8백만 이상의 관객을 동원한 영화는 '정상적'이지 않다. 따라서 그런 작품들은 다양한 관점의 해석이 필요하며 왜 그런 '기이한' 현상이 생겼는지에 대한 사회적 논의는 필수조건이라 할 수 있겠다. 그런 점에서 〈명량〉에 대한 논의가 한쪽으로 흘러버린 것에 대해서는 안타까움이 크다.

이 글은 이러한 논쟁의 끝에서 새로이 출발한다. 그래서 합리적 비평과 해석으로 영화 〈명량〉에 대한 다양한 논의의 물꼬를 트는 역할을 맡아보고자 한다. 그 일을 위해 이 글이 주목하고 있는 부분은 최근 문학계에서 주목받고 있는 '독자반응비평'이다.

독자반응비평은 이전 텍스트 중심으로 이루어지던 문학비평의 흐름을 독자에게로 돌려야 한다고 주장하고 있다. 텍스트는 고정되어 있지 않고, 결국 독자에 의해 살아있는 의미체로 자리를 잡게 된다는 전제가 이 독자반응비평 저변에 깔려 있다. 따라서 영화비평에서도 객관화된 작품에만 집중하는 것이 아니라, 매체에 참여하는 관객들의 행동과 판단 양식에도 유의미한 집중을 시도할 필요가 있다.

이런 관점 아래 글의 전개는 우선 영화라는 매체의 특성을 역사적 배경에서 추적해보고, 문학 분야의 독자반응비평을 개략한 후, 본격적으로 영화〈명량〉을 살펴보고자 한다.

영화란 매체의 특성

요즘 영화는 예술로 대접받는다. 그것도 종합예술이다. 공연과 문학적, 시각적, 음악적 요소가 모두 포함된 장르적 특성이 영화를 그렇게 평가받도록 만든다.[83] 그러나 이러한 평가가 영화의 탄생부터 있었던 것은 아니다.

그림 8) 키네토스코프의 모습. 출처: 위키백과
(http://ko.wikipedia.org/wiki/키네토스코프)

기실 영화라는 매체는 이미지에 대한 인간의 무한 욕구의 결과로 배태된 복제기술의 발달에 큰 빚을 지고 있다고 봐야 할 것이다. 피사체의 이미지를 붙잡고 싶어 하는 인간의 욕구는 결국 미술을 비롯한 다양한 시각 예술을 만들어 냈다. 구석기 시대에 만들어진 동굴벽화로부터 현대의 다양한 시각예술에 이르기까지 인간의 이미지에 대한 욕망과 그것을 현실에 다시 구현하고자 하는 노력은 한계가 없다.[84] 그리고 영화란 매체 역시 그러한 인간 욕망 구현의 결과물이라 봐도 지나치지 않을 것이다.

흔히들 영화는 에디슨과 뤼미에르 형제로부터 시작되었다고 평가한다.[85] 그도 그럴 것이 에디슨에 의해 본격적으로 움직이는 연속된 그림을 영사할 수 있는 기기인 키네토스코프(Kinetoscope)[86]가 발명되었기 때문이다. 이 영사기는 조그만 구멍을 통해 들여다보는 형태이고, 1초에 46프레임 정도로 움직이는 영상을 구현해 냈다. 그리고 프랑스의 뤼미에르 형제는 1895년 시네마토그래프(Cinematographie)라는 투사식 기기를 특허 신청하였고, 그해 말 그 기기를 이용한 유료 영상 공개에 성공했다.[87]

이렇게 영화란 매체는 기술문명의 발전에 많은 부분 의존하고 있다. 그런데 정작 영화는 그런 기술문명의 발전과 더불어 인간 사회의 격동적 변화의 결과물이라 볼 수 있다. 그것은 바로 도시의 등장이다. 이전 토지를 토대로 하던 농업시대가 저물어가고 기계 위주의 공장 산업이 활성화되면서 인간사회는 이전과는 다른 경험을 하게 되었다. 바로 메트로폴리스의 등장이다. 수십만, 수백만을 넘어가는 거주민을 거느리는 대형 도시의 등장은 인간 사회에 이전에는 경험해 보지 못한 현상이었다. 그리고 늘어난 거주민 중 많은 수가 공장 노동자였는데, 이들에게 필요했던 것은 하루의 피로를 풀 수 있는 여가활동이었다. 바로 이 지점에서 영화라는 새로운 매체는 매우 적절하고 적당한 선택지였다. 왜냐하면 수많은 대중을 특정한 공간에 밀집 시켜 한 번에 그들의 욕구를 충족시키기에 영화만큼 좋은 매체는 당시로서는 찾을 수 없었기 때문이었다. 물론 그때에도 귀족들과 부유층들은 즐길만한 공연문화를 다양하게 향유하고 있었다. 크고 작은 극장에서 진행되는 연극과 오페라, 각종 음악연주회들이 그랬다.

이미 이런 다양한 공연문화에 익숙했던 상층부 사람들에게 영화란 새로운 매체는 최초의 호기심 외에는 크게 주목을 끌지 못했다. 그도 그럴 것이 당시 그들이 즐겼던 공연예술에 비해, 무성음으로 단지 움직이는 사진 정도를 영사하는 것에 머물렀던 영화가 크게 매력적일 수 없었을 것이다. 그래서 최초로 영화를 상업화하던 이들도 부유한 고객층에 대한 기대를 접어버리고 방향을 바꾸어 일반 서민들로 소비층 타깃을 새로이 잡게 되었다.[88] 이 전략은 그대로 맞아 떨어졌다. 일과를 마친 노동자들이 선택할 수 있는 값싼 여가 활동으로서 영화 감상만큼 좋은 것은 없었으며, 영화 제작자들 역시 밀물처럼 몰려드는 노동자들을 통해 거대 자본을 모을 수 있게 되었다.

이렇게 영화의 시작은 노동자 계급의 오락에 빚진 바 크다. 그렇다면 노동자들은 왜 영화를 여가활용을 위한 최적의 대안으로 선택하게 되었을까. 우선 경제적 이유를 들 수 있겠다. 동일한 장소에 수백 명 이상이 모여 무한 복제가 가능한 필름을 감상하는 영화야말로 노동자로서는 선택하지 않을 이유가 없었던 것이다. 오케스트라나 오페라단원을 동원하지 않고도 그에 버금갈 수 있는 정서적 만족을 얻을 수 있었던 영화산업은 노동자와 서민들의 선택을 기반삼아 계속 발전할 수 있었다. 그리고 정서적 이유로는 영화의 스토리텔링이 주는 킬링 타임(killing time)적 요소를 꼽을 수 있다. 당시 노동자들에게 필요했던 것은 피곤함과 지루함, 힘듦과 무료함을 극복할 수 있는 여가 활동이었고, 영화는 그에 적절히 대응하였다고 할 수 있다.

이렇게 시작된 영화는 최초에는 15분이나 20분 정도 남짓한 상영시간에 이야기 구조도 탄탄하지 못했다. 그저 피곤한 몸을 이끌고 퇴근하는 길에 잠시 들려 하루의 무거움을 잊기 위한 곳으로 영화관은 이용되었고, 주 고객도 노동자 계급이었고, 장소 역시 공업도시의 가난한 이민자 거주 지역에 있었다. 이러다 보니 상층계급의 사람들로서는 영화관에 대한 긍정적이기보다는 부정적 이미지가 강했다.[89]

이처럼 세속적 오락물 성격이 강했던 영화에 예술성을 접목시키려는 움직임이 생기게 된다. 이것이 바로 프랑스를 중심으로 일어났던 '영화예술운동'(film d'art)이다. 하지만 이 운동은 영화 자체의 예술화를 시도했다기보다는 예술을 담아내는 도구 정도로 활용한 것이다. 왜냐하면 그들이 생각했던 '영화예술운동'은 당시 이미 예술로 인

정받고 있었던 연극 등을 위시한 여러 공연작품들을 필름에 담아내는 것이었기 때문이다.[90]

정작 영화가 예술로서 평가되기 시작한 것은 발터 벤야민(Walter Benjamin,1892-1940)이라는 걸출한 비평가를 만나면서부터라고 할 수 있다. 무엇보다 벤야민은 현대의 발달한 복제 기술에 주목하였다. 그리고 그것이 예술세계에 미친 영향에 대해서도 예의 주시하였다. 벤야민은 복제시대에 이르게 되면 진본과 복사본의 차이가 묽어질 것이라 보았다. 예술작품의 위대성은 진품으로서의 '아우라'에 있는데, 현대의 발달한 복제 기술은 원천적으로 원본과 복제품의 차이를 없애 버릴 것이라 그는 진단했다. 이런 현상을 벤야민은 '아우라의 사라짐'이라 명명하였다.[91] 이런 환경 하에서 영화야말로 기술 재생산 시대의 대표적 예술 형식으로 보았고, 또 예술의 새로운 가능성을 담고 있는 매체라 여겼다.[92]

영화에 대한 벤야민의 훈수는 더 이상 영화를 하급 노동자의 위락용 도구로만 묶어두지 않았다. 벤야민의 관점에 예술은 사회적 산물이다. 따라서 예술 역시 동시대의 기술과 미디어의 발달과 매우 밀접한 연관을 갖게 된다.[93] 이러한 그의 주장은 예술에 대한 근본적 이해를 혁신시키며 오히려 영화를 미래 예술의 총아로 두둔하기에 이른다.

이런 이론-비판적 배경과 더불어 영화란 매체 상으로도 지속적 발전을 이루게 된다. 앞서 언급했듯이 초기 20여 분 남짓한 상영시간이 길어지면서 영화 자체가 더 많은 볼거리를 만들게 된다. 상영시간이

길어지면서 이야기 구조도 복잡해지고, 아울러 지속적으로 사람들의 관심과 주의를 묶어둘 수 있는 시각적 볼거리도 계속 발전하게 되었다. 이런 상황 속에 영화는 점점 세련되어 가며 이제 제작자와 투자자, 그리고 수용적 소비자 등 영화와 관련된 사회 계층의 세분화도 이루어지게 되었다.

하지만 그렇다고 영화가 가지고 있는 애초의 목적이 사라진 것은 아니다. 아무리 영화가 현대 종합예술의 꽃으로 불리며 위상을 높이고 있다 하더라도, 기본적으로 영화는 대중예술이다.[94] 왜냐하면 영화의 주 소비층은 대중이며, 또한 대중들은 오락과 여가를 위해 영화를 선택함으로 영화의 예술화와는 상관없이 애초의 영화의 목적은 여전히 영화 안에 살아있다고 할 수 있다. 따라서 상업영화, 예술영화의 구분은 성격과 형식에 대한 강조점에 달려 있다고 볼 수 있다. 즉, 상업영화는 영화의 대중적이고 통속적 성격에 집중한 것이고, 반면 예술영화는 영화라는 매체의 미적 형식에 관심을 둔 것이라 할 수 있다.[95] 따라서 영화를 평하거나 분석할 때는 영화의 이 두 가지 특징, 즉 대중적 성격과 미적 형식 모두를 감안하여 입체적으로 살펴야 할 것이다.

영화와 독자반응비평

영화라는 매체는 문학 작품과 마찬가지로 서사적 구조를 포함하고 있다. 이야기가 있고 발신자와 수신자가 있다는 점에서 그렇다. 하지만 글로 표현되고 상대적으로 시간적 제약을 덜 받는 문학작품과는 달리, 영화는 주로 시각과 청각적 요소에 의해 구성되며 상영시간이라는 제약[96] 속에 감상하는 매체이다. 이런 구조 하에 문장론, 수사론, 문법 등을 중시하는 문학작품과는 달리, 영화에서는 촬영기법, 편집, 미장센(mise-en-scène),[97] 몽타주(montage),[98] 음악, 특수효과 등이 강조되고, 또 분석의 중요한 대상이 되었다.

지금까지 주로 사용되는 영화비평방법은 작가 비평, 장르 비평, 미장센 비평, 정치적 비평, 페미니스트 비평, 사회문화적 비평 등[99]이다. 그런데 이들 비평은 영화를 텍스트로 삼으면서 가능해진다. 즉, 영화는 문학의 텍스트와도 같이 철저히 대상화되어 비평가의 분석을 통해 해석되는 객체로 존재한다. 따라서 이미 의미적 실체로서 영화는 존재하고 독자는 무엇이 제대로 된, 그리고 정확한 의미인지 찾아내는 역할에 멈추고 만다.

그런데 현대 다양한 멀티미디어 장치들의 개발과 발달로 기존의 영화 관람 패턴에 변화가 생기기 시작했다. 대형 스크린이 있는 극장에 다수가 모여 관람하던 관계 중심적 영화 소비가 IT 기기의 발달과 더불어 급속히 개인적 소비로 바뀌어가면서, 관객들 역시 이전의 수동적 관람에서 능동적 참여로 전환되기 시작했다.[100] 즉 PC, 인터넷, DVD 플레이어, 스마트폰, 휴대용 멀티미디어 기기의 등장으로 영화 관람은 극장 안에서만 이루어지는 제한적 행위로만 묶여 있을 수 없었다. 이제 큰 비용을 들이지 않고도 이전과는 비교도 할 수 없는 화질로 자신의 눈앞에서 다양한 장르의 영화를 집중 감상할 수 있는 환경이 조성된 것이다. 사적 공간에서도 가능해진 영화 관람은 더 나아가 해당 미디어의 반복 소비 행태를 가져오기까지 했다. 각종 개인용 멀티미디어 기기를 통해 자신이 좋아하는 부분을 반복 소비하면서 극장에서는 가지지 못했던 영화에 대한 개인의 장악력과 지배력을 더욱 배가시켰다.[101]

이런 변화된 미디어 환경은 영화에 대한 관객의 활발한 참여를 가져왔다. 그래서 대형 포털들의 영화관련 게시판에는 몇몇 이슈가 되는 영화들의 감상평이 수천 개 이상 달리는 현상이 이젠 일상사가 되어버렸다. 미디어의 변화가 더 이상 영화를 텍스트로만 고정되게 만들지 않은 것이다. 이제 관객들도 적극적으로 자신의 의사와 해석을 SNS 등 개인 미디어를 통해 표출했고, 그리고 제작자들도 그런 관객의 피드백을 적극 수용하는 양상은 그리 낯선 일도 아닌 것이 지금 영화계의 현실이다.

그렇다면 이제 영화에 대한 비평과 분석의 도구도 달라져야 할 것이다. 바뀐 미디어 환경을 십분 받아들여 관객의 능동적 참여를 비평과 분석에 반영할 수 있어야 할 것이다. 이런 점에서 최근 문학계에서 일어나는 독자반응비평은 좋은 대안이 될 수 있을 것이다.

독자반응비평은 텍스트 만능주의에 대한 일종의 거부이다. 물론 문학 작품에서 텍스트, 즉 본문은 절대적이다. 작가의 작품은 글로 표현되며, 그것은 본문을 이룬다. 따라서 작가는 본문을 절대적으로 장악하며, 자신이 펼친 의미의 그물을 독자들은 '제대로' 해석하기'만' 하면 될 뿐이다. 이렇게 본문, 즉 텍스트는 해석을 기다릴 뿐이다. 독자는, 관객은 단지 수동적으로 작가의 의미를 찾아내는 탐험가에 지나지 않을 뿐이었다.

하지만 독자반응비평을 주창한 독일의 영문학자 이저(Wolfgang Iser, 1926-2007)는 작품 분석에서 독자가 차지하는 비중이 상당함을 지적하였다. 텍스트는 독자가 없이는 지면 위에 고정되어 있는 기호들의 집합에 불과하다. 인격을 가진 독자가 등장하여 그 기호들을 의미로 받아들일 때 비로소 텍스트는 생명력을 갖게 된다. 따라서 본문은 수동적으로 받아들여야만 할 것이 아니라 독자와 대화를 해야 하는 대상이 된다.[102] 이러한 독자반응비평은 대략 5가지 이론으로 갈래를 지어 발전했는데 절충적 독자반응이론,(transactional reader-response theory) 정서적 문체론,(affective stylistics) 주관적 독자반응이론,(subjective reader-response theory) 심리학적 독자반응이론,(psychological reader-response theory) 사회적 독자반응이론(social reader-response theory) 등이 그것이다.[103]

독자반응비평에 이르면 이제 독자는 본문의 노예가 아니라, 자신의 선이해와 체험을 동원하여 본문에 의미를 부여하는 능동적 존재가 된다. 본문은 이제 불변의 실체가 아니라, 독자들 사이에서 발생하는 사건으로 해석된다.[104] 독자반응비평의 주창자 이저는 본문에는 확정적 의미와 불확정적 의미가 있다고 주장한다.[105] 확정적 의미는 글자라는 기호로 표현되어 의미가 고정되어 있는 것을 말하며, 불확정적 의미는 분명하게 표현되어있지는 않으나 다양한 설명과 해석이 가능한 그 무엇을 말한다. 바로 이 불확정적 의미에서 독자는 자신의 의미를 해석해낼 수 있는 여지를 얻게 된다.[106]

물론 독자반응비평의 단점도 분명하다. 무엇보다 지적되는 한계는 독단적 주관주의로 빠질 위험이 크다는 것이다. 텍스트에 대한 독자의 능동적 참여를 인정한다 하더라도, 그것이 작품에 대한 분석과 비평의 도구가 될 때에는 객관적 타당성 여부가 문제가 될 수 있다는 것이다. 도대체 어떤 기준으로 독자의 의식을 재단하고, 구분하고, 또 분류할 수 있을 것인지가 독자반응비평이 해결해야 할 지난한 숙제가 된다. 그러다보니 독자반응비평을 단독적으로 작품 분석을 위한 도구로 사용하기 보다는 기존의 다양한 비평방법과 병행하며 작품의 입체적 이해를 위한 방편으로 활용할 때 더 효용적이라 할 수 있겠다.

이런 단점이 있긴 하여도 독자가 가진 능동적 참여에 대한 재발견은 무시할 수 없는 독자반응비평의 공헌이며 이는 곧바로 영화계에도 적용 가능하다. 게다가 앞서 지적했듯이 다양한 멀티미디어의 발달과 SNS를 통한 개인 미디어의 활성화가 더 이상 영화를 텍스트로 고정시키지 않게 만들었다. 이제 관객들은 다양한 미디어를 이용하여 리뷰와 댓글로 영화에 대한 자신의 견해를 공론화하는데 주저하지 않고 있기 때문이다. 영화〈명량〉의 경우도 대형 포털인 네이버의 별점평가에는 2014년 10월 23일 현재 총 59,097명이 참여하였고, 140자 리뷰에는 총 55,801건이 등록되어 있다. 그 외에도 각종 블로그와 영화 관련 게시판에 올라와 있는 개인평과 페이스북과 트위터 등 각종 SNS의 감상평까지 총괄하면 그 규모는 가늠하기 곤란할 지경이다.

이런 상황이니 더 이상 관객들의 능동적 참여를 무시한 영화 제작 자체가 곤란한 것 또한 사실이며, 많은 감독들은 제작 당시부터 관객들의 반응과 피드백을 염두에 두고 작업을 진행하기도 할 것이다. 이런 점에서 독자반응비평이야말로 영화매체를 비평하는 도구로서 더 말할 나위 없이 적당하다 할 수 있겠다. 이제 이런 비평적 시선을 염두에 두면서 〈명량〉의 시대적 의미를 살펴보도록 하자.

명량의 빛과 어둠 그리고 의미

〈명량〉은 1,700만 이상의 관객을 끌어 모으는 역량을 발휘했는데도 그 평은 극과 극을 오간다. 그런데 갈리는 평가를 꼼꼼히 살펴보면 눈에 띄는 부분이 있다. 그건 일반인과 전문가의 평이 확실히 나뉘고 있다는 점이다. 많은 이들이 참여하는 네이버 영화 별점을 기준으로 본다면, 2014년 10월 23일 현재 네티즌 평점이 8.55(그 중 관람객들의 평점이 8.88)이고, 기자 및 평론가의 평점은 6.29에 머물러 있다. 물론 5만여 명 이상이 참여하고 있는 네티즌들의 평점에 비해 13명이 참여한 전문가 그룹의 수는 미미하다 할 수 있다. 하지만 매체에 글을 실명으로 올리는 전문가들의 평점이므로 꼭 숫자의 적음으로 그 의미를 축소할 필요는 없다고 생각된다. 그렇다면 구도는 명확해 진다. 일반인들은 어느 정도 〈명량〉에 후한 점수를 주고 있는 편이고, 전문가 집단은 상대적으로 박한 편이다. 왜 이런 이중적 평가가 나왔는지 우선 전문가 그룹의 평들의 대세를 살펴보자.

13명의 전문가 평점 중 베스트로 드러나 있는 김형석의 평점은 7점이다. 그가 내린 평가는 스토리 7, 비주얼 8, 연출 6, 연기 7이다. 그리고 간략한 논평에는 이렇게 기록되어 있다.

"캐릭터에 대한 깊이 있는 고찰이나 당대에 대한 역사의식이나 고증의 완벽함에 대한 기대는 접어두자. 한 시간 동안 펼쳐지는 해상 전투 신의 스펙터클 액션으로 모든 걸 통친다."[107]

그리고 이러한 김형석의 평가는 다른 전문가 집단과 대동소이하다. 이들 평가의 대부분은 해상 전투신은 그럭저럭 볼만했지만 영화 속 캐릭터와 감독의 연출력 그리고 스토리텔링의 빈약함을 〈명량〉의 약점으로 지적하고 있다. 다만 〈씨네 21〉의 황진미 기자만이 "왕이 아닌 백성을 향한 忠. 영웅이 아닌 백성을 향한 카메라"란 평과 더불어 상대적으로 꾀 높은 점수인 9점을 던지고 있다. 그 외는 5~6점 정도가 영화 〈명량〉에 대한 전문가 집단의 평가이다.

반면 일반 네트들의 평점은 우호적이다. 일방적으로 10점 행진에 동참한 이들이 적지 않았고 대부분 찬사 일변도인데, 하지만 상대적으로 긴 글을 쓸 수 있는 리뷰로 눈을 돌리게 되면 영화에 대한 부정적 평가도 볼 수 있다. 그런데 이 부정적 평가의 흐름을 꼼꼼하게 살피면 앞서 언급했던 전문가 집단의 지적과 같이 영화적 완성도의 미흡함을 지적하는가 하면, 그런데도 영화가 크게 성공한 이유를 '애국 코드', '애국 마케팅'에서 찾는 사례가 많다는 점이다. 이러한 논리는 앞서 언급했던 진중권의 그것과 크게 다르지 않다. 이들의 논리를 축약하면, '영화 〈명량〉은 그리 뛰어난 작품은 아니다. 하지만 영화는 성공할 가능성이 높다. 왜냐하면 이 영화는 한국인들에겐 잊어버릴 수 없는 애국의 아이콘 이순신을 다루고 있기 때문이다.' 정도가 될 것이다.

그렇다면 이 분석은 정당하고, 또 영화 〈명량〉의 성공을 진단하는 최적의 평가라 할 수 있을까?

필자가 보기에도 〈명량〉은 그렇게 뛰어난 수작은 아니다. 그리고 그 이유는 앞서 언급한 전문가 집단의 평가와 크게 다르지 않다. 우선 〈명량〉의 빈약한 스토리텔링과 서사구조는 계속 지적받아 마땅하다. 물론 거기에는 영화가 그리고 있는 것이 명량해전이라는 역사적 사실에서 영화가 시작하고 있는 탓도 있다. 13척의 배로 130여 척에 이르는 일본 해군을 격침했다고 하는 사실에 기초해 전투 이전과 이후로 갈리는 영화의 구성은 매우 단조롭다. 막대한 물량을 동원한 일본 해군의 침입을 예상하고 그를 대비하는 전반부와 60여 분에 이르는 길고 긴 해상 전투 신이 주를 이루는 후반부로 이루어진 〈명량〉의 서사구조는 대범할 정도로 단순하다. 따라서 오밀조밀한 플롯의 재미를 기대했거나, 복잡한 복선을 통해 추리의 즐거움을 희구한 관객들은 〈명량〉의 단순하고 선 굵은 스토리텔링에 일찍 지치거나 외면했을 가능성이 크다. 그리고 이는 시나리오 구성의 실수나 혹은 감독의 작가적 구상과 이야기 배치의 섬세함이 부족했다라고 평할 수도 있을 것이다.

몇몇 현실적이고 합리적 성향이 강한 관객들은 〈명량〉의 전투장면의 고증이 어설펐고, 또 명량해전의 승리 요인을 제대로 화면을 통해 규명하지 못했다고 불평하기도 한다. 예의 진중권의 경우가 이에 속하는데, 그는 영화를 통해 13대 130이라는 절대적 열세를 어떻게 극복하는지 보여줬어야 하는데 〈명량〉은 그러하지 못했음을 맹렬히 통박하고 있다.[108] 다음은 그가 트위터에 올린 〈명량〉이 졸작일 수밖에 없는 한 이유이다.

"사실 내가 이 영화를 개봉 날 가서 보며 가장 기대했던 것도 그 부분의 묘사였죠. 12척의 배로 130척을 물리치는 기적에 가까운 승리에 대해 역사적 기록은 매우 빈곤하죠. 바로 그래서 그 부분을 영화적 상상력으로 채워주기를 기대한 거죠. 어떻게 12척으로 130척을 물리칠 수 있느냐 … 그런 기적도 현실에서 가능하다는 것을 '개연적으로' 보여줬어야 합니다. 구체적으로 (1) 전략, (2) 지형지물, (3) 무기체제, (3) 선박의 성능, (4) 병사들의 용기 등등. 그런데 영화를 보고도 특별히 남는 시나리오가 없더군요. 그냥 대장선 혼자서 죽기를 각오하고 열심히 싸웠더니 이기더라는 정도. 역사물이라면 역사적 기록의 빈틈들을 상상력으로 메꾸어 상황에 대한 개연적 해석을 제공해 주었어야 하는데, 그렇기 때문에 해상 전투신을 1시간가량 지루하지 않게 끌고 나간 게 미덕이라는 말이 내게는 뜨악하게 들리는 것이고, 더군다나 그런 건 할리우드도 못할 것이라는 판단도 상식적으로 동의하기 어렵고…"[109]

위 진중권의 글을 살피면, 그가 〈명량〉을 졸작이라 부를 수밖에 없던 이유는 대상화된 영화 텍스트 자체에 있다. 진중권이 주목한 것은 영화의 내적 논리의 충실성이고, 그것이 관객들에게 객관적-합리적으로 수용되는 것이었다고 할 수 있다. 이런 그의 태도는 본문비평에 집중한 전통적인 문학 비평가의 입장에 서 있는 것이라 볼 수 있겠다. 그런데 진중권 입장에서도 이해할 수 없는 부분이 전문가적 입장에서 살피자면 졸작일 수밖에 없는 〈명량〉이 엄청난 대박행진을 이어가고 있는 기가 막힌 현실이다. 이 부분에 대한 그의 변론은 결국 예의 변함없는 애국코드의 강조와 상영관 독점이라는 전가의 보도이다.

그렇다면 정말로 〈명량〉의 성공은 이순신이라는 구국의 아이콘을 전면에 내세우고, 게다가 CJ라는 막강한 문화 권력이 상영관을 독점

한 구조적 몰아주기의 결과물일까? 먼저 이 부분부터 차분하게 살핀 후 〈명량〉의 성공 요인을 짚어보도록 하자.

우선 스크린 독점 문제이다. 천만 이상의 대형 흥행 영화가 나올 때마다 등장하는 논리가 한국 영화시장의 스크린 독점 문제이다. 그런데 사실 이 부분은 동전의 양면과도 같다. 일면 맞기도 하고, 또 그렇지 않기도 한 것이 이 스크린 독점이다. 보통 우리나라에서 1년에 개봉되는 영화가 900여 편에 이른다. 이를 좀 더 분석해보면, 2013년 CJ CGV[110]의 개봉 영화 편수는 412, 메가박스[111]는 399편, 롯데시네마[112]는 477편이다. 이 통계를 다시 1주별로 계산해보면 CJ CGV는 7.9편, 메가박스는 7.7편, 그리고 롯데시네마는 9.2편을 매주 상영한 셈이 된다. 거기에 온관 상영비율은 CGV가 44.4%, 메가박스는 40.4%, 롯데시네마는 49.3%가 된다.[113] 이 말은 각 영화배급사들의 스크린 중 반 정도는 다양한 영화들을 위해 교차상영이나 구석상영 등을 통해 다양한 장르의 영화를 위해 남겨놓았고, 반 조금 안 되는 좌석 정도를 온관 상영으로 운영했다는 말이다. 만약 온관 상영 중심으로 개봉영화를 상영했다면 1년 동안의 개봉영화 수는 훨씬 더 축소될 것이다. 따라서 스크린 독점이라는 말은 조금 과한 이념적 공격에 가깝다. 영화배급사들도 나름대로 다양한 장르의 영화를 개봉하기 위해 최소한의 노력은 하고 있다는 점을 완전 무시할 수는 없다는 것이다. 따라서 단순 흥행에 성공하고 있는 영화의 몇 달 동안의 스크린 수만으로 독점을 이야기 하는 것은 조금 과한 비판이라고 할 수 있다.

 여기 또 다른 통계를 살펴보도록 하자. 이는 근래 개봉되었던 영화들의 최초 3일 동안의 흥행기록이다.

	상영관	누적관객	좌석점유율
스타트랙:다크니스(2013)	607	498,395	24.4%
그래피티(2013)	636	565,800	23.8%
가디언즈오브갤럭시(2014)	539	419,869	45.4%
명량(2014)	1,489	2,254,165	62.9%

표 1) 출처: 영화진흥위원회 (위 최현용의 기사에서 재 인용)

 위 도표를 통해서도 〈명량〉의 경우 단순 상영관의 스크린 수가 많기만 한 것이 아니라, 비슷한 시기에 개봉한 다른 할리우드 대형 영화 작품들에 비해 압도적으로 좌석점유율이 높다는 것을 살필 수 있다. 이 통계가 의미하는 바는 단순 스크린 수를 늘린다고 관객이 들어찬다고만 기계적으로 생각할 수는 없다는 것이다. 다른 할리우드 대작들도 적지 않은 스크린을 확보했지만 2~30% 정도에 머무는 좌석점유율 때문에 〈명량〉의 독주를 견제하기에는 힘에 벅찼다. 따라서 〈명량〉의 성공은 산술적인 스크린의 독점에서만 찾기도 어렵다는 설명을 찾아내게 된다.

그렇다면 〈명량〉의 성공은 진중권의 지적처럼 '애국코드'일까? 영화의 애국코드에 대한 진중권의 날카로운 비판은 심형래 감독의 〈D-War〉(2007) 평에서 빛을 발했다. 진중권은 〈D-War〉의 허술한 스토리텔링과 플롯 그리고 엉성한 대사와 연출력 등을 매섭게 쏘아붙였다.

> "심형래 감독의 인터뷰 기사를 읽어봐도 정작 대본, 연출, 편집에 관한 얘기는 별로 없다. 그 빈 자리를 메우는 것은 애국 코드(한국 영화의 할리우드 점령), 민족 코드(한국적 모티프의 사용), 시장 코드(CG 기술의 국산화) 그리고 파란 많은 인생극장에 관한 언급뿐이다."[114]

당시 이 영화가 그나마 내세울 수 있는 거라곤 거금을 들인 CG정도였다. 영화적 완성도를 보장할 수 있는 스토리텔링에서는 거칠고 엉성하기 짝이 없어 진중권의 인색한 평가와 '데우스 엑스 마키나'[115]의 반복은 이해될만 했다. 기실 심형래 감독은 당시 〈D-War〉와 애국주의 코드를 맞추기 위해서 적잖은 노력을 했다. 개봉 전 한 연예 토크 프로그램에 나와 한국형 블록버스터를 위한 자신의 노력과 여정, 그리고 영화에 한국적 분위기를 심기 위해 아리랑과 토속적 설화를 작품의 주된 테마로 삼은 점 등을 수차례에 걸쳐 강조했기 때문이다.

그러나 〈명량〉의 경우는 〈D-War〉류의 애국적 흥행 몰이는 찾아보기 어려웠다. 물론 '이순신'이라는 역사적 인물 자체가 한국의 대표적인 애국 아이콘이긴 하지만, 〈명량〉 속의 이순신을 애국코드 혹은 애국마케팅의 중심에 서있다고 판단하기에는 뭔가 석연치 않다. 실제로 〈명량〉은 이순신을 내세워 사랑해야 할 '국가'를 강요하고 있지는 않았다. 영화 속 대사로도 처리되고 있듯이 〈명량〉의 충(忠)은 국가의 상징이랄 수 있는 임금이 아니라, 백성을 향하고 있기 때문이다.

아울러 한국의 슈퍼영웅격인 이순신이라는 캐릭터도 생각만큼 초현실적으로 묘사하지도 않았다. 영화가 개봉하자 많은 이들이 〈명량〉의 성공 이유를 이순신이라는 캐릭터에서 찾았다. 그리고 당시 우리 사회는 뛰어난 리더십으로 무장한 영웅을 기다리고 있었기 때문이라는 그럴듯한 설명도 덧붙였다. 물론 그럴 수도 있다. 세월호 사건 이후 전체적으로 침체에 빠진 우리 사회를 제대로 이끌 리더십을 찾기 곤란한 상황에서 이순신이라는 역사적 인물은 우리 사회에 희망을 주기에 최적의 선택이라 할 수 있을 것이다. 하지만 영화 속 그려지는 이순신의 모습은 그런 슈퍼 영웅은 아니었다. 오히려 고뇌하고 갈등하고, 심지어 두려워하는 인간 이순신의 모습이 가감 없이 묘사되고 있다. 이는 영화에 대한 감독의 변에서도 제대로 투영되고 있다.

"Q: 영화를 보면서 참 영리하다는 생각을 했다. 이순신을 그리면서 얼마든지 히어로 영화처럼 굉장히 멋들어지게 그릴 수도 있었을 텐데 그런 부분을 최대한 절제했다. 개인적으로 '울컥'했던 순간도 이순신 때문이 아니라 이순신과 함께하는 사람들 때문이었다.

김한민 감독 : 방금 말했듯 '내가 영웅이야,' 이런 느낌이었다면 굉장히 교훈적이었을 것이다. 그리고 그런 식의 톤으로 잘못 풀면, 영웅 드러내기 식 애국주의나 과도한 애국심 강조가 될 함정이 있다. 그런 톤 앤 매너는 도움이 안 된다고 생각하고 있었다. 그 자체만으로도 충분히 영웅적이고, 우리에게 주는 감동이 있는 분인데 굳이 그런 식으로 과도하게 드러낼 필요가 없었다. 그 균형을 잘 지켜가는 게 이 영화의 관건이라고 생각했다. 최민식 배우도 그런 지점에 대해 연기적인 톤을 결정할 때 신경을 많이 썼고. 그렇게 나오지 않도록 신경을 많이 썼다."[116)]

김감독의 이야기처럼 영화 속 이순신은 철저히 절제된 채 묘사되고 있다. 그런 점에서 영화 〈명량〉은 '개인' 이순신에게 집중하고 있지 않았다. 그의 언어와 행동, 고민과 갈등 등이 어느 정도 영화적 서사를 통해 노출되고 있긴 했지만, 그런 개인 이순신의 묘사에 감독의 정성과 웅변이 들어가 있다고 보기는 어려웠다. 그의 인터뷰를 통해서도 알 수 있듯이 가급적 슈퍼 영웅으로서 이순신이 그려질까 봐 감독과 배우 역시 절제의 미학을 발휘하고 있다.

그보다 감독이 영화를 통해서 그리고 싶었던 것은 이순신이 이순신일 수 있었던 환경과 원망 그리고 기대를 입체적으로 그리려 했다고 볼 수 있다. 그래서 이순신은 개인이면서 동시에 모두의 소망을 담고 있는 통로요 집단이 된다. 전투 형장에서는 최전선에 서서 적군을 단칼에 제압하는 슈퍼영웅 이순신이 아니라, 많은 이들의 소소한 정성과 응원, 그리고 보탬이 만들어내는 '사회적 존재로서 이순신'을 영화〈명량〉은 그려내고 있다고 봐야 할 것이다. 이런 맥락에서 영화는 지휘탑에서 호령하는 이순신의 모습뿐만 아니라, 번민하고, 화내고, 두려워하는 인간 이순신과 그의 소중함을 인지한 소소한 백성들의 그를 지키고자 하는 정성을 '이순신'이라는 캐릭터 안에 수렴하고 있다.

그 점에서 영화〈명량〉은 수백, 수천, 수만의 이순신을 말하고 있는 셈이다. 회오리 물결 속에 빨려들고 있는 대장선을 구하고자 팔을 걷어붙인 어부들의 걱정과 근심 속에 우리는 '또 다른' 이순신의 얼굴을 찾아야만 할 것이다. 김 감독은 이를 '이순신 신드롬'이라 명명하고 있다.

> "갈수록 분열과 갈등의 골이 깊어지고 있다. 인간관계마저 단절된 느낌이다. 힘든 일을 겪으면서 사회분위기도 침체된 것 같다. 이런 아픔이 '이순신'이라는 인물을 통해 치유됐으면 했다. 영화를 통해 긍정과 희망의 기운을 전하고 싶었다."[117]

이런 각도에서 본다면, 〈명량〉의 성공을 애국주의 코드에서, 구국의 영웅 이순신이라는 개인 캐릭터에서 찾는 것은 무리일 수 있을 것이다. 오히려 관객들은 이 영화를 통해 역사의 거대 담론 속에 묻혀있던 소시민들의 주체적 각성을 발견하였고, 그것이 〈명량〉의 성공에 자양분이 되었을 것이라 볼 수도 있다. 관객들은 영웅 이순신 때문이 아니라, 그를 도와 역사를 쓰고 있는 민초들의 얼굴 속에서 자신들의 모습을 찾고, 또 투영했을 것이다. 또한 그것이 관객들의 공감을 불어 일으켰고, 결국 이러한 '역사적-사회적-정서적 공명'이 〈명량〉 성공의 일등 공신이라고 평가할 수 있을 것이다.

이런 점에서 영화 말미를 장식하고 있는 노 젓는 이들의 대사는 암시하는 바가 적지 않다.

"우리가 이렇게 개 고생한 걸 후손들이 알까?"

"모르면 호래자식들이지…"

그렇게 역사는 영웅의 모습으로 대변되지만, 본디 그 역사는 민초들의 것이었음을 영화는 소소한 묘사로 웅변하고 있으며, 결국 그것이 영화 〈명량〉 성공의 밑거름이 된다. 이런 점에서 〈명량〉은 대한 독자의 긍정적 공감 참여를 통해 흥행의 길을 연 작품으로 해석될 수도 있다.

암울한 시대적 상황 속에서 돌파구가 필요했던 관객들에게 이순신이라는 시대의 아이콘을 앞세워, 단독의 이순신보다는 이순신이 이순신다워지는 과정을 공감토록 하여 결국에는 관객들 스스로 치유되길 원했던 김한민 감독의 구상은 이렇게 관객의 뜨거운 호응으로 어느 정도 성공했다고 할 수 있겠다.

맺는 글

지금까지 2014년 7월 개봉되어 한국 영화사의 흥행 기록을 갈아치운 〈명량〉의 성공 요인을 독자반응비평 입장에서 살펴보았다. 많은 비평가들과 네티즌들은 〈명량〉을 대상화시켜 고정된 텍스트로만 읽고자 했고, 아울러 〈명량〉의 성공 이유를 외적 요인에서 찾으려 했다. 그 결과 주로 내세운 이유가 문화 권력의 스크린 수 독점과 민족주의적 정서에 기댄 애국코드였다.

하지만 스크린 수의 양과 영화의 상영 횟수만으로는 성공의 직접적 요인을 설명하기가 어려웠다. 우선 무엇보다 60%를 넘어서는 〈명량〉의 좌석 점유율이 앞선 두 개의 이유를 위한 설명으로는 적당하지 않다. 그래서 내세운 또 하나의 설명이 '애국코드'였지만, 이 역시 영화 속에서 크게 강조되고 있지는 않았다. 〈명량〉의 이순신은 국가주의적이라기보다는 백성을 사랑하고 지키려는 휴머니스트로 묘사되고 있기 때문이다. 이는 감독의 여러 인터뷰를 통해서도 확인되고 있다. 그는 이순신이라는 캐릭터를 슈퍼 영웅으로 묘사하기 보다는 인간적 고민을 유지한 채 분열과 갈등으로 단절된 인간관계를 회복시키는 희망의 통로로 표현하고자 하였다.

이런 감독의 의도는 세월호 사건 이후 침체된 한국사회의 기초 구성원들에게 희망의 메시지를 스스로 읽도록 하는데 일정 부분 성공했다고 볼 수 있다. 즉, 관객들은 〈명량〉을 통해 스스로 역사를 만들어나갈 수 있는 긍정적 민초의 의미를 읽을 수 있었을 것이다. 결국 이러한 관객 스스로의 공감 확인이 영화를 찾게 만들었고, 그들의 입소문이 영화 성공의 단초가 되었을 것이다.

〈몬트리올 예수〉의 영성[118]

이 글은 대중문화와 영성의 상관성을 추적한다. 여기에는 숨길 수 없는 전제가 도사리고 있다. 그건 바로 세속을 대표하는 대중문화와 종교의 세계를 대변하는 영성 사이에 일정 부분 공유하는 바가 있거나 혹은 그렇게 볼 수 있다는 해석학적 기대감이다. 이 글 역시 그런 숨겨진 전제를 구태여 위장하려는 수고는 하지 않을 것이다. 기왕에 문화의 시대가 만개하였고, 게다가 문화 지향적 인류가 이 땅을 가득 채우고 있는 현실에서 이 둘을 억지로, 의도적으로 구분 짓거나 분리시켜야 할 이유도 찾기 어려울 것이라는 판단도 여기에 간섭되어 있다. 따라서 이 글은 본격적으로 대중문화와 영성이 어떻게 관계를 맺을 수 있을 것인가를 긍정적인 입장에서 살펴보는 자세를 유지할 것이다.

이 목적을 수행하기 위해서 우리는 또 몇 가지 시점(viewpoint)을 특정할 필요가 있다. 즉, 어떤 입장에서 이 둘 사이의 상관성을 살필 것인가 하는 것이다. 이 글이 취하고 있는 입장은 '그리스도교 공동체'에 있다. 다시 말해 신학적 관점에서 대중문화 속 영성의 힌트를 '해석'하고자 하는 것이다. 따라서 이 글에서 말하는 '영성'이란 종교 일반에 통용되는 용어가 아니라 특정 종교, 즉 기독교적으로 수용된 개념이라고 봐야 할 것이다.

글의 전개 과정은 다음과 같다. 우선 첫 번째 길목에선 대중문화 형성에서 미디어, 특히 대중 매체가 끼친 영향에 대해 살펴볼 것이다. 아울러 미디어의 등장 때문에 생겨난 인간 인식의 변화도 심도 있게 취급하여 대중문화시대의 인류가 어떻게 이전 세대와 달라졌는가를 검토해 보고자 한다. 두 번째 우리가 향할 길목에는 '영성'이란 푯말이 붙어있다. 이 부분에서는 지금은 생활세계에서조차 흔한 용어가 되어 버린 영성의 의미를 문화사적 맥락에서 살펴볼 것이다. 그리고 세 번째는 일종의 사례 연구로 대중문화에서 살펴볼 수 있는 영성의 흔적을 검토해 볼 것이다. 여기서는 캐나다의 영화감독 아르캉(Denys Arcand)이 남긴 〈몬트리올의 예수〉(Jesus of Montreal, 1989)가 주요 분석의 대상이 될 것이다. 이 영화를 통해 기독교의 메시지가 어떻게 구체적 이미지로 시각화될 수 있는지를 살펴볼 것이다.

대중문화와 미디어 그리고 신인류

대중문화에 대해 살피기 전 먼저 문화에 대한 원론적 접근을 시도해 보자. 문화연구의 선구자였던 영국의 타일러(E.B.Tylor,1832~1917)는 문화를 "사회 구성원으로서 인간에 의해 이뤄진 지식, 신념, 예술, 도덕, 법, 관습과 기타 여러 능력들과 습관들의 총체"[119]로 이해한다. 한 마디로 사회적 존재로서 인간의 모든 생활양식을 총칭하는 것이라 할 수 있다.

사실 인간에게서 '자연적', '본능적'이라는 것을 찾아내기란 쉽지가 않다. 물론 생존에 필요한 기본적 욕구야 자연적인 것이라 하겠지만, 그것을 해결하는 대부분의 것들이 인공적이다. 가장 기초적인 입고, 먹고, 사는 것 역시 인간은 문화적으로 처리한다. 계절의 변화에 따라 자신의 신체 이외의 것을 필요로 하는 것은 인간뿐이다. 배고픔을 해결하는 방식도 인간은 요리라는 인공적 방법을 반드시 거쳐야만 한다. 거주지에 대한 인간의 선택 역시 자연적이지

〈몬트리올 예수〉의 영성

않다. 인간만이 거주할 곳을 확보하기 위해 기존 자연을 허물고 새롭게 인공 환경을 조성하기 때문이다. 이런 맥락에서 문화란 표현이 라틴어 colere란 동사에서 비롯된 것이 이해된다. 이는 '경작행위'를 뜻하며 영어 culture와 독일어 Kultur의 뿌리가 되는데, 자연에 인공의 힘을 개입시켜 무언가 결과를 얻고자 하는 문화의 맥락적 의미를 잘 밝혀주는 단어이기도 하다.

문화라는 용어의 의미와 용례는 광범위하다. 따라서 우리의 논의를 전개하기 전에 어느 정도 이 문화란 개념의 한정 짓기 작업이 필요하다. 이에 이 글에서는 레이먼드 윌리엄스(Raymond Williams, 1921~1988)가 정리한 문화의 3영역을 문화에 대한 작업 가설적 정의로 받아들이도록 한다. 윌리엄스가 구분한 문화는 다음과 같다.[120] 첫째, 문화를 '예술과 예술적 활동'으로 보는 것이다. 이는 생활세계에서 우리가 흔히 사용하는 문화란 단어의 용례[121]에 해당한다. 두 번째는 문화를 '삶의 방식'으로 해석하는 것이다. 이는 주로 인류학자들의 관심 하에 바라본 문화에 대한 정의라고 볼 수 있다. 19세기 이후 등장한 인류학은 기존의 관념론적 인간 연구에 혁신적 전기를 제공하게 된다. 인류학자들은 기존의 신학적이고 철학적인 규범에 따라 인간을 설명하지 않았고, 대신 인간의 구체적인 삶의 양식을 연구 대상으로 삼아 인간을 해석하려 하였다. 앞서 살펴본 타일러의 문화 정의가 대표적으로 여기에 속한다. 세 번째는 문화를 '과정과 발전'으로 본다. 이는 문화의 정의에 사회-역사적 과정 전반을 포함시키고 있는 것이다. 이처럼 윌리엄스의 문화 정의 구분을 살피면 문화에 대한 이해가 개인적 활동에서 인류 전반의 활동으로 그리고 더 나아가 사회-역사적 전개 과정의 모든 총체를 포함하는 것으로 지속적으로 확산되고 있음을 볼 수 있다.

그렇다면 이런 문화에서 특별히 대중문화란 무엇인가? 사실 대중문화란 산업자본주의와 더불어 18세기 초반 본격적으로 등장한 특별한 문화현상이다.[122] 이전 인간 사회의 문화란 주로 민속 문화와 고급문화라 불리는 귀족문화로 구분되어 있었다. 그런데 산업자본주의가 득세하면서 거대 도시가 등장하게 되고, 이에 따라 대다수 노동자들이 향유해야 할 문화콘텐츠의 요청에 따라 대중문화가 싹트게 되었다.

그런데 대중문화와 민속문화의 차이는 어디에 있는 걸까? 많은 학자들이 이를 '자발성'에서 찾는다. 즉, 민속문화는 역사와 전통 속에 자발적으로 사람들에 의해 만들어진 문화인데 반해, 대중문화는 특정인의 의도와 이념에 따라 소비자를 위해 맞춤형으로 나온다는 점에서 큰 차이가 있다는 것이다.[123] 이런 정의를 따르자면 대중은 상업적 목적과 의도 아래 생산된 결과물을 소비하는 사람에 지나지 않는다. 따라서 무엇보다 중요한 것은 대중문화와 대중매체의 숨겨진 의도를 찾아내고 분석하는 일이다. 바로 아도르노와 프랑크푸르트

학파의 대중문화 연구는 여기에 초점을 맞추고 있다.[124]

하지만 이후 대중문화에 대한 관점도 긍정적으로 바뀌기 시작했다. 소비자에 머물던 대중에게서 '생산자'와 '해석자'의 모습까지 읽게 된 것이다. 이제 대중은 더 이상 주어진 문화적 결과물을 소비하는 것으로만 만족하지 않는다. 이제 문화적 생산의 주체로서 등장할 뿐만 아니라, 그 문화를 해석하여 확장시키는 역할까지 마다하지 않는 긍정적 존재가 된 것이다.

대중문화에 대한 기독교계의 평가도 미국 칼빈대학교의 로마노프스키(William D. Romanowski)에 이르게 되면 긍정적으로 바뀐다. 그는 대중문화를 '현실의 지도'(Map of Reality)로 해석한다.[125] 지도는 실재는 아니지만 그에 관한 정보를 정확히 담고 있는 그릇이며 도구가 된다. 따라서 지도가 제대로 작성되었다면, 그것은 실재에 대한 정확한 길잡이 역할을 수행할 수 있게 된다. 바로 이 점에서 대중문화는 현실을 알려주는 지도가 된다. 왜냐하면 대중문화 속에는 그것을 즐기고 누리는 사람들의 희로애락과 삶의 흔적이 배여 있기 때문이다. 따라서 사람들이 즐겨 찾고 많이 몰리는 대중문화 콘텐츠를 면밀히 살피면 우리는 그것이 통용되던 시대의 구조와 모습을 재구성하고 또 정확히 분석할 수 있게 된다. 게다가 대중문화는 우리 모두가 생산자, 소비자, 비평가가 될 수 있지 않은가. 누구라도 대중문화를 즐기고, 또 그것을 비평할 수 있고, 간혹 새로운 콘텐츠를 만들어 공유할 수도 있는 것이 현실이기도 하다. 심지어 1인 미디어가 공공연히 대중화되어 있는 시대에 문화생산자가 따로 있다고 말할 수도 없다. 누구나 만들고, 누리고, 즐기고, 소비하며, 아울러 비평의 도마에 올라갈 수 있는 매우 독특하고 흥미로운 시대에 우리는 살고 있다.

하지만 이런 시대에도 여전히 고급문화와 하위문화라는 대결적 구도를 고집하는 이들도 있다. 회화, 조각, 교향악, 오페라, 시, 순수문학 등은 예술로 고급문화의 자리를 차지하고, 대중음악, 영화, TV 프로그램, 통속 소설 등은 오락으로 하위문화에 지나지 않는다고 보는 시각이다. '예술은 고급이고, 오락은 저급'이라는 판단은 매우 간단하고 기계적인 구분이다.

그런데 로마노프스키는 이런 구분 역시 시대적 배경과 환경을 고려하면 예술적 가치에 따른 구분이라기보다는 사회적 계급의 차이에서 비롯된 문제라고 본다. 그의 분석을 따르면, 고급문화와 저급문화의 구분은 20세기 미국문화의 독특한 역사적 환경에 기인한다. 미국문화의 주도 세력은 앵글로 색슨계 백인 개신교도(White-Anglo-Saxon Protestant)이다. 자신들의 고향이기도 한 유럽풍 문화에 대한 이들의 자신감과 자긍심은 나름 단단했다.[126]

하지만 이런 환경에 적잖은 변화가 생기기 시작했다. 20세기 들어서 이민국가로 시작한 미국에 지속적으로 다양한 문화권의 이주민들이 늘어가기 시작했고, 이들은 각자의 전통과 풍습을 가지고 들어왔다. 이런 변화된 환경에 미국의 주도세력들은 고급과 저급이라는 단순 도식으로 자신들 문화의 자긍심을 지키려 하였다. 그래서 유럽풍의 고전적인 자신들의 문화는 고급스러운 것이고, 그 밖의 나라에서 다양한 민족들이 가지고 온 문화는 상스럽고 저급한 하위문화라는 딱지를 붙이게 된 것이다. 이런 맥락을 이해하고 본다면, 결국 '고급문화 vs. 저급문화'라는 도식은 예술적 가치에 따라 매겨진 레테르가 아니라, 계급과 계층의 차이에서 비롯된 사회적 편견의 결과라 볼 수 있다.[127] 이런 판단 하에 로마노프스키는 더 대담하게 대중문화의 예술성을 인정해야 한다고 힘내어 주장한다. 더 이상 대중문화는 저급 혹은 하위문화가 아니라 당당한 대중예술로서 대접해줘야 한다.

사실 한때 문화는 특정한 계층만이 누릴 수 있는 어떤 것이기도 했다. 오페라가 그랬고, 교향악이 그랬다. 적지 않은 인원수의 전문 연주가들이 펼치는 예술의 향연에 동참하기 위해서는 고가의 비용을 지불하기에 충분한 재원을 확보하고 있어야만 했다. 하지만 20세기 들어 자본주의의 성장으로 하위 계층의 소득수준이 일정수준 올라가게 되고, 아울러 다양한 미디어와 그것을 구현하는 디바이스의 가격이 떨어지면서 그리 많은 액수를 지불하지 않고서도 이전과는 비교도 되지 않을 정도의 퀄리티를 지닌 콘텐츠를 많은 이들이 누릴 수 있게 되었다. 생각해 보라. 전에는 관현악을 비롯한 악기 연주에 최적화된 전용 극장에, 그것도 관람하기 좋은 좌석을 구하기 위해 상당한 정도의 표값을 지불해야만 했다. 그런데 그렇게 하고도 고작 한 시간여 정도의 일회성 공연만 누릴 뿐이었다. 그 이상은 곤란하고, 정 더 듣고 싶으면 또 비용을 지불해야만 했다.

하지만 지금은 어떠한가? 전에 로열석을 구할 수 있을 정도의 금액만 있으면 어렵지 않게 디지털 음원을 재생할 수 있는 기기를 구입할 수 있다. 손안에 들어갈 만한 이 기기를 통해 그토록 듣고 싶던 교향악단의 음악을 밤새워 듣고 또 들을 수 있는 것이 지금 우리가 살고 있는 시대이다. 물론 현장의 울림과 감동에는 비하기 어렵겠지만, 극장 근처도 가보지 못했던 옛날과 비교하면 놀라운 변화라 하지 않을 수 없다. 그래서 그들은 그 옛날 귀족과 왕족이 누렸던, 그리고 얼마 전까지 부유한 자본가들이나 향유할 수 있던 호사를 길거리, 버스 안, 지하철, 공원 벤치에서 즐기고 있다. 게다가 어느 정도 경제적 안정을 확보한 대중들은 보다 적극적인 문화소비 행태를 보이게 된다. 그러니 공연장으로, 전시장으로, 콘서트로 발을 옮기고 있다. 이제 천덕꾸러기였던 대중문화도 큰돈을 만들고, 또 벌수 있는 커다란 시장이 되었다. 이런 환경에서 이제 고급, 저급이라는 단편적 구분은 큰 의미가 없게 되었다.

대중문화의 위상 변화에는 미디어에 대한 이해와 인식의 발전도 적지 않은 영향을 미쳤다. 여기서 우리는 맥루한(Marshall McLuhan, 1911~1980)의 미디어 비평에 대한 세밀한 분석에 귀를 기울일 필요가 있다. 맥루한은 1964년 여름 세계 학계에 기념비적인 연구서를 내놓는다. 바로 『미디어의 이해』(Understanding Media)란 책이다. 본디 영문학자였던 그는 미디어에 대한 새로운 해석을 학계에 제출함으로써 큰 관심과 주목을 끌게 되었다. 그때 모토처럼 그를 대변하던 문장이 바로 "미디어가 메시지다"라는 말이다.

이 명제는 소통의 도구가 내용 자체가 된다는 역설적 웅변이라고 할 수 있다. 정보를 교환케 하는 도구가 내용 자체를 구성한다는 뜻이니 소통의 주체들로서는 매우 거북한 표현이 될 수도 있었을 것이다. 하지만 이와 같은 맥루한의 선언은 미디어에 대한 고정 관념을 흔들어 버렸다. 미디어가 메시지가 되기 위해서는 우선 미디어를 이해하는 방식이 바뀌어야 할 것이다.

맥루한이 이 명제를 통해 하고 싶었던 본의는 미디어가 단지 소통을 위한 도구'만'은 아니라는 것이다. 그에게 미디어란 인간과 자연환경을 이어주는 모든 것이다. 따라서 맥루한에게는 신문, 잡지, 책, TV, 라디오, 영화 등만 미디어가 아니다. 그의 관점에서는 인간의 인식 한계를 넘어서도록 해주는 모든 것이 바로 미디어다. 그래서 자동차도 미디어가 된다. 그것은 인간의 다리가 가지는 한계를 넘어서도록 해주기 때문이다. 의복 역시 미디어다. 그것은 피부의 확장으로 해석되기 때문이다. 칼과 총 등 무기류는 전통적으로 인류가 싸움을 위해 동원하던 이빨과 주먹, 발길질의 확장으로 설명된다. 또한 우리 주변을 가득 채우고 있는 전기전자 제품들은 인간의 중추신경의 확장으로 정의 내려진다. 이런 미디어들로 인해 인간은 분명 이전과 달라진 정보환경에서 생활하게 되었다. 우리는 망원경을 통해 먼 곳의 은하계를 살필 수 있게 되었고, 전기통신의 발달로 이전에는 쉽게 갈 수 없는 곳의 정보를 한순간에 살필 수 있게 되었다. 또한 렌즈를 통해 세포와 분자의 움직임을 포착하고, 바이러스의 흐름을 살필 수 있게 되었다. 이렇게 인간의 몸과 자연환경을 이어주는 다양한 미디어의 도움으로 인간의 인식 자체가 바뀌게 되었고, 또 이 변화는 여전히 진행형이다. 따라서 같은 인간이라도 어떤 미디어를 사용하고 있느냐에 따라 전혀 다른 종류의 인간이 될 수 있다. 그러니 미디어가 메시지가 된다. 이제 중요한 것은 실어 나르는 내용이 아니라, 그 내용을 담고 있는 형식과 틀이다. 즉 미디어가 주인이 되는 세상이 된 것이다.[128]

맥루한은 계속하여 '감각비율'(sense ratio)에 대하여 설명한다. 이 말이 뜻하는 바는 다음과 같다. 인간의 오감(시각, 청각, 후각, 미각, 촉각)은 서로 의존적이다. 외부환경과 접촉하여 얻게 된 갖가지 정보들을 제대로 구분하고 파악하려면, 다섯 가지 감각이 하나의 체계를 이루어 균형을 이루고 있어야 한다. 그런데 이 다섯 가지 감각을 연장시켜줄 외부 미디어의 등장이 기존 오감이 유지하고 있던 균형을 흔들어버린다. 그래서 미디어가 달라지면, 즉 인간의 오감에 매체가 개입하면 전달 내용도 달라진다. 10인치짜리 태블릿 PC와 30인치 대형 LED 화면을 통해 읽게 되는 문서의 차이를 생각해보라. 같은 파일, 같은 내용인데도 그것을 받아들이는 우리의 감각은 전혀 다르다는 것을 느끼게 된다. 확 트인 느낌, 뻥 뚫린 시원함! 맥루한은 그게 단지 느낌의 차이에 머물지 않고, 감각비율의 조절에 의한 인식내용의 차이까지 가져온다고 본다. 따라서 그의 말을 그대로 받아들이면, 모니터의 크기는 정보의 수용과 내용에도 어느 정도 영향을 주게 되는 셈이다.

그러니 이제 미디어는 메시지를 넘어 '맛사지'가 된다. 기존 인간의 감각능력을 넘어서는 외부 미디어의 등장이 감각비율을 크게 흔들어 놓았기 때문이다. 인간은 깨어진 감각비율을 맞추기 위해 애를 쓰게 된다. 민첩하게 감각기관들은 하나의 체계로서 서로의 균형 맞추기에 매진하게 되고, 이런 작업은 결국 감각의 '촉각성'을 더욱 예민하게 만든다. 맥루한이 말하는 '촉각성'이란 외계와 인간 피부의 단순한 접촉에 머물지 않는다. 그것은 인간과 미디어의 결합으로 이뤄지는 감각체계의 예민한 반응과 대응을 말한다. 그래서 그는 '미디어를 맛사지'라고 부르게 된다.

맥루한의 예언적 연구 덕에 우리는 인간과 미디어의 상관성에 대해 더 섬세한 관점을 갖게 되었다. 특히 그의 관점이 우리의 이목을 잡아끄는 것은 미디어의 발달이 인간 인식에 끼치는 영향이다. 앞서 언급했듯이 미디어를 메시지로 더 나아가 맛사지로 체감하고 있는 세대와 그렇지 않은 세대 간의 세계관의 차이는 상당한 정도라고 추정해 볼 수 있다. 모바일 디바이스에 익숙한 세대와 그렇지 못한 이들. 인터넷을 통해 다양한 정보에 쉽게 접근하는 이들과 그럴 필요조차 못 느끼는 세대들. 각종 클라우드를 자유자재로 사용하며 유비쿼터스[129](ubiquitous)의 세계를 몸소 체험하고 있는 세대와 그렇지 못한 이들 사이의 세계관적 차이가 없다고 하면 그것이 더 이상할 것이다.

이들 새로운 세대, 즉 각종 1인 미디어 디바이스에 익숙한 신인류를 이해하기 위해서는 그들의 세계관을 세심하게 살펴보아야 할 것이다. 그런 점에서 이들 신인류가 주목하고, 또 몰입하고 있는 대중문화와 이를 가능케 하는 미디어에 대한 이해는 더 이상 지체할 수 없는 교회의 책무가 된다. 특히나 이들을 선교의 대상으로 삼고자 한다면 더욱 그렇다. 선교의 대상에 대한 기본적 이해 없이 그들에게 무엇을 전하고, 어떻게 교육할 것인가? 막연한 사명과 목표의식만 뚜렷하고 그들에 대한 이해가 부족하다면 시작부터 난관을 만나게 될 것이다. 그런 점에서 맥루한을 비롯한 현대 미디어 연구가들의 세밀한 훈수는 교회로서는 귀담아 들어야 한다.

이처럼 신인류와 대중문화의 중요성을 강조한 학자로서 우리는 뷰도인(Tom Beaudoin)을 꼽을 수 있다. 그는 신학이 살아있기 위해서는 전통적 예배에만 집중할 것이 아니라, 대중문화에 대한 개방성을 갖고 있어야 함을 지적한다.[130] 뷰도인 역시 매스미디어와 대중문화에 어릴 적부터 노출된 신인류(그의 표현을 따르자면 X세대)들은 영적 체험도 제노석 종교 안에서 보나는 그들에게 익숙한 것에서 찾아내고 있다고 본다. 기성세대와 전통적 종교인들 입장에서는 매우 불경스럽고 상스러운 것으로 비춰질지 모르겠지만, 미디어 친화적인 신인류들은 대중문화 안에서, 대중문화를 통해 영적 경험을 이어가며, 그들 삶의 의미를 만들어 가고 있다는 것이다.[131] 뷰도인 역시 종교생활에서 무엇보다 중요한 것을 '체험'으로 보고 있다. 이처럼 현대의 대중문화와 미디어는 인간의 체험적 분야를 이전과는 비교도 할 수 없을 정도로 민감하고 예민하게 만들어 주었다. 그리고 이에 익숙해진 신인류들 역시 이전과는 다른 세계관과 가치관으로 무장되어 있고, 이들에게는 전통적 메시지는 전혀 다른 방식으로 해석될 수밖에 없기에 세대 간 이해의 불균형은 심각한 정도라 할 수 있다.

이상의 논의를 정리하자면, 인간은 문화적 존재이다. 공동체적 생활을 통해 배태된 인간의 모든 인위적인 결과물을 일컬어 우리가 문화라 부른다. 그중 대중문화는 18세기 이후 세계가 급속히 산업 자본화되면서 생긴 현상이다. 최초에 대중문화는 생산자와 소비자로 확연히 구분되어 있었지만, 미디어와 그것을 위한 각종 전자 디바이스의 발달로 인해 인류는 이전에는 없었던 인식의 확장을 경험하게 된다. 이것은 인류의 인식능력에도 변화를 가져왔다. 즉 다양한 미디어의 발달은 인간의 촉각을 이전과는 비교도 할 수 없을 정도로 민감하게 만들었고, 이렇게 변형된 신인류는 이전과는 다른 가치관, 세계관을 소유하게 되었다. 그리고 이들은 자신들의 촉각을 만족시켜줄 대중문화를 통해 지속적으로 인식과 정보의 확장에 나서고 있다. 따라서 이들을 선교의 대상으로 삼으려는 교회는 무엇보다 이들에 대한 기초적이고도 섬세한 이해에 매진할 수 있어야 한다.

영성의 재발견?

최근 들어 교회 안팎에서 '영성'(spirituality)이란 말이 자주 언급된다. 영성이란 우주적 혹은 초월적 존재와 적절한 관계를 맺고자 하는 인간의 관심을 뜻한다.[132] 성서에서는 구약의 루아흐(רוח, ruach)와 신약의 프뉴마(πνευμα, pneuma)가 영성이란 말로 번역되는데, 이들 단어의 뜻은 '호흡'과 '바람'이다. 구약에서 사용된 히브리어 루아흐는 사람에게 생기를 불어넣는 것이요, 신약의 헬라어 퓨뉴마는 하나님과 예수의 영을 뜻한다.

영성이란 용어는 개신교 전통보다는 가톨릭에서 주로 사용되어 왔다. 지금 우리가 사용하는 영성이란 용어는 5세기 경 프랑스의 가톨릭 정통신학에서 처음으로 등장했다.[133] 가톨릭의 신앙이 사제계급이 주도하는 성사를 중심으로 이루어지기에 이들의 고심은 신자들의 생활세계에서 신체험이 활발하지 않다는데 있었다. 이 문제를 해결하기 위해 그들은 다양한 영성 훈련 프로그램을 개발해야 했으며, 이를 통해 교회에 속한 이들을 신앙의 울타리 안에 묶어두려 했다. 따라서 가톨릭의 영성훈련은 그들의 외형 지향적 신앙 행태에 따른 불가피한 현상이었다고 볼 수 있다.

반면 개신교의 경우 20세기 중반까지는 이 용어에 대해 그렇게 우호적이지 않았다. 그도 그럴 것이 앞서도 살펴보았듯이 영성이란 용어가 주로 가톨릭에서 사용되었고, 개신교는 이미 그와 같은 맥락의 다른 단어들, 즉 '경건'(piety), '헌신'(devotion), '완성'(perfection) 등을 사용해 왔기 때문이다.[134] 개신교가 특별히 영성이라는 단어를 필요로 하지 않았던 것은 그 시작부터 영성적이었기 때문이다. 즉, 종교개혁이라고 하는 것은 내용적으로 가톨릭의 형식적 은총론에 대한 거부이며 하나님과의 만남에서 교회조직의 중재를 거절하는 것이었고, 이는 '만인 사제설'로 대표된다. 이 용어만큼 개신교 전통이 가지는 신앙의 주체성과 실존성을 강하게 웅변해주는 말도 찾기 어려울 것이다. 이렇게 개신교 전통은 그 시작부터가 '영성적'이다. 즉 '오직 믿음', '오직 성경', '오직 은총'이라는 종교개혁의 슬로건 자체가 강렬한 '하나님 체험'을 전제하지 않으면 불가능한 것이기 때문이다. 따라서 하나님의 임재와 현존 경험에 기초한 개신교회는 영성이라는 용어 외에 앞에 제시한 다른 단어를 선호하였다. 그 밖에 개신교에서 영성과 관련되어 즐겨 사용했던 단어를 꼽으라면 '성령 충만'을 들 수 있다. 성령의 충만을 통해 매순간 하나님의 임재를 지금, 여기에서 경험하면서 매일매일 '성화'(sanctification)의 삶을 살아가는 것이 바로 개신교 영성의 핵심이라 할 수 있다.

이런 점에서 영성은 기본적으로 체험적 신앙의 핵심이라 할 수 있다. 이는 맥그래스(Alister McGrath)의 영성에 대한 정의를 통해서도 분명해진다.

"기독교 영성은 진정으로 의미 있는 그리스도인의 존재에 대한 탐구이며, 기독교의 근본적인 개념들을 함께 묶어주어 삶과 연관시키는 것으로 기독교 신앙의 범위와 규범 안에서 살아가는 삶의 총체적인 경험이다."135)

위의 인용문을 통해서도 영성이란 결국 존재에의 탐구이며, 삶의 총체적 경험인 것을 알 수 있다. 신앙이란 단순히 생활하는 것도 아니요, 또 무엇을 암송하는 것만이 아닌 믿음의 대상과 자신의 존재를 탐구하며, 아울러 삶 속에서 그것을 경험하여 신의 임재를 생활 속에서 체험하는 것, 그것이 바로 영성이라고 할 수 있다.

결국 영성은 체험, 삶 등과 연결된다. 그리고 이 점에서 신인류들이 대중문화에 집중하는 것을 이해할 수 있는 단초를 발견하게 된다. 종교가 화석화되면 제도의 경직화가 일어나고, 엄격한 교리의 강조는 결국 체험적 요소의 단절을 불러오게 된다. 종교를 종교 되게끔 하는 강력한 동인은 사실 체험에 있다.136) 그리스도교도 여기에서 예외는 아니다. 그리스도교의 영성 혹은 경건 등이 이 체험적 요소를 이어가는 전통이 되어 왔기 때문이다. 하지만 조직이 비대해지고, 계급구조가 단단해지면 또 다시 경험적 요소가 운신할 폭이 좁아지게 된다. 왜냐하면 체험은 주관적이기에 표준화시키기 곤란하고, 기준을 정하기 어렵기 때문이다. 제대로 통제하고 관리하려면 체험과도 같은 주관적 요소는 가급적 회피해야만 한다. 그리고 그 자리에 세밀하게 설명되고 잘 통제되는 교리를 제시하게 된다. 이것이 처음에는 어느 정도 효과를 보지만, 결국 시일이 지나면 종교의 역동적 요소인 체험을 다시 찾기 마련이다. 그래서 제도화된 종교는 정통 교의와 더불어 이 체험적 요소를 적절히 운용해야 할 필요가 있다.

그런데 최근 들어 영성이라는 용어가 때를 만난 듯 예서제서 언급되고 있다는 것은 교회가 교조화되고, 조직화되어 체험적 요소의 긴밀함과 역동성을 잃어버리고 있다는 말과 크게 다르지 않다. 그래서 신인류는 제도 교회를 벗어나고자 한다. 그들의 촉각을 '성'스럽게 '자극'하는 그 무엇을 '교회 안'에서 찾을 수 없었기 때문이리라. 거기에 더 나아가 그들은 제도화된 교회의 권위와 규범 그리고 제의들을 의심하기 시작한다.[137]

반면 대중문화 속에선 그들의 '촉'이 살아난다. 체험적 요소가 빛을 발하고, 그들의 고민이 진지한 대응으로 보호를 받는다. 게다가 이미 오래전부터 미디어에 세례를 받고 성장한 세대이기에 매체 수용력도 상당하다. 거기에 그들의 고민을 그대로 흡수하는 콘텐츠가 자리하고 있으니 대중문화에 대한 신인류의 몰입은 갈수록 증대할 수 밖에 없을 것이다.

기존 교회는 이들의 치우친 태도에 '경박함' 혹은 '불경함'이라는 딱지를 붙이겠지만 정작 불만은 신인류에게도 그대로 옮겨진다. 그들 눈에 전혀 성스럽지 않은 기존 제도교회의 속물스러움이 거북할 뿐이며, 그곳에서 강요되는 영성이 불편하고 가식적일 뿐이다. 이런 가치관의 불균형이 지속적으로 신인류를 교회로부터 멀리 밀어내는 역할을 한다고 볼 수 있다.

이런 문화적 환경 속에서 교회가 택할 길은 이미 정해져 있다. 신인류를 품기 위해서는 변화된 그들의 세계를 이해할 수 있어야 하며, 그들을 이해하기 위해서는 그들의 현실을 담아내고 있는 대중문화의 특성과 구조 그리고 영향에 대해 보다 예민해져야 한다. 여기에 교회의 대중문화 연구를 위한 타당성이 자리한다.

대중문화 속 영성과 관련하여 우리가 주목해야 할 또 다른 이야기는 치데스터(David Chidester)라는 학자를 통해 들을 수 있다. 그는 종교와 대중문화가 가지는 유사한 특성을 몇 가지로 묶어 다음과 같이 설명한다. 그가 먼저 주목한 것은 '촉각'이다. 다시 그는 촉각이 이루어지는 과정을 3가지로 구분하고 있다. 첫 번째가 피부를 통해 얻어지는 감성이요, 두 번째는 운동감각을 통해 얻어지는 신체 속에 포함된 감각이며, 세 번째는 몸 안 대상들의 물리적 조정을 통해 얻어진 지각정보이다. 이런 세 가지 과정을 통해 촉각이 획득되는데, 이러한 몸의 촉각 혹은 촉감이라는 점에서 대중문화와 종교는 매우 유사하다고 그는 지적한다.[138]

치데스터는 이 촉각을 다시 4가지로 구분한다. '묶음'(binding), '불태움',(burning) '움직임',(moving) '다룸'(handling) 그것이다. 이는 각각 '우리', '열정', '전진', '도전'이라는 특성을 가져온다. 즉 묶음을 통해 공동체성을 함양하고, 불태움을 통해 열정적 헌신을 갖게 된다. 움직임은 원하는 목표를 향해 중단 없는 전진을 하게하고, 다룸을 통해 쉬지 않는 도전의 정신을 갖게 된다. 치데스터는 이 점에서 대중문화와 종교는 동일한 구조적 특성을 갖는다고 보았다.[139]

치데스터의 지적은 암시하는 바 적지 않다. 이는 종교가 사람들의 촉감에 적절한 반응을 제공하지 못한다면 대중문화에 그들의 관심을 뺏길 수 있다는 말과 다를 바 없기 때문이다. 즉, 더 이상 교회 공동체 안에서 묶음과 불태움 그리고 움직임과 다룸의 감각이 작동하지 않는다면 사람들은 과감히 교회 문을 박차고 나올 수 있다는 말이 된다. 교회 생활을 통하여 더 이상 공동체 안에 하나 됨의 경험을 하지 못한다면, 또한 매번 신에게로의 헌신을 불타는 열정으로 담아내지 못한다면, 분명한 신앙에의 목표를 발견하지 못하여 앞으로 나아갈 바를 찾지 못한다면, 교회 내에서 적당한 자신의 해야 할 일을 담당하지 못한다면 어떤 일이 생기게 될까?

곧바로 사람들은 그런 촉각을 자극하는 다른 '대체물'을 찾으려 할 것이다. 그래서 주일이 되면 산으로, 강으로, 때론 수많은 이들이 모이는 경기장으로 발길을 돌리게 된다. 거기서 동호회 식구들과 함께 유대감을 만끽하며 묶음의 감격을 느낄 것이고, 때론 거대한 경기장에서 같은 무늬의 깃발과 유니폼으로 특정 팀의 서포터즈가 되어 목이 터져라 응원가를 외치며 동질감의 기쁨을 나눌지도 모른다. 때론 좋아하는 아이돌 그룹이나 밴드의 공연장을 찾아 함께 춤추고 노래하며 자신의 열정을 불태울 수도 있다. 만약 교회 안에서 그러한 묶음과 열정, 그리고 움직임과 다룸을 경험하지 못한다면 말이다.

따라서 교회는 누구보다 예민하게 동시대 문화의 흐름을 살필 수 있어야 한다. 사람들이 어떤 영화, 드라마, 소설 그리고 게임에 몰입하는지. 그리고 왜 그렇게 하고 있는지, 그것의 구성적 특징은 무엇이고 내용은 무엇을 지향하는지. 그리고 문화에 몰입하는 이들을 다시 신앙의 세계로 초대하기 위해서는 교회가 무엇을 담아내야 할 것인지 다양한 대중문화의 콘텐츠 분석을 통해 알아내야 할 것이다.

대중문화 속 영성 찾기

지금까지 대중문화 속에서 종교적 체험 혹은 영성적 가치를 발견하고자 하는 신인류의 성향을 살펴보았다. 이젠 그 사례로서 아르캉의 〈몬트리올의 예수〉를 검토해 보기로 한다. 하지만 영화 전체를 검토하기에는 논문의 분량에 제약이 있기에 주로 아르캉이 주목하고 있던 예수의 부활 사건의 이미지화에 초점을 맞춰 살피도록 하겠다.

1989년 캐나다에서 개봉한 〈몬트리올의 예수〉는 다큐멘터리 감독으로 이름을 알렸던 드니 아르캉의 극영화이다. 영화 제목처럼 이 영화의 중심은 현대 도시 몬트리올에 고정되어 있다. 그리고 그것이 그리고 있는 것은 성서에서 묘사되고 있는 예수의 모습이다. 아르캉은 영화 촬영 당시까지 발표된 역사적 예수에 대한 다양한 자료들을 검토한 뒤 치밀하게 현대에 활동함직한 예수의 모습을 필름에 담아내고 있다.

영화의 줄거리는 간단하다. 몬트리올의 몽 로얄(Mont-Royal) 성당에서는 매년 예수의 수난극을 공연하고 있었는데 매번 판에 박힌 연극으로 일관하고 있었다. 이에 피로감을 느낀 주임 신부가 젊고 창의적인 다니엘 쿨롱브란 연극배우에게 새롭게 해석되고 사람들의 이목을 끌 수 있는 수난극을 해줄 것을 요청한다. 이에 응한 다니엘은 함께 공연할 배우들을 모집하여 연극을 준비해 나간다. 그런데 그가 모집한 동료들의 면면이 이채롭다. 우선 그의 연극학교 동료였던 콩스탕스는 지금 해당 성당 주임 신부의 숨겨진 애인이기도 했으며, 마르탱은 포르노 영화의 목소리 더빙 배우였고, 르네는 과학 다큐멘터리에 더빙하는 성우이다. 그리고 미레유는 값싼 CF 모델이었다. 작정이라도 한 듯이 사회적으로 소외된 이들을 배우로 엮어낸 아르캉 감독의 의도는 충분히 짐작할 수 있다. 그는 이 장면과 복음서의 제자 소명 사화를 병행해서 보여주고 싶었을 것이다.

예수의 역사적 모습에 초점을 맞춘 그들 연극은 큰 성공을 거두나, 오히려 그것이 교회의 부담으로 작용된다. 아니나 다를까 가톨릭 상부의 거북함이 전달되고, 결국 연극은 금지당하고 만다. 그후 공연 배우들은 다시 본래의 삶의 자리로 돌아간다. 미레유 역시 자신이 본래 일하던 싸구려 CF 모델 직으로 돌아가는데, 오디션 자리에서 광고주들은 미레유에게 계속 탈의를 요청하게 되고 이에 격분한 다니엘이 (마치 성전에서의 매매 행위에 채찍으로 응징한 예수의 경우와 같이) 현장 집기를 집어 던져 결국 그 일로 법정에 서게 된다. 그후 언론의 주목을 받게 된 다니엘에게 변호사이면서 쇼 비즈니스계의 거물이 찾아와 자신과 함께 일할 것을 청하게 된다. 이 장면에서는 40일 금식기도 끝에 예수에게 나타나 유혹의 언어를 던졌던 사탄의 이야기가 연상된다.

다니엘은 자신의 작품을 마지막으로 공연하기 위해 실내가 아닌 야외를 택한다. 하지만 공연 도중 약간의 실랑이가 일어난다. 공연을 보려하는 관광객과 그것을 막고자 하는 경찰 사이의 몸싸움이 있었고, 이때 사고로 다니엘이 매달려 있던 십자가가 넘어지게 된다. 그 일로 다니엘은 머리에 큰 부상을 입게 되어 병원에 실려 가지만, 결국 뇌사 상태에 빠지게 된다. 그리고 다니엘이 사망한 뒤 그의 두 눈과 심장은 각기 다른 이들에게 기증되어 그들에게 새 삶을 제공한다.[140]

영화는 이렇게 예수의 일대기를 교묘히 현대적 이미지로 변모시켜 현대인들의 주의를 끌고 있다. 그리고 영화의 스토리 보드[141]는 다음과 같다.

	시간대 (분:초)	내용
Side1	00:00 - 03:09	- 도스토예프스키의 〈카라마조프 형제들〉을 극화한 연극 · 다니엘과 파스칼과의 만남
	03:10 - 04:42	- 성당에서 음악연주 및 두 소녀의 노래
	04:43 - 05:43	- 다니엘이 콜롬 신부에게 성당 연극의 수정을 제안 받음
	05:44 - 29:32	- 연극 수정 착수 · 연기자들을 모집 (콘스탄스, 마틴, 토니, 미리에를 만남) · 콜롬 신부에게 연극 수정에 필요한 자료를 받음 · 콜롬 신부와 콘스탄스의 불륜 · 연극 연습
	29:33 - 57:53	- 수정한 연극 공연 - 성황리에 공연 종료
	57:54 - 59:40	- 연극에 대한 콜린 신부의 비판
Side2	00:00 - 02:55	- 성공적인 연극에 대한 세상의 관심
	02:56 - 51:12	- 다니엘과 예수의 동화 · 미리에의 맥주 광고 오디션 현장에 동행 (가서 난장을 침) · 재판장에서 죄를 인정함 · 리차드 변호사의 유혹 · 연극 공연이 취소 · 연극을 강행하다가 십자가가 무너져서 다침 · 병원에 갔다가 사람이 많아서 그냥 돌아옴 · 콘스탄스와 미리에의 부축을 받아 　지하철에서 예수의 말을 전함 · 장기를 이식하고 죽음
	51:13 - 54:10	다니엘을 추모함
	54:11 - 59:42	처음 나왔던 두 소녀가 같은 노래를 하며 마침

표 2. 〈몬트리올 예수〉의 스토리 보드

다큐멘터리 감독 출신답게 아르캉은 차분하게 다니엘을 통해 예수의 이미지를 투영하고 있다. 그것도 신파조의 우격다짐식이 아니라 신학계의 최근 연구를 참조하여 제법 그럴듯하게 현대판 예수의 초상화를 그려내고 있다. 줄거리를 통해 짐작할 수 있듯이 복음서가 증언하는 예수의 행적을 따라 제자들을 부르고, 성전을 청소하고, 십자가에 달리고, 죽음을 맞이하고, 그리고 부활하는 예수의 일대기가 현대 도시 몬트리올을 배경으로 드라마틱하게 전개된다. 그렇게 해서 2천 년 전의 인물 예수는 동시대 이웃으로 관객 앞에 다가온다. 그런 점에서 이 작품은 이미지로 구체화된 현대판 복음서로 기획되었다고 볼 수 있다.

무엇보다 아르캉의 유비가 정점에서 빛나는 것은 부활에 대한 그의 해석에 있다고 볼 수 있다. 영화 속에서 표현되고 있는 부활은 다음과 같다. 공연 중 사고로 뇌사 상태에 빠진 다니엘의 장기, 보다 정확히는 두 개의 망막과 하나의 심장이 각각 이탈리아 여인과 영국 남자에게 기증된다. 그리고 그의 망막을 기증받은 여인은 눈을 뜨고 빛을 만나게 되고, 심장을 받은 남자는 생명을 얻을 수 있었다. 복음서에서 묘사되고 있는 예수의 기적행사가 현대적으로 해석되고 구체적인 이미지로 표현되는 장면이다. 아르캉은 이처럼 예수의 부활은 자신의 죽음을 통해 타인을 살리는 구체적 행위의 결과로 묘사하고 있다. 물론 이런 유의 부활 해석은 전통적이고 구원론적 해석에 익숙한 교회로서는 그대로 받아들이기 거북할 것이다. 특히 개신교의 입장에서는 더 더욱 그의 입장을 두둔할 수가 없을 것 또한 분명하다.

하지만 아르캉의 작업이 전혀 무의미할 수 없는 것은 2천 년 전 예수의 구속사적 사역을 현대인이 수용할 수 있는 영상 언어로 번역해 내고 있다는 점이다. 그래서 적어도 부활에 대해 무관심했던 이들조차도 그것의 의미와 역할, 그리고 기능에 대한 반응을 보일 수 있도록 도와주고 있다는 점이다. 즉, 아르캉의 이미지가 관객의 촉각을 자극하고, 그를 통해 신학적 사고를 촉구토록 한다는 점에서 〈몬트리올의 예수〉는 어느 정도 제 역할을 하고 있다고 볼 수 있다. 이렇게 영상언어는 천상에 존치되었던 신앙의 핵심을 현실로 끌어오는 계기를 제공한다. 교회는 바로 이 점을 그가 묘사한 부활의 본질이 적절했는가라는 물음과 더불어 잊지 말아야 할 것이다.

맺는 글

지금까지 종종 교회의 관심에서 멀어져 있던 대중문화가 오히려 세상을 이해하는 창이 될 수 있음을 여러 각도에서 조망해 보았다. 대중문화와 영성에 대하여 많은 이야기를 하였지만, 결국 이는 소통의 문제로 귀결된다. 세상과 단절 없이 소통하고 대화해야 할 사명이 있는 교회는 세상이 무엇을 말하고, 또 무엇을 원하는지 제대로 파악해야 할 책무를 안고 있다.

그런데 대중문화를 경박하고 상스럽다 하여 그 안에 담겨있는 세대의 웅변을 외면한다면 교회의 소통시도는 실패하고 말 것이다. 이런 불통의 시대와 세대를 넘어 서로의 문법을 알아가고자 하는 몸부림이 교회 내 대중문화 연구의 핵심이라 할 수 있다.

또한 미디어의 발달은 인간의 인식영역을 확대하고 좀 더 인간을 촉각적으로 만들었음을 살펴보았다. 또한 안팎의 정보를 수용하는 방식도 세대 간의 차이가 분명해졌다. 질서정연한 논리적 전개에 익숙한 기성세대와 동시다발적으로 다양한 통로를 통해 감각적으로 전해지는 정보수용에 전혀 불편함을 느끼지 못하는 신인류들의 차이도 상당하다는 것을 인정해야만 한다. 이러한 경향은 갈수록 심화될 것이다. 신인류들은 좀 더 촉각적으로 변모할 것이고, 감각적 코드와 영상 언어에 익숙한 존재가 되어갈 것이다. 그런데 교회가 여전히 이념과 관념, 그리고 추상의 울타리 속에 머물고 있다면 어떤 일이 생길 것인가? 불행하게도 신인류들은 교회 안에서 이루어지는 신앙과 연관된 다양한 담론을 제대로 수용하고 이해할 수 없게 될 수도 있다. 그들은 신앙을 느끼고 싶어도 기존의 방식과 문법으로는 그럴 수 없는 일이 생길 수 있다는 것이다. 그들이 이해할 수 있는 문법이 아니고, 이미 그들 수용력으로부터는 멀리 유리되어있는 이전 세대의 논리가 소통 단절의 결정적 계기가 될 수도 있기 때문이다.

이런 상황에서 교회의 대중문화 연구는 중요한 전기를 제공해 줄 수 있을 것이다. 촉각의 세대가 이해할 수 있고, 그들이 요구하는 것을 찾을 수 있는 통로가 거기에 있기 때문이다. 그런 점에서 신인류들은 또 다른 모습의 성육신을 원하고 있는 것이라 볼 수 있다. 믿음의 육화, 즉 그들이 이해할 수 있는 언어와 이미지로 해석된 신앙 이야기. 그렇게 교회 내 대중문화 연구는 미디어 친화적 세대와 교회의 사명을 이어주는 적절한 통로가 되어갈 것이다.

〈28일 후〉, 현대문화와 생명 살림 [142]

 이 글은 현대 문화 속에서 형성되는 생명관에 대한 분석적 이해를 주목적으로 삼는다. 이 목적을 효과적으로 수행하기 위해 글의 초점은 2004년 한국사회를 크게 흔들었던 한 사건을 주목할 것이다. 바로 핵치환 배아줄기세포 생산에 대한 국내 이슈가 논의의 물꼬를 트는 계기가 되는 셈이다. 당시 한국사회에서는 배아줄기세포 건으로 인해 이전에는 미미했던 다양한 이슈들이 정면에 나서게 되는 흔치 않은 경험을 하게 되었다. 그 중 가장 앞서 등장했던 논의가 바로 '생명윤리'였다. 그도 그럴 것이 배아줄기세포 자체가 인간 생명과는 분리될 수 없는 매우 밀접한 주제였으며, 그로 인해 불거지는 사회적 파장 역시 생명문제와 뗄 수 없는 이슈이기 때문이다. 하지만 이 글은 당시 핵치환 배아줄기 세포 생산 문제가 야기한 사회적 파장을 단지 윤리적 프리즘뿐만 아니라 보다 넓은 세계관적 시각에서 살펴보고자 한다. 따라서 생명에 대한 혹은 생명을 논하는 것이 가지는 문명사적 의미가 이글에서 우선적으로 다뤄질 것이다. 그렇게 함으로써 이글 속에서 언급되는 생명

에 대한 내포와 외연을 적절히 조절해 보고자 한다. 그 이후 생명에 대한 인류의 이해가 어떤 변천과정을 거쳐 왔는지 몇 개의 사례를 들어 살펴볼 것이다. 그 후에야 이 글은 현대문화를 취급할 것이다. 이때 필자는 가급적 조심스레 지금 우리가 생각하는 현대문화의 역사적 형성과정에 주목할 것이다. 그리고 그것이 구체적으로 21세기 한

반도 남쪽에서 어떤 모습을 작동하고 있는지도 살펴볼 것이다. 그런 점에서 21세기 한국사회의 현대 문화, 그것도 생명이해와 연관된 것으로 우리는 앞서 언급한 '핵치환 배아줄기 세포' 문제를 언급하지 않을 수 없을 것이다. 바로 그 문제를 통하여 21세기 그리스도인들은 어떻게 생명현상을 조망해야 할 것이며, 또 그것이 우리에게 강요하는 생각의 전환은 어떠한 것인지 대략적인 전망을 그려볼 것이다.

28일 후, 그리고…

마약에 찌든 우울한 영국 젊은이들의 일상을 파격적인 화면에 담아[143] 세계 영화인에게 신선한 자극을 주었던 대니 보일(Danny Boyle, 1956~)이라는 영국 감독이 있다. 2002년 잊지 않고 그는 또 다른 강렬한 인상을 건네는 영화 하나를 관객에게 선사한다. 보일은 그의 새 영화를 통해 인류가 끊임없이 풀어야 할 숙제 하나를 제시하였다. 바로 인간성, '무엇을 인간으로 보는냐?'에 대한 문제이다. 보일의 작품에는 "28일 후 …"[144]라는 제목이 붙어있고, 그 대강의 줄거리는 다음과 같다.

"영국의 한 영장류 연구시설에 일단의 동물 권리 운동가들이 무단으로 침입한다. 그 안에서 그들은 사방에 널려있는 스크린들을 통해 잔혹한 폭력 속에 신음하고 있는 침팬지들을 발견한다. 화면 속에 보이는 유인원들은 사슬에 묶여있거나 좁디좁은 우리 안에 구속되어 있었다. 잔혹하기 이를 데 없는 동물 학대 현장을 목격한 동물 권리 운동가들은 그 장면에 거친 분노로서 반응한다. 폭발하는 동물 권리 운동가들의 분노들 사이를 비집고 유인원들이 '분노 바이러스'에 감염되어 있음을 알리는 연구원의 외침이 파고든다. 계속해서 연구원은 유인원들 몸속에 들어있는 '분노 바이러스'가 퍼지게 되면 인류에게는 크나큰 재앙이 될 것임을 재차 경고한다. 하지만 터져버린 동물애호가들의 분노 앞에서 연구원의 입을 통해 전해지는 '바이러스' 운운은 소소한 일이 되고 만다. 결국 침팬지들은 자애로운 동물애호가들에 의해 우리에서 벗어날 수 있게 되었고, 그리고 그날 이후 세상은 완전히 다른 모습으로 바뀌게 된다. 그렇게 흘러간 시간이 28일 … 침팬지들이 연구소의 굴레로부터 벗어나던 날 교통사고로 코마 상태에 빠져있던 '짐'이란 이름의 청년이 한 병원에서 깨어난다. 의식이 돌아온 후 짐이 바라본 환경은 이전과 다를 바 없었지만, 마땅히 그곳을 채우고 있어야 할 사람들이 보이지 않는다. 텅 빈 병원. 텅 빈 거리. 텅 빈 빌딩들. 무언가 분명히 이전과 달라졌음을 짐은 직감하게 된다. 결국 날이 저물어 거리에 있는 한 성당 안에 들어갔다가 짐은 '분노 바이러스'에 점염되어 괴물로 변해버린 한 신부의 피로 물든 눈동자를 통해 지금 자신은 이전에는 결코 경험해 볼 수 없었던 새로운 세상에 이미 들어와 버렸음을 깨닫게 된다. 그후 짐은 아직 감염되지 않은 몇 명의 사람을 만나게 되고, 그들과 더불어 우연히 바이러스로부터 피해를 입지 않은 지역이 아직 남아있음을 알게 된다. 그곳은 바로 맨체스터 시였다. 소대 병력 정도의 군인이 맨체스터의 일부를 점령하고 감염자들을 철저히 차단하여 정상적인 인간들만의 도시를 만들었던 것이다. 하지만 그곳에서 짐은 분노 바이러스와는 또 다른 바이러스에 감염된 이들의 공격을 받게 된다. 그 바이러스에는 '성욕'이라는 딱지가 붙어있었다. 헨리 소령이 이끄는 부대는 오직 남자들로 구성되어 있었다. 그와는 달리 짐에게는 두 명의 여자 동료가 있었고, 이 정상적인 두 명의 여성들은 여전히 감염되지 않은 수십 명의 남자 병사들 앞에 무자비하게 내동댕이쳐진다. 세계가 더 이상 희망이라고는 찾아볼 수 없을 정도로 황폐해져가고 있는데도 남성들의 성욕은 여전했다. 여성들을 발견한 그들은 분노 바이러스에 감염된 이들보다 더 거칠고 무자비하게 흥분하기 시작한다. 그리고 또다시 피의 울음은 반복된다. 이제 싸움은 정상인과 감염인 사이에서 이루어지는 것이 아니라, 정상인과 정상인, 아니 성폭력범과 정상인들 사이의 대결이 되고 만다. 결국 짐의 기지와 분노는 병사들을 퇴치하고 두 여성을 보호한다. 그리고 그들은 다시 청정지역을 찾아 떠나게 되고, 결국에는 정찰 비행기의 눈에 띄어 구원을 얻는다."

대니 보일은 이 영화를 통해 인간성과 생명의 문제에 대한 진지한 물음을 동시대인들에게 던지고 있다. 우선 '분노 바이러스'를 통해 보일은 무슨 말을 하고 싶었던 것일까? 얼핏 보면 이 바이러스는 '파괴'와 '멸절'을 위한 것처럼 보인다. 하지만 아이러니하게도 분노 바이러스에 감염된 이들은 죽지 않는다. 분명 죽은 이들이지만, 죽지 않고 여전히 움직이고 '생동'한다. 하지만 이들은 그들이 감염되기 전까지 유지하고 있었던 모든 사회적 관계는 '상실'하고 만다. 단지 그들에게 남은 것은 바이러스의 숙주가 되어 그것의 확산을 위해 '봉사'하는 일 뿐이다. 바로 그 목적'만'을 위해 그들은 살아있을 뿐이다. 그리고 내면의 인격은 소멸해 버리고 오직 생존만이 유일한 가치가 되어 그들을 '조정'한다. 괴물의 형상으로 변해버린 감염자들의 넘쳐흐르는 생명력을 통해 도대체 보일 감독은 무슨 이야기를 던지고 싶었던 것일까?

어찌 보면 그것은 생명에 대해 이기적인 해석에 집착하는 현대인들의 오만에 대한 경고로도 보인다. 살고자 하는 욕망. 죽음에 대한 섬세한 이해 없이, 단지 살려고만 하는 현대인들의 의지. 이와 같은 현대인들의 이기적인 생명에의 의지를 보일은 추악하게 변해버린 괴물의 모습으로 받아들이고 있는 것 같다.

28일 후 정확히 4주만 지나도 우리는 인간의 본 모습을 볼 수 있고, 인간들이 지녔던 이기적 가치관의 본말을 확인할 수 있다는 감독의 비아냥거림이 확인되는 순간이다.

계몽의 결과?

생명이라고 하는 단어가 가지는 의미의 애매함이 논의의 명확한 전개를 어렵게 한다. 물론 나름대로 생명[145]을 어디서부터 볼 것인가에 대한 논의는 이미 진행되고 있다. 난자와 정자가 수정되는 순간

이미 인간의 생명이 시작되었다고 보는 시각이 있다. 하지만 그에 못지않게 생명의 시작을 꼭 수정란으로부터 잡을 필요가 없다는 발언도 줄기차게 이어지고 있다. 수정란이 자궁에 자리를 잡는 수정이 된 후 14일 정도부터야 비로소 생명이라고 볼 수 있다는 주장도 있다. 더 나아가 태아의 심장이 박동을 개시하는 대략 수정 후 28일을 전후를 인간생명의 시작으로 봐야 한다는 소리도 있다. 혹은 태아의 뇌신경이 활동하는 수정 후 60일 그리고 분만 이후에라야 인간생명으로 볼 수 있다는 시각도 있다.[146] 하지만 이런 논의 자체가 과학적이거나 윤리적이거나 존재론적으로 확증적이거나 명확한 기준이 되는 것은 아니다. 생명의 시점, 특히 인간의 생명이 시작되는 타이밍을 언제로 잡을 것인가는 사실 인간 자신이 정할 몫이라고 보기에는 너무도 제한적이기도 하기 때문이다. 그것은 인간으로 하여금 스스로 조물주의 시각을 갖도록 강요되는 역설의 논리이다. 따라서 이 논의는 분명하고 뚜렷하게 결정되기 곤란한 성격의 것이다. 지속적인 논의는 있을지언정 명쾌한 결론을 내리기는 무척 곤란한 것이다. 결국 이 논의는 인간 스스로 바벨탑을 쌓고 있다는 자각을 공유하기 전에는 지극히 정치적이고 권력적인 코드에 의해 풀릴 공산이 크다. 그리고 그러한 과정을 이미 우리는 지난 2004년 배아줄기세포 논쟁을 통해 경험하기도 했다.

   2004년 황우석 박사의 연구팀이 핵치환 인간 배아줄기세포 배양에 성공(?)했다고 발표한 이후 한국사회는 한때 끝이 보이지 않는 미래 환상열차에 온 국민이 몰입했었다. 근거도 없는 33조 국부 창출 및 노벨상은 따 놓은 당상이라는 식의 언론이 보여준 호들갑은 무제한으로 상상의 나래를 펼쳤고, 이에 편승하여 누구랄 것도 없이 이 땅 대부분의 사람들이 한 마음으로 황 박사 연구팀을 지원해야만 한다는 주문을 읊조렸다. 재론의 여지가 없는 당장의 명령으로 온 국민들은 별다른 기준이나 비판의식 없이 황 박사와 그의 배아줄기 연구팀에 매몰되어 갔다. 물론 그 와중에도 몇몇 균형 잡힌 언론들과 사회단체들이 인간의 난자를 가지고 하는 배아줄기 세포 연구의 문제점과 그것이 가지는 윤리문제의 취약성에 대해서 지속적으로 따져 물었지만, 그들에게 돌아온 것은 '매국노'라는 지극히 비이성적인 딱지뿐이었다.[147)]

그후 사태는 반전하여 황 박사의 연구 결과가 대부분 실험 데이터의 조작에 의존한 것이었고, 생산되었다고 하는 배아줄기 세포는 그 어디에도 없다는 그야말로 코미디 소재로나 쓸 수 있는 일이 사실로 드러났다. 사태가 이 정도에 이르게 되면 어느 정도 지나친 관심과 광기는 잦아들고 이성적인 반성의 시기가 도래해야 할 터인데, 작금의 한국사회는 요상하게도 황 박사 지지자들이 더욱 기승을 부리며 연구 재개만이 타개책이라 외쳐 되는 이해하기 곤란한 그림을 여전히 보여주고 있다. 물론 이러한 현상은 다양한 각도에서 분석되고 설명될 수 있을 것이다. 하지만 이 자리에서는 좀 더 이 부분을 문명사적 시각에서 검토해 보고자 한다.

황 박사 건에 대한 우리 사회의 이성적인 대응은 주로 '윤리적인 기준'에서 출발한다. 그리고 이는 실정법과 연관되는 매우 실질적인 문제이기도 하다. 따라서 난자 채취의 투명성과 합법성, 그리고 난자의 도구화와 상업화되는 것에 대한 우려 등이 이 문제의 중심적인 아젠다를 이룬다. 하지만 배아줄기 세포 파동이 던지는 의미는 이미 윤리 문제를 넘어선 곳에 있다고도 할 수 있다. 따라서 지금 우리의 논의 속에 인간의 난자 사용에 대하여, 그리고 수정 후 14일 쯤에 나타나는 원시선을 기준으로 생명이다 아니다 등등을 구별 짓는 '조물주의 시각'에 의지한 주장으로 시간을 보낼 필요는 없다고 생각한다. 그 부분은 이미 많은 이들이 논의하고 있고, 그 논의의 반복 자체만으로는 별다른 의미도 없으며, 또한 이 글 자체가 그 논의의 중심을 차지할 부득이한 이유도 없기 때문이다. 다만 이 글을 통해 필자는 그러한 기준과 판단, 그리고 그러한 기술이 가능케 되었던 인류 문명의 흐름을 나름대로 짚어보며 그것이 가지고 있는 세계관적 의미를 정리해보고자 할 뿐이다. 바로 여기에서 이 글이 가지는 역할과 기능이 자리한다.

우선 필자는 배아줄기 세포의 문제는 인류가 계몽주의 사조에 세례 받은 이후 언젠가는 반드시 거쳐 갈 수밖에 없는 '필연적 귀결'이라 생각한다. 인간의 난자와 체세포로부터 축출된 세포핵을 가지고 작업하는 이 연구는 철저히 인간 스스로가 '타자화'되지 않고는 불가능하다. 즉, 인간이 대상화되고, 그 대상화된 인간을 철저히 해부하고 관찰하고 분석할 수 있는 능력이 있다고 여기는 '도구적 이성'이 전제되지 않고서는 이 작업은 불가능한 것이다. 따라서 이성을 도구화시키고, 신적 존재나 신념 혹은 믿음에 의존하지 않은 세계 이해를 비로소 시도한 계몽주의라는 등대가 없었다면, 배아줄기라고 하는 거대한 타이타닉호도 건조될 수 없었을 것이다. 이미 배아줄기 세포의 도전은 인류가 세계를, 역사를, 인간을 '양화'(量化)시켜 이해하기 시작했을 때 이미 착상된 기획이었을 것이다.

하지만 불행하게도 우리는 계몽주의 시대에 살면서도 그 시대가 가지고 있는 세계관에 대한 철저한 반성과 준비는 미처 하지 못했다. 우리는 여전히 중세가 제공한 사고방식에 머물러있으면서, 몇몇 선택받은 이들의 개척에 따라 계몽주의라는 신천지에 내 앉게 되었다고 할 수 있을 것이다. 따라서 이 어쭙잖은 사유의 중층 구조 아래 우리는 혼란과 분열을 느낄 수밖에 없었을 것이다. 다시 말해 우리는 전통적인 존재 이해를 가지고 무척 낯설고 익숙지 않은 세속적 환경에서 살아가고 있는 셈이다. 여전히 우리는 인간을 '영혼', '정신', '절대', '가치' 등등 전통적인 용어들을 통해 설명하고 또 이해하고 있는 것으로 알고 있지만, 이미 우리가 터 잡은 시대는 인간에게서 그러한 가치를 앗아간 지 오래이다.

칸트의 비판철학으로 이성은 극강의 힘을 얻게 되었고, 그로써 계몽주의는 서구 사회의 유일한 패자로서 활동하게 되었다. 그리고 계몽화된 사유는 인류가 펼쳐놓은 문화 전 분야 걸쳐 거대한 지배자가 되었고, 그 결과 우리는 급속도로 세속화된 사회 속의 시민들로 변신해 갔다. 이와 같이 세속적 계몽주의라는 토대 위에 이전과는 전혀 다른 '세계이해'와 그것을 뒷받침하는 다양한 근대 학문들이 역사에 등장하였다.

이런 도도한 흐름 속에 신학조차 계몽화된 과학주의와 진화주의, 그리고 양화주의에 스스로의 정체성마저 제대로 지켜내지 못하고 혼란을 겪고 있는 것이 '지금'이기도 하다. 이제 인간에 대한 논의의 주도권은 인류학이 가져간다. 인간도 이제 관찰 가능한 동물들 중의 하나일 뿐이다. 전통적으로 인간을 논하며 이성이 어떻고, 인성이 어떻고, 윤리가 어떻고 하는 등등의 추상적 논의는 이제 인류학자들의 구체적이고 세밀한 기술적 설명에 의해 밀려나기 시작했다. 인간도 이제 검증적 연구의 대상일 뿐이다. 반복되는 인간의 행위에는 패턴이 있으며 그 패턴에 대한 연구가 결국 보다 과학적인 인간 이해의 길을 열어주게 될 것이라는 희망이 전통적인 인간론의 논의를 뒤로 물리게 한 것이다.

인간의 마음에 대한 연구에도 큰 변화가 일어난다. 우리는 이전 눈에 보이지 않는 인간다움 혹은 인간성을 논할 때는 정신을 말하고, 영(靈)을 논하고, 때로는 혼(魂)을 이야기했다. 이제 우리는 양화된 세계이해에 기초하여 더 이상 인간의 정신세계를 그렇게 애매하고 손에 잡히지 않는 단어에만 맡겨두지 않게 되었다. 프로이트가 무의식의 세계를 발견한 이후, 이제 인간의 심령에 대한 전통적 용어가 구체적이고도 수량적인 의미를 지닌 용어들로 바뀌어 갔다. 그리고 인간 자신의 의식적 진술뿐만 아니라, 말로 표현하지 않고도 고백하는 그들의 뇌파와 심전도, 그리고 맥박의 움직임이 매우 중요한 인간성 이해의 척도로 이용되기 시작했다.

이렇게 세계는 바뀌었고, 또 그것을 지배하는 생각도 '개벽'되었다. 다만 우리의 대처능력이 바뀐 환경을 제때에 눈치 채지 못했을 뿐이다. 이렇듯 수백 년 전부터 기세를 부리던 계몽주의는 인간을 타자화, 도구화, 대상화시켰고, 그러한 이해 속에서 인간과 동물은 질적으로 다른 존재일 수 없으며, 아울러 그러한 세계관의 연장 속에서 동물 체세포 복제와 인간의 그것과는 하등의 구별이 있을 수 없는 것이다. 따라서 이미 복제양 돌리[148](Dolly)가 창조되었을 때부터 인간 '돌리'의 탄생 역시 내정되어 있다고 봐야 할 것이다.

물론 이를 제어하기 위해 인류는 후발적으로 다양한 윤리 장치를 설치해두었고, 지속적으로 이 제어기재를 사용하긴 할 것이다. 하지만 이미 달라진 사유 환경 속에서 이 문제를 윤리로만 제어하기에는 한계가 있을 것이다. 인간은 기존의 윤리적 제어장치를 디코딩할 새로운 공식을 제시할 것이기 때문이다. 우리는 그러한 과정을 이미 경험하고 있다. 말이 되고 안 되고를 떠나 이미 우리는 윤리라고 하는 것 역시 상황적이며, 나라와 민족마다 다를 수밖에 없으며, 죽어가는 자의 인류적 치유 외에 다른 그 무엇이 필요하냐는 거대한 함성의 물결을 목격하고 있다. 그들의 함성에 여전히 많은 이들이 동조하고 있고, 또 여전히 그러한 함성에 힘이 실리고 있다는 것은, 그만큼 인류가 살고 있는 지금의 시대는 이전과는 많이 달라져 있다는 것을 의미하는 것이기도 하다.

그리고 실제로 우리는 그렇게 달라진 환경을 몸소 경험하고 그에 대한 내성을 키워왔다. 지금 우리는 타인의 장기를 마치 부속품처럼 자신의 몸에 지니고 사는 많은 이들을 주변에서 만나게 된다. 그리고 심지어 몇몇 경우에는 대중 매체를 통하여 장기기증에 대한 캠페인이 대대적으로 행해지고도 있다. 그리고 그것이 인간이 보여줄 수 있는 궁극의 미덕인 양 포장되고, 또 칭송받고도 있다. 하지만 돌이켜보면 내 가슴에 나의 것이 아닌 타인의 심장을 가지고 산다는 것은 백여 년 전만 올라가면 마술의 세계에서나 볼 수 있었을 것이다. 도저히 불가능한 일이었고, 또 그것을 기획한다는 것 자체가 '프랑켄슈타인의 저주'를 반복하는 것으로 해석되었을 것이다. 하지만 지금 그것은 '자연'이 되었고, '당연'이 되었고, 또 '권고'가 되었다. 이것이 의미하는 바는 무엇일까?

그렇다. 우리 사회는 (사회가 소유한 세계관이라는 입장에서는) 인간 난자를 이용한 배아줄기 세포 배양 뿐만 아니라 그것을 이용한 인간 복제까지도 가능한 사상적 토대를 이미 완성해 놓은 셈이다. 암암리에 우리는 인간을 대상화하고, 물상화하는 다양한 시청각 부교재를 보고 듣고 배우며, 우리 스스로를 타자화했고, 또 이기화했다.

보다 솔직히 고언하자면, 우리 사회는 이미 이전 우리 조상들이 바라보는 것처럼 우리 스스로를 보고 있지 않다. 우리에게 필요한 것은 현 유지되고 있는 '나'라고 하는 유기체의 지속 여부이지, 타인의 그 것은 큰 문제가 아니게 되었다. 이미 우리 세계의 가치관이 그런 방향으로 고정된 이상 그에 따르는 윤리 혹은 실정법 제어장치는 매우 제한적이고, 또 시한부적일 수밖에 없을 것이다. 지금 아무도 타인의 심장을 내게 가져오는 것을 막지 않듯이 수명의 연장이 필요한 힘 있는 이들의 논리에 의해 배아줄기세포 연구는 언제 그 막강한 절대 권력을 휘두르게 될지 누가 부인할 수 있을까.

이것이 바로 계몽의 모습이다. 물론 몇몇의 경우 이와는 달리 여전히 계몽에 대해 긍정의 시선을 보내는 이들도 있을 것이다. 계몽의 의도는 여전히 완벽히 실현되지 않았다고 주장하는 이들도 있을 것이다. 충분히 그러한 반론의 여지를 수용하면서도 여전히 계몽이 제시한 인간과 생명에 대한 양화된 이해는 인간과 인간사회를 향해 우울한 진단을 내리고 있다고 봐야 할 것이다.

다행스럽게도 계몽의 시대에도 여전히 계몽이 가지고 있는 한계를 직시하고 삶과 살림에 대한 소리를 잊지 않던 이들이 있었다. 같은 계몽시대에 살면서도 인간성과 생명, 역사를 끌어안고 가자는 이들이 그들이다. 그들은 지금은 주변부에 있으며 경계에 서 있다. 하지만 나름대로 그들의 소리에 귀를 기울일 필요가 있지 않을까. 하지만 여기서 잠깐 잠시 이전에 사람들은 어떻게 생명과 인간에 대해서 생각해왔는지를 따져보는 것도 유의미한 일이 될 것이다.

생명이 신비였던 시대

전통적으로 인간은 생명에 대해서는 (죽음과 마찬가지로) 신비의 영역에서 이해해 왔고 그 연원은 신적 존재에 두고 있었다. 물론 각 문화권마다 다양한 생명에 대한 이야기와 관점을 제시하고 있긴 하다. 하지만 오래전 인간의 창조와 혹은 인간의 기원을 알리는 많은 신화적 서사시들은 인간의 기원이 '인간적'이지 않음을 강조하고 있다. 대부분 오래된 이야기들은 인간의 기원을 신적 존재, 즉 신비의 영역에 두고 있다. 현재 인류가 발굴해낸 이야기들 중에서 가장 오래된 것이기도 한 바빌로니아의 '에뉴마 엘리쉬'(Enuma Elish)라는 서사시에는 인간에게 어떻게 생명이 들어왔는가를 다음과 같이 설명한다. 각기 쓴물과 민물을 의미하는 티아맛(Tiamat)와 압수(Apsu)의 결합으로 최초의 신들이 등장한다.[149] 신들의 수가 늘어나고 서로의 관계가 복잡해지고 꼬여지게 되자 신들의 아버지인 압수가 자신이 생산해 낸 어린 신들을 처단할 계획을 세운다. 하지만 그 계획은 사전에 발각되어 오히려 압수가 왕위에서 쫓겨나고 결국에는 목숨까지 잃게 된다. 하지만 그후 남편을 잃은 여신 티아마트는 강력한 힘을 지닌 킹구(Kinggu)를 새로운 남편으로 삼아 압수를 살해한 신들과 일대 전쟁을 일으킨다. 킹구와 티아마트가 새로이 만들어낸 괴수들의 기세에 눌린 신들은 결국 마르둑(Marduk)이라는 젊은 신에게 도움을 요청하고, 마르둑은 전쟁에서 이기게 되면 신들 중 제일 높은 자리를 차지하도록 해 주겠다는 약속을 듣고 싸움의 선봉에 선다. 젊고 강력한 힘을 소유한 마르둑은 티아마트를 물리치고 전쟁을 승리로 이끈다. 그후 승리한 젊은 신 마르둑은 티아마트의 몸을 갈라 하늘의 궁창과 땅을 만들게 되고, 킹구의 피와 흙을 섞어 인간을 만들었다고 한다. 이 오래된 이야기가 건네고 있는 고갱이는 적어도 고대인들의 세계관 속에 신과 인간은 존재론적으로 차이가 없다는 것이다. 신의 피로 만들어진 인간, 그리고 생명. 이렇게 고대 바빌로니아 인들은 인간 생명의 기원을 신에게 두고 있다.[150]

이 점은 히브리 전통도 크게 다르지 않다. 구약 역시 인간은 신의 형상(imago dei)에 따라 창조되었다고 본다. 물론 히브리 성서의 경우는 앞서 인용한 바빌로니아의 그것과는 조금 차이가 있긴 하다. 우선 창세기의 창조설화는 두 부분으로 구성되어 있다. 전통적으로 우리는 그것을 P문서, 그리고 J문서라 지칭해왔다. 고대 중근동 지역의 다양한 세계관을 접하고 그것에 대한 응대로서 체계화된 신학적 창조 이야기를 전하고 있는 P문서와 P문서만큼의 신학적 내용은 담고 있지 않지만, 고대 이스라엘인들의 창조관을 가감 없이 보여주는 J문서가 그것이다. 이 두 문서들은 창조의 이야기를 약간 다른 모습으로 기술하고 있긴 하지만, 그 내용의 대강은 크게 다르지 않다. 인간의 창조에는 신의 역할이 깊숙이 자리하고 있다는 것이다. 즉 '인간의 기원은 신에 있다'라는 점에서 히브리 성서의 생명관도 역시 바빌로니아

의 그것과 크게 다르지 않다고 할 수 있을 것이다.[151]

화려한 신들의 이야기나 영웅담은 등장하지 않지만, 그리고 앞서 언급한 두 개의 이야기보다 훨씬 후대에 형성된 사유방식이긴 하지만, 동아시아의 사유도 크게 다르지는 않다. 12세기에 형성된 이후 지금까지도 동아시아 사상계에 큰 영향력을 유지하고 있는 신유학에서도 역시 인간은 하늘과 질적으로 다르지 않은 존재로 읽혀진다. 물론 신유학이라는 사유체계는 물질계를 완전히 초극하는 신적 존재를 상정하고 있지는 않다. 신유학 자체가 실재론적 사유체계이며, 그 점에서는 오히려 유물론에 가까운 구조를 가지고 있기도 하기 때문이다. 신유학에서는 리(理)와 기(氣)로 세계를 설명한다. 리라고 하는 것에 대해 세밀한 논의와 대응이 필요하긴 하지만, 거칠게 표현하자면 그것은 '사물의 질서'(oder of things)라 할 수 있을 것이다. 기의 모임과 흩어짐으로 구성되는 몸[152]에 부여되는 특정한 질서가 곧 리이고, 그 리는 물질 자체에 기인하는 것이 아니라[153] 하늘로부터 부여받은 것이다.[154] 따라서 이 리라고 하는 점에서 하늘이나 인간, 심지어 일반 사물들 역시 모두 존재론적인 차이를 가지고 있지 않다.[155] 하지만 큰 틀에서 신유학의 이기이원론 역시 생명의 근원을 하늘이라고 하는 절대적 존재에 귀속시키고 있다고 할 수 있을 것이다.[156]

비록 선택적으로 제시되기는 했지만, 이러한 과거 인류가 지니고 있었던 생명에 대한 문제를 살펴보면 일정한 패턴을 찾아낼 수 있게 된다. 우선 인간을 비롯한 모든 살아있는 것들의 기원은 신으로부터

온다. 그래서 신 혹은 신적 존재는 생명의 주인이며, 또한 기원이 된다. 그리고 생명의 기원이 신에게 있음으로 결국 인간은 존재론적으로 신과 동일한 본질을 소유하게 된다.[157] 다만 인간이 신적 존재와 다른 것은 '생명력의 한계'이다. 즉, 신은 영원하지만, 인간은 유한하며, 신은 생명을 지배하지만, 인간은 한계 속에서만 그것을 누릴 뿐이다. 따라서 이제 문제는 인간 역시 제한된 생명의 순환 속에 갇혀있는 것이 아니라 그러한 한계상황을 극복하는 것이 된다. 이제 인간 실존은 좀 더 아늑하고 편안한 상태에 들어가기 위해 특정한 행위를 하게 된다. 그리고 그것은 전체 혹은 신적 존재와의 합일, 영적인 통합 혹은 구원과 해방 등의 모습으로 구체화 된다. 이 지고의 목적을 성취하기 위해 때로는 자연법을 지키고, 혹은 신의 의지에 순종적인 삶을 살아가야 한다. 따라서 많은 종교 전통들에서는 인간 실존은 본래 신적인 영역에 뿌리를 두고 있을 때에 만이 실재적이고 의미 있게 된다고 이야기 한다. 이 신적인 영역은 신 혹은 신들이 거하는 하늘의 처소이며, 때로는 각기 전통에서 언급되는 문화적 조상들이 머무는 곳이기도 하다. 그럼 이러한 신적 존재와 인간은 어떤 방식을 통해 서로간의 유대를 이어가게 되는가. 바로 그 점을 해결하기 위해 신화와 상징, 문화적이고도 종교적인 의례와 관습들이 요청된다. 따라서 이들 의례적 행위는 인간과 신적 영역 사이의 관계를 지속시켜주고 강화시켜주며, 그렇게 함으로써 인간존재에게 실재감을 보장해주고 생명을 유지시키고 아울러 그것을 완성시켜주게 된다.

이와 같은 식의 세계 이해는 꽤 오랫동안 인류 사회 중심에 살아있었다. 미숙한 인류의 과학지식과 여전히 부족한 세계에 대한 정보들이 눈에 보이는 세계 그 이상의 것은 이와 같은 신화적 상상력에 의존하게 했기 때문이다. 하지만 이러한 세계 이해에 변화가 오기 시작했다. 그리고 그것은 18세기 이후 상당한 정도의 속도를 내기 시작한 자연과학의 발달에 기인한다. 이성이 도구화되고, 보편이라는 가치관이 지고의 덕목이 되어버린 시대에 인간은 다양한 문명의 도구들을 통하여 이전에는 볼 수 없었던 세계를 보게 되었다. 전에는 결코 볼 수 없었던 규모의 우주와 추상적 표현 속에서만 언급되던 미시의 세계가 검증적 데이터를 통해 확인 가능한 시대에 살게 되었다. 전반적으로 이러한 세계의 변화는 인류의 사고형성에 적잖은 영향을 끼쳤고, 결국 그것은 새로운 세계 이해를 강요하게 되었다. 그리고 그 중심에는 새로운 세계 이해의 요청에 있다고 할 수 있을 것이다.

마무리: 새로운 세계 - 신 이해를 위한 시대의 요청들

돌고 돌아왔지만, 결국 종착지는 눈앞에 와 있다. 배아줄기세포라는 이슈가 던지는 물음은 이미 윤리적 아젠다를 넘어섰다고 앞서 지적한 바 있다. 그렇다면 이제 필자가 바라보는 그 문제의 지점을 언급할 때가 된 것 같다. 결국 세속적 계몽주의가 우리에게 제공한 다양한 환경들은 우리로 하여금 전통적인 신 이해를 새롭게 해석할 것을 요구한다. 사실 지금 과학계에서 언급되고 있는 논의의 중심에는 전통적인 그리스도교적 인격신의 모습은 확인하기 곤란하다. 1996년 영국 한 실험실에서 복제양 돌리가 '창조'되었을 때, 이미 전통적 신관은 위기에 봉착했다고 볼 수 있다. 그 인간에 의한 생명 창조의 결과는 결국 신의 위상을 '우연적 전기 자극'으로 추락시켜버렸으며, 또한 그 정도(?)의 작업은 인간도 충분히 할 수 있다는 과학적 검증이 이루어졌기 때문이다. 다만 그것이 일개 동물인 양이었고, 또 오래 수명을 연장하지도 못한 탓에 지속적인 우리의 관심영역에 남아있지 못했을 뿐이다.

지금 상황은 핵치환 배아줄기세포 연구가 특정 종교의 교리에 심대한 도전이 되기 때문에 '연구를 지속해서는 된다, 안 된다'를 묻는 수준은 넘어섰다고 볼 수 있다. 이미 복제라고 하는 판도라의 상자는 열어젖혀졌고, 그것을 여는 방법 또한 만천하에 공개되었기 때문이다. 그리고 그 모든 것이 지향하고 있는 바는 결국 '신 없는'(無神) 시대의 도래 이다. 이런 정황에 생명 윤리에 대한 언급은 너무 미온하고도 제한적인 대응일 수밖에 없다. 왜냐하면 이것은 윤리의 문제가 아니라, 바로 세계관의 문제이기 때문이다.

도구화된 이성은 인간 문화의 구석구석을 비신화하며 세속화해 나갔다. 이제 더 이상 인간은 자신의 몸을 신비의 영역 속에 존치시키려 하지 않는다. 조목조목, 세밀하게 인간 몸에 대한 대상적 탐구가 시작되었고, 그로 인해 인간은 이전과는 비교할 수 없을 정도로 인간과 인간 몸에 대한 거대한 양의 정보들을 축적할 수 있게 되었다. 그러한 양화적 인간 이해는 생명에 대해서도 어김없이 이어진다. 서늘한 이성의 척도 아래 생명 역시 신비의 베일을 벗어버린 지 오래이다. 전문가가 아닌 이들조차 인간의 몸을 보며 세포를, 장기를, 혈관을 떠올릴 수 있는 개명한 천지가 바로 지금인 것이다. 이런 환경 하에 생명을 신의 영역으로 돌리는 행위는 인식이성에 대한 배반이며, 또한 이단 행위가 될 수도 있을 것이다. 그래서 우리는 별반 고민 없이 우리의 몸과 생명을 기계적으로 이해하게 되었다. 물론 연구실에서는 그보다 더 세밀하고 치밀한 서술과 논의가 진행된다 하더라도, 수백 년 동안 이어져오는 세속적 세계이해는 우리로 하여금 존재를 신비로 읽게 하는 습관을 잃어버리게 한 것이다. 결국 이성이 아는 것만이 진리가 된 세계에서 우리는 인식 이성으로 획득한 것 이외의 것들은 미신으로 낙인찍는 사회에 살게 되었다. 일반인조차 수량적 세계이해에 익숙해진 이 환경. 인류의 역사를 통해 볼 때는 매우 색다르고 낯선 경험일 수 있을 것이다.

　이 세계관 속에 우리는 우리의 몸과 생명을 표준화시키고, 보편화시키고 화석화시킨다. 이제 장기는 교체 가능한 부품이 되어버리고, 생명에 대한 경외감은 그것에 가해지는 조작성의 탁월함으로 대체되어 간다. 실상 인류는 생명과 죽음을 하나의 덩어리로 엮어서 생각했지만, 수량적 세계관 속에서 죽음은 종말이요 멸절이기에 극복해야만 하는 대상이 되어버렸다. 그래서 지금 현대 세속 문화 속에는 삶만이 남았고 죽음은 죽어버렸다.

하지만 인류는 이러한 동일성과 표준화, 보편화에 대한 기획을 무감각하게만 받아들이지만은 않았다. 계몽주의의 극성과 더불어 인류는 이성만으로는 인간과 세상의 모든 것을 다 이해할 수 없다는 소리도 잊지 않고 흘러나왔다. 그 일단의 선각자들은 인식이성에 매몰되어 있는 이들에게 이렇게 질문한다.

"그래 당신은 당신의 모든 행위가 이성에 타당하다고 생각하는가?"
"당신은 하루에 얼마나 합리적으로 살아가고 행동하는가?"
"당신은 오로지 이성으로만 세계의 모든 것을 이해할 수 있다고 생각하는가?"
"그렇게 표준화되고 보편화된 존재가 정말 있기라도 한 것인가?"

그들의 질문은 날카롭게 인식이성의 틈새를 파고들었다. 그래서 칸트가 작업해 놓은 순수이성의 거대한 위세에 보충 개념들을 지속적으로 제공하였다. 역사, 경험, 삶, 생명, 즐거움, 감정 등등 조리를 찾기 곤란하고, 이성의 훈육 속에서도 잘 조정되지 않으며, 때로는 규칙성이라고는 찾아보기 힘든 것들을 제시하면서, 오히려 그러한 덕목들이 인간을 더 인간답게, 생명을 더 생명답게 만든다고 이야기한다. 그래서 기계화되고 양화된 세계에 질적 틈새를 잊어서는 안 된다는 설교를 반복하였다. 우리는 역사를 통해 그들의 이름을 기억하고 있다. 딜타이, 니체, 베르그송, 바슐라르, 푸코 등등 적지 않은 이들은 바로 그러한 '살아있음'의 비연속성, 일탈성 그리고 불규칙성을 과감히 인정하고 수용하며 이들을 포괄할 수 있는 문법을 찾기 위해 애를 썼던 것도 기억한다.

이제 문제는 분명해진다. 작금 한국사회에서 비롯되고 있는 생명윤리의 논쟁은 그 지향점이 결국은 세계에 대한 이해 문제로 귀결된다. 지금까지 이어져오는 생명공학을 위시한 과학계의 지향점은 전통적 세계 이해에 대한 시각 교정을 요청하고 있다. 바야흐로 현대 인간은 지금껏 경험했던 것보다 더 심대한 도전을 받고 있는 셈이다. 그리고 그것은 계몽을 넘어선 시대의 새로운 세계 이해, 새로운 신관 형성이라는 막중한 과제로 나타난다 할 것이다.

"아빠 왜 저 사람 도망만 다녀?"

— 〈개벽〉(1991)은 개벽되어야 한다

1991년 한국영화의 신기원을 이룩한 임권택 감독의 역작!
총제작 기간 1년!!
총 제작비 15억원!!!
총 동원인원 일만 오천 명!!!!
민초들의 침묵하는 고요에서 숨 가쁜 혁명의 외침으로 급격히 빨려드는 '개벽'이 있습니다.

위 문장은 임권택 감독의 〈개벽〉이란 영화를 홍보하기 위한 문구이다. 이 문구는 당시 국내 영화산업이 얼마나 낙후되고 영세적이었는지를 보여주는 정직한 표현이랄 수 있겠다. 아니 대관절 좋은 영화와 투자한 금액 사이에 어떤 함수관계가 있단 말인가? 대대적인 물량

공세로 좋은 영화가 만들어진다면 제대로 된 자본 없이는 영화 하나 제대로 만들지 못한단 말인가?

바로 이 단편적인 사건이 이 영화가 가지고 있는 대부분의 문제를 암시적으로 보여주고 있다. 그것은 제작진들과 이 스텝들 간의 넘을 수 없는 사상적 단절을 보여준다. 나름대로 의식 있는, 그리고 투철한 사상적 반성을 거친 스텝들과 돈 계산에 급급한 제작진들 간의 넘을 수 없는 차이. 이 영화 역시 이 깊은 차이를 곳곳에서 보여주고 있었다.

자, 이제 각설하고 본격적으로 이 대작(?)을 세밀히 해부해보자. 영화를 평함에 있어 나는 많은 돈을 투자한 그들의 노고를 치하(?)한다는 점에서 먼저 이 영화가 갖고 있는 장점을 추켜세운 뒤 영화의 문제점을 꼬집어보도록 하겠다.

우선〈개벽〉의 장점은 무엇인가? 이 영화는 기존의 사극과는 달리 역사에 대한 해석의 치밀함과 그 배면에 흐르는 사상사적 깊이에 대한 철저한 계산이 배어 있다. 그리고 이 공은 대부분 각본을 맡은 도올 김용옥 선생과 영화의 고문 격으로 고증을 담당한 표영삼 선생의 노고에 있다 할 것이다.〈개벽〉의 개봉과 더불어 천도교 측은 자신들의 기관지인『천도교월보』에 앞서 언급한 양씨의 영화를 지탱해주고 있는 동학사상에 대한 자기 해석을 전제해주고 있다.

먼저 양 씨는 한 목소리로 동학이 말하는 개벽이란 혁명이 아님을 주장하고 있다. 동학의 개벽은 혁명이 아니다. 그것은 세계관의 변화이다. 즉, 자신들이 살고 있는 구체적인 '삶의 자리(Sitz im Leben)'는 한순간에 뒤바뀔 수 있는 성질의 것이 아니라는 것이다. '삶의 자리'의 변화는 그 삶을 지탱하고 있는 삶에 대한 해석이 바뀔 때에 변화될 수 있는 것이라는 것이다.

영화〈개벽〉은 팽배한 위기의식 속에 절박한 시대적 배경 속에서 태동한 동학의 생각을 이와 같은 기준에서 끈기 있게 그려주고 있다. 그리고 이러한 동학의 역사적인 맥락을, 혹 미련한 관객들이 놓치지나 않을까〈개벽〉의 제작진들은 적절한 화면이 나올 때마다 친절하게도 자막으로 처리해주고 있다. 이러한 노력은 역사가 단지 흥밋거리 오징어 땅콩으로만 전락되어버리는 우리네 영화사정을 돌이켜 볼 때 매우 의미심장한 것이다.

이 영화의 탁월함이 나타나는 두 번째 요소로는 정확하고도 심미적인 각도를 유지한 카메라와 이를 보조한 조명에 있다. 촬영감독은 꾸준히 자신의 명성을 굳히고 있는 정일성 씨가 맡았는데 그의 카메라 앵글 잡는 실력은 이미 자타가 공인하고 있던바 아니던가. 촬영팀의 노고 덕에 2시간 10분이라는 결코 짧지 않은 상영시간은 수려한 예술사진처럼 채워지고 있었다. 그리고 차정남 씨의 조명도 은은한 우리 천지의 기를 잘 살려주고 있었다. 물론 이러한 훌륭함의 이면에는 1년여의 촬영기간을 허락해주며 돈을 투자해준 제작진의 배려도 숨길 수 없는 공로이다. 자본의 위대함이 이런 곳에 있는 것인가?

이제 이 정도로 이 영화의 좋은 면을 정리하고 본격적으로 이 영화가 안고 있는 문제점들을 살펴보도록 하자.

먼저 〈개벽〉은 사상의 깊이는 인정할 수 있지만 그것을 전달하는 방법에 있어서는 문제가 있었다. 그것은 내가 이 글의 제목으로 뽑은 어린 꼬마의 외침에서도 확연히 드러난다. 영화가 시작된 지 얼마 지나지 않아 해월이 정부의 끄나풀들을 피해 도망가는 장면이 나왔다. 그때 바로 내 앞에서 아빠와 함께 영화를 보고 있던 꼬마가 짧게 소리쳤다.

"아빠 저 사람 왜 도망 다녀?"

질문을 받은 그 꼬마의 아빠는 난감해하는 한숨소리를 내더니 "계속 영화 봐보자"라는 땜빵식의 답변만을 토해놓고 내내 영화 속에 빠져 들어갔다. 그후 나는 그 꼬마의 질문이 해결되기만을 간절히 빌었다. 그리고 이 영화가 충분히 꼬마의 질문에 답변해주리라 굳게 믿었다.

그러나…

영화가 끝날 즈음 해월의 마지막 도바리가 펼쳐질 때 다시 그 꼬마가 아빠에게 소리쳤다.

"아빠 저 사람 왜 도망만 다녀?"

이것이 이 영화의 한계이다. 물론 영화는 역사 강의를 위한 부교재가 아니다. 그러나 영화는 그 자체만으로도 충분한 자기설명이 가능해야만 한다. 다시 말해 영화를 보면서 그 영화가 가지고 있는 영화의 자기 논리를 누구든지 읽어낼 수 있어야 하는 것이다. 그러나 이 영화는 충분한 자기 설명을 소유하지 못했다. 사실 나조차도 왜 해월이 정신없는 도바리를 계속하고 있는지 무척 답답해하기도 했다.

왜 감독은 동학에 대한 객관적인 시각제시를 마다했는가? 왜 해월의 그 처절한 도바리를 관객들에게 이해시키지 못하고 있는가? 도대체 해월이 왜 도망 다니고 동학이 왜 핍박을 받아야만 했는가? 도대체 왜? 왜 설명이 없는가? 해월은 그저 도망 다니기 위해 동학의 도통을 전수받았는가?

그것은 언어의 올가미이다. 뻣뻣한 논리 속에 그 모든 느낌이 다 잡혀질 수 있다고 오판했는가? 왜 도올 선생은 자신이 그토록 주창한 '느낌의 인식론'[158)]을 이 영화의 시나리오에서는 적용시키지 못했는가? 모든 것이 언어였다. 죽음을 앞둔 수운과 지방 집정관과의 최후 심문도, 해월이 바닷가 갯벌에서 부인 손 씨와 그의 자녀들에게 베풀어주는 언설도 모두 언어였다. 그것도 무지무지하게 고고한 학자의 언어로만 가득하였다.

그렇게 할 수밖에 없었는가? 왜 감독은 무학자(無學者)인 해월에게서, 종이 공장에서 생계를 위해 일을 해야만 했던 초기 임금노동자인 해월에게 그토록 체계적인 언설만을 강요했는가?

그것은 제작진의 끝없는 욕망 때문이 아닐지. 제작진은 동학의 모든 것을 이 한 편의 영화로 완결 짓고 싶었던 것일 게다. 그래서 영화 전편을 아주 농축된 압축언어로, 그것도 특별히 교육받은 몇몇 사람만이 알아들을 수 있는 암호로 쭉 깔아버린 것이다. 이러한 그들의 욕심이 영화를 어색한 다큐멘터리로 만들어 버리고 말았다. 즉 한꺼번에 너무 많은 내용을 소화시키려다 보니 영화만이 갖는 극적인 효과가 반감되었고, 또한 영화 전편의 긴장감을 유지하는 일정한 맥락형성에 실패하고 말았다.

영화는 철학책이 아니다. 영화는 우리의 느낌에 호소하는 커뮤니케이션 체계를 갖추고 있다. 그런데 〈개벽〉은 이러한 영화의 속성을 잠시 망각하고 말았다. 그래서 극적인 효과로서 관객들의 마음에 동학의 역사성을 심어주기 보다는 언어라는 극히 건조한 논리체계로서 영화의 주제를 전달하려고하는 범하기 쉬운 오류를 저질러 버렸다.

제작진은 동학이 일어날 즈음의 시대적인 배경과 더불어 동학을 바라보는 당시 지배층의 시각과 또 동학에 귀의하고 있었던 민초들의 시각을 정직하게 드러냈어야만 했다. 그래서 왜 동학이 태동되었으며, 그리고 교조인 수운이 왜 처형되어야만 했으며, 또 해월은 왜 도바리의 명수가 되어야만 했고, 심지어 서양의 종교인 서학도 인정해가는 상황 속에서 자생적이고도 극히 유교적인 동학에 대해서만은 그토록 민감하게 거부했는가에 대한 일단의 설명이 가해져야만 했다. 그것도 뻣뻣한 언어체계에 의해서가 아니라 사건묘사를 통한 느낌의 체계에 의해서 설명했어야만 했다.

이는 이 영화가 갖는 두 번째 단점인 초점의 산만화로도 연결된다. 이 영화는 영화를 이끌어가는 일정한 시각이 빠져버렸다. 영화의 타이틀을 〈개벽〉으로 잡고 주로 해월의 생애를 묘사한 것을 보면 해월이 주인공임은 확실한데 솔직히 영화 속 '해월의 시각'은 무척 희미하다. 초점이 있다면 그것은 시나리오 작가의 시각만이 있을 뿐 그것이 작품화되어 살아있는 극적 인물로는 승화시키지 못했다. 작자가 극적 효과를 위해 임의로 설정한 판옥이 부자의 시각도 영화진행을 위해서는 중요한 역할이라 할 수도 있는데 실상 영화 전반적인 주제의 초점으로서는 왠지 무게가 가볍다. 시나리오 작가인 도올 선생은 판옥이 부자라는 캐릭터의 설정을 이렇게 설명하고 있다.

> "판옥이 부자는 물론 상상의 인물(imaginary figure)이다. 그러나 이 인물의 집요한 추적은 해월이 살았던 시대를 지배하는 체제의 현실을 드러낸다. 추적과 쫓김(도바리)의 역학 속에 동학의 사상적 숨결을 느낄 수 있는 사건들이 전개되고 급기야 그 추적의 주체는 추적의 행위에 대한 극적인 인식의 전환을 일으킴으로서 이 작품의 주제는 장엄한 피날레를 맞이하게 되고 해월은 진정한 역사의 주체로서 승리를 구가하게 되는 것이다."

그러나 그의 의도와는 달리 판옥이 부자는 성공적이지 못했다. 너무 신파조였다. 뻔한 결과였다. 이미 판옥이 부자가 등장함과 동시에 관객들은 이 스토리의 종말을 예견할 수 있음으로 인해 극의 재미는 그만큼 반감되었다. 작자는 해월이 살았던 시대를 지배하는 체제의 현실을 판옥이 부자라는 어색한 인물을 통해 표현하기 보다는 당시 조정의 시각을 있는 그대로 표출시켰어야 했다. 즉, 조정 회의나 술좌석 혹은 사랑방 같은데서 이루어지는 당시 식자층들의 세태이해 등을 밀도 있게 묘사하는 것이 훨씬 극적 효과를 배가 시켰을 것이다.

허나 작자는 판옥이 부자라는 또 하나의 시각을 제시함으로써 영화를 주도하는 시각을 더 흐려버리고 말았다. 그보다는 해월 자신이나 혹은 부인인 손씨 등을 좀 더 부각시켰어야 하지 않았나 싶다.

또한 〈개벽〉은 인물연구에 미진한 부분이 있다. 이는 특히 해월에게서 드러나는데 영화에서 그려지는 해월은 너무 권위적이다. 이것은 캐스팅의 실패에도 연유한다. 물론 이덕화 씨의 연기는 무게가 있었다. 그러나 과연 그것이 무학자이며 상인계급에 속했던 해월의 모습이었는가에 대해서는 조금 회의적이다.

이덕화는 너무 양반적인 해월을 묘사했다. 해월이 종교지도자였긴 하나 이 영화는 그를 너무 슈퍼맨처럼 그렸다. 그보다 고민하며 갈등하는 해월의 모습이 충분히 묘사되었어야 하지 않았을까? 이는 해월의 출신성분과 그의 도통전수를 통해서도 한번 음미해볼만한 요소이다. 신뢰할 만한 사서들은 해월이 수운에게서 직접 도통을 전수받았음을 명시하고 있지 않다. 그리고 당시 지식층 중에서도 동학에 귀의한 사람들이 상당수였음을 미루어 볼 때 해월의 도통전수에 이의를 제기하고 해월의 권위에 도전하는 세력이 전혀 없었다고 보기는 힘들다.

그렇다면 교주로서 해월의 권위는 어디에서 오는가? 이 영화는 거기에 대한 대답이 없다. 다만 해월은 원래 권위가 있다. 그리고 그것은 흔히 양놈들이 자신들의 교주인 그리스도를 곧잘 슈퍼스타로 묘사하는 범례를 쉽게 차용한 듯싶다. 이러한 점을 미루어 나는 인간 해월의 실존적인 고뇌와 갈등을 연기하는 데는 이덕화보다는 안성기 같은 연기자가 더 적절하지 않았을까 한다. 내 생각에 감독이 이덕화를 캐스팅한 것은 해월의 뼈얼건 대머리를 화면에 잡아두기 위해서가 아닌가 싶다. 기실 이덕화의 대머리는 해월의 마지막 인상을 묘사하기엔 무진장 적절했다. 허나 캐스팅이라는 것이 어찌 한 장면만을 위해서만 이루어지는 것인가!

또 한 가지 〈개벽〉은 개벽의 구체적인 실례 제시에 아주 철저히 실패하고 말았다. 물론 동학의 개벽에 대한 해석은 기존의 아류적인 것과는 비교가 되지 않을 만큼 탁월했고 또 적확했다. 그러나 그것은 언어에서 뿐이었다. 도대체 구체적으로 동학이 얘기하는 개벽이 절절한 삶의 자리에서는 어떻게 구현될 것인가에 대한 묘사가 없다.

그만한 실례가 없기 때문인가? 천만에, 해월의 삶 자체가 개벽이 아니겠는가? 그리고 해월에게는 기존의 문화가치를 새롭게 해석하는 투명한 일화들이 얼마든지 있다. "향아설위",(向我設位) "이천식천",(以天食天) "부부생활에 대한 가르침", "베 짜는 며느리에 대한 가르침", "어린 아이도 하늘님을 모시고 있다는 설교", "집에 오는 손님이 하늘님이라는 교훈" 등 해월은 그의 일생을 통해 개벽을 실천하고 있었다. 작자는 바로 이러한 해월의 삶의 행적을 통해 구체적으로 개벽이 어떻게 실현되는가에 대한 실례를 보여주었어야 했을 것이다.

그러나 어쩌면 그렇게 이 영화는 언어로만 이 생생한 개벽을 잡아채려 했는지…. 왜 그리 기가막힌 극적 효과를 그렇게도 철저히 외면

하는지. 그러기에 〈개벽〉은 다시 만들어져야만 한다. 이토록 훌륭한 주제를 이 정도의 영화에서 끝나게 할 수는 없다. 보다 생생한 영화를 만들어야만 한다. 그토록 피맺힌 조선조 후기 우리 민초들의 몸짓을 언어로만 구속해서는 안 된다.

여기에 나는 또 하나의 개벽을 결론으로 내어놓는다. 독자들은 평가하라, 누구의 개벽이 더 절실한 개벽인가를. 이것은 내가 구상한 새로운 〈개벽〉의 대강이다.

먼저 영화는 조정회의로부터 시작한다. 그래서 당시 도전해오는 외세와 막 득세하기 시작한 동학과 서학 등에 대한 지배계급의 고정된 시각을 보여준다. 그후 화면은 민초들을 향한다. 이때 화면은 빠른 속도로 나아가야 할 것이다. 번져오는 전염병의 피해, 계속되는 지방 관리들의 횡포, 불어만 나는 유민(流民)들, 그리고 그 속에 섞인 비루한 옷차림의 한사람 수운 최제우. 이 장면들이 파노라마처럼 스피디하게 그러나 초점은 정확히 유지하면서 진행된다. 그리고 이러한 이중구성으로 인해 당시 시대에 대한 양 계급의 시각과 이러한 틈새에 동학이 어떻게 성장하게 되는가를 보여준다. 그러다 머슴으로 일하다 동학에 귀의하는 인간 해월을 묘사한 후, 수많은 도인들 속에서 겸양과 성실함으로 2대 교주로서 자리를 잡아가는 인간 해월을 클로즈업 시킨다. 카메라는 그의 구체적인 삶의 궤적을 집요하게 추적한다. 그 후 수없이 반복되는 도바리 속에서 동일한 민초들을 만나 그들에게 개벽의 실상을 몸으로 보여주는 해월의 피비린내 나는 삶의 현장을 언어로서가 아니라 느낌으로서 그리고 사건으로서 붙잡는다. 그리고 개벽에 대한 이해의 차이 역시 아무런 의도 없이 그대로 보여준다. 해월은 계속해서 일반인들의 상식을 바꾸기 위해 몸부림친다. 향아설위를 설교하며, 여인네를 귀히 여기며, 아이들 속에서 하늘님을 발견하며, 스스로 일함으로서 노동의 신성함을 일깨우며, 일하는 아낙네의 땀방울 속에서 하늘님을 고백하는 해월, 그리고 그러한 해월의 인간애에 감복하며 차차 동학에 귀의하는 수많은 민초들. 비록 혁명은 실패하지만 그 마음속에 끈끈한 의식만은 남는다. 그래서 해월은 영원히 산다. 개벽하려는 민초들의 의지 속에서 …

그리고 새로이 만들어지는 『개벽』은 나의 앞에서 아빠를 집요하게 괴롭혔던 그 꼬마아이의 정직한 물음에 분명한 답변을 주어야 할 것이다.

"아빠 저 사람 왜 도망만 다녀?"
"응, 그건 우리의 상식을 바꾸기 위해서지."

음악의 시각화, 카핑 베토벤 (Copying Beethoven, 2006)

제목부터 요상하다. 여기 나오는 'copy'는 작곡가의 친필 악보를 필사한다는 의미이다. 보통 작곡자의 악보는 정신없고 혼란스럽다. 물론 아마데우스 모차르트처럼 한방에 그냥 완성된 작품을 만들어내는 천재도 분명 있긴 하겠지만, 대부분 작곡가들은 초벌을 고치고 수정하고, 또 주석을 다는 등 여러 차례의 과정을 거쳐 정돈된 악보를 펴내게 된다. 따라서 이 초벌 악보를 가지고는 연습도, 출판도 할 수가 없을 것이다. 이렇게 정리 안 된 악보를 남들이 볼 수 있게, 그리고 출판이 가능한 형태로 만들어 주는 역할을 필사인이 하게 된다. 그러다보니 작곡가의 필사자도 어느 정도 음악에 대해서 전문적 식견을 갖추고 있어야 한다. 대충 선생의 악보를 정리했다가는 창작품을 그냥 장작품으로 만들 수도 있기 때문이다. 이 영화는 베토벤이라는 거장을 앞세우고 있지만, 실상은 작곡자의 필사인에 대한 영화이기도 하다.

물론 영화 속에 필사인으로 등장하는 안나 홀츠라는 이름의 20대 초반 작곡가 지망생은 실존인물은 아니다. 귀가 먹은 베토벤이라는 거장의 말년에 어떤 식으로든 다양한 이들의 도움을 받았을 것으로 추정하여 극적 흥미를 위해 창조된 존재라고 보는 것이 타당할 것이다.

이렇게 영화는 성질 괴팍한 베토벤은 자신의 마지막 교향곡이 될 9번 〈합창〉의 창작에 열을 올리고 있던 시절부터 화면에 담아내고 있다. 마침 베토벤은 그동안 악보를 정리해주던 이가 몸이 쇠약해진 관계로 새로운 필사자를 찾게 되었고, 그때 눈앞에 등장한 이가 안나 홀츠라는 아가씨였다.

영화는 이들의 만남을 통해 진행된다. 그리고 긴긴 시간 무척 지루하고도 따분하게 이들의 대화로 베토벤이라는 영혼의 작곡가가 가진 혹은 가졌음직한 음악에 대한 철학과 신념을 매우 심도 깊게 추적하고 있다. 바로크에서 고전파로 그리고 고전파에서 낭만파로 음악적 패러다임을 바꾸고 있는 베토벤의 예술 철학을 나름대로 이 영화는 입체적으로 해석해 주고 있다.

"영혼이 빠진 음악 … 음악은 신의 소리야.. 작곡자는 그 소리를 훔쳐 듣는 이들이고.. 음악은 귀가 아니라 배로도 느끼지 … 왜 음악에 기승전결이 있어야 하지 … 음악은 자유, 그 자체야 … 시작도 없고, 끝도 없어 … 따지고 보면 우리의 일상이 음악이요 소리야 … 그걸 들으면 손으로 쓰지 않을 수 없지 … "

뻔 할 수 있는 베토벤의 대사는 음악과 아름다움을 느끼는 인간의 허상을 체계적으로 설명해주고 있다. 영화는 이렇게 매우 소소하고, 또 단출한 주제를 가지고 두 시간 가까운 상영시간을 끌어가고 있다. 물론 언제나 심금을 울리는 '야수'(베토벤의 별명이기도 함)의 음악이 영화의 지루함을 효과적으로 몰아내주고 있긴 하다.

결국 영화는 무려 십여 분 이상이나 9번 교향곡의 초연 실황을 중계(?)하고 있는데, 필지는 이 장면만으로도 영화의 가치는 충분하다는 생각이 들 정도이다. 초연을 앞둔 베토벤은 불안에 떨고 있었다.

자신의 마지막 교향곡이 될 작품이었다. 그래서 꼭 스스로 초연을 지휘하고 싶었지만, 문제는 그의 귀였다. 모든 음악은 자신의 심장 안에 기록되어 있지만, 그것을 재연하는 이들과의 교감은 귀를 통해서만 가능하기 때문이다. 두렵고, 떨리고, 고통스럽고, 절망에 빠진 이 거장 앞에 안나 홀츠가 서 있다. 그리고 그는 나즈막이 공기를 갈라 베토벤의 심장에 용기를 불어넣어 준다. 여기 그들의 기막힌 대사를 잠시 훔쳐 보자.

안: 절 보자셨어요?
베: 칼(베토벤의 조카)이 안 왔다고?
안: 안 왔어요.
베: 아픈가봐.
안: 분명 그럴 거에요.
베: 올 수 있었으면 왔을거야.
안: 제가 있잖아요.
베: 모두들 내가 침묵 속에 사는 줄 알아. 그렇지 않아! 내 머릿속엔 소리로 가득차 있어 절대 멈추지 않아! 나의 유일한 위안은 그걸 쓰는 거야. 신이 내 마음을 음악으로 감염 시켰어. 그리곤 어떻게 했지? 귀머거리로 만들었어. 내게서 모든 사람이 갖고 있는 즐거움을 앗아갔어, 내 곡들을 듣는 즐거움을. 그게 신의 사랑인가? 친구가 할 짓이냐고?

안: 그 분은 우리의 아버지예요.

베: 내 아버지는 사나운, 주정뱅이였어. 신이 내 아버지면, 인연을 끊겠어. 아마도 … 내가 제정신이 아닌가봐. 모든 사람들이 그렇게 생각하지. 자네 생각은 어때?

안: 하느님께서 선생님께 말씀하시는 거라 생각해요. 전 알아요.

베: 이거 못하겠어, 안나 홀츠. 오케스트라가 조화를 이루게 못해.

안: 선생님, 제가 도와드릴게요. 선생님이 절 보실 수 있는 곳에 서 있을게요. 제가 박자를 맞춰드릴게요, 들어가는 곳도 알려드리구요. 걱정 마세요.

베: 그들도 왔어? 독수리들?

안: 네. 아치 대공, 모든 작곡가들, 비엔나 사람들 모두요.

베: 내 겉옷 주게

베: 안나 홀츠

안: 네?

베: 여인처럼 보이는군.

안: 감사합니다.

이 대사 후에 두 사람은 각각 지휘대와 그 맞은편 연주자들 사이에 서로를 마주보고 있다. 장내는 조용해지고, 드디어 귀머거리에 저주받은 천재 작곡가 베토벤의 지휘가 시작된다. 물론 지휘 신호는 안나가 보낸다. 연주가 진행될수록 이 두 지휘자는 서로 교감하며 하나의 음악을 만들어 간다. 무려 10여 분 이상이나 이 두 사람의 교감 행위는 반복되고 이어진다. 그 어느 러브신도 줄 수 없는 세세하고, 세밀하고, 은밀하고, 밀도 높은 두 영혼의 교감이 음악과 더불어 교차되며 반복되며 이어진다. 때로 두 사람은 서로의 시선을 포기한다. 이미 영혼의 교감을 이뤄낸 이들에게 시신경의 확인은 큰 의미조차 없기 때문일 게다. 그렇게 감독은 두 사람의 교감을 매우 탁월한 영화적 메타포로 서술하고 있다.

음악은 점차 절정을 향해 나아간다. 결국 막다른 곳. 길고긴 관현악의 전희가 끝나갈 무렵. 차분히 가라앉은 소리를 딛고 바리톤의 솔로가 허공을 가른다. 그리곤 저 유명한 합창곡의 폭발을 알리는 관악기의 압축된 소리가 이어진다. 드디어 이 영화의 핵심이 되는 장면이 시작되는 것이다.

B메이저 혹은 B마이너.

합창단을 부르는 도입부의 음조이다. 그것이 B메이저일까, 아님 B마이너 일까? 영화의 해석은 이렇다. 애초에 베토벤은 그 부분을 B메이저로 처리했다. 왜냐하면 이탈리아의 관객들이 그것을 원했으니까. 밝고 경쾌한 메이저의 흐름을 이탈리아 관객들과 독수리들은 즐겨하기 때문이었다. 그런데 베토벤의 초벌 악보를 필사해 온 안나는 그 부분을 B마이너로 고쳐 온다. 그리고 그 이유를 묻는 베토벤에게 이렇게 대답한다. 예서 다시 그들의 대화를 엿들어 보자.

베: 이건 뭐지? 합창이 시작되기 바로 전 말이야. B 메이저, D 메이저, 자넨 B마이너로 적었군. 난 B 메이저로 썼는데 왜 바꾼 거지?

안: 바꾸지 않았어요.

베: 뭐?

안: 바꾼 게 아니라, 교정한 거예요.

베: 교정을? 자네가 교정했어?

안: 네, B 메이저로 쓰실 의도가 아니셨다는 것을 알았으니까요.

베: 정말? 이태리인들은 B 메이저를 썼을거야. 롯시니라면 메이저를 썼을거야. 케루비니도 메이저를 썼겠지.

안: 선생님은 아니죠. 선생님은 한 순간을 위해 바꾸셨을 거예요. 폭발이 있기 전에 서스펜스를 주려구요. 허락하신다면 … 그건 롯시니도, 케루비니도 아니예요. 바로 베토벤이죠

베: 내가 실수로 잘못 적었다는 말인가?

안: 아뇨, 선생님.. 의도적으로 하셨다고 생각해요.

안: 덫이라고 생각해요

베: 닭?

안: "덫"이요

베: 덫이라고?

안: 슐렘머(베토벤의 본 필사자) 선생을 시험하시려구요.

베: 대체 왜 내가 슐렘머를 시험하지?

안: 진정으로 이해하는지 보시려구요.

베: 뭘 이해하는지?

안: 선생님 영혼요.

베: 내 영혼?

베: 마이너가 효과적이라고 생각하나?

안: 제가 틀렸나요?

베: 내가 쓴 것에 동의하나?

안: 훌륭하다고 생각해요. 모두 정말 멋져요.

베: 맘에 드나?

안: 네, 아주 많이요

이 초반부의 복선을 깔고 음악은 절정을 향해 나아간다. 사랑의 꼭짓점을 완성하듯이 … 음악을 매개로 한두 사람의 사랑은 그렇게 결실을 보고 있다. 그리고 감독은 그것을 시각적, 감각적으로 아주 훌륭하게 묘사해주고 있었다. 감독은 음악은 결과가 아니라 과정이며, 결실이 아니라 '도구'임을 만천하에 선언한다. 결국 두 영혼은 하나가 되어 음악을 도구로 교감의 극치를 경험케 된다. 그리고 이들의 교감은 다른 이들에게도 이어져, 그들의 심장과 뇌리에 강한 흔적을 남긴다.

이 영화의 장점은 제대로 음악을 시각화하고 있다는 것이다. 음악은 귀로만 하는 놀이가 아니라는 것이 영화 전편에 걸쳐 증명되고 있다. 때론 음악만큼 눈으로 하는 놀이도 없음을 영화는 보여준다. 그리고 구석구석에 조밀하게 장치된 깔끔한 대사는 듣는 이의 긴장을 한숨도 놓지 못하게 만든다.

워낙 베토벤이라는 인물의 삶이 극적이다 보니 그에 대한 영화도 여러 편 나와 있긴 하지만, 나름 이 작품은 베토벤과 그의 음악을 다시금 생각하게 만드는데 충분히 제 역할을 하고 있다.

일상의 수채화, 〈꽃피는 봄이 오면〉(2004)

가끔씩은 수채화가 그립다. 세상이 너무 자극적이라서 그런가? 그냥 마알간 소녀의 보조개처럼 그렇게 마음을 편하게 씻어줄 무언가가 그리워진다. 그럴 때 눈에 들어온 영화가 바로 〈꽃피는 봄이 오면〉이다. 최민식 주연에다가 그동안 강한 역할에 치중했던 그답지 않게 음악을 소재로 했다는 것이 흥미를 끌기에 충분했다.

요즘은 너무 자극적이다. 눈에 보이는 것이든, 귀에 들리는 것이든, 입에 맛을 주는 것이든, 좀 더 자극적이고 세고, 강하여 한번 각인되면 쉽게 떠나지 못하는 것이 우리 주변에 가득하다. 하지만 그렇게 우리 몸과 의식에 쏟아져 남게 된 그 강한 기억은 때로는 감동이란 이름으로 치장하기도 하지만, 소화되지 않은 그 무엇처럼 여전히 역겨운 그림자로 남겨져 있을 때가 많다. 그래서 한동안 〈쉬리〉(1999), 〈올드

보이〉(2003) 등으로 강하고 자극적인 역에 전념했던 한 사내의 또 다른 변신을 지켜보는 것도 재미있을 것 같았다. 꼭 피를 보고, 강한 자극을 보고, 스펙터클한 폭력을 봐야 시간을 죽일 수 있는 것은 아닐 것이다. 〈꽃피는 봄이 오면〉은 그런 자극을 배제한 흔치 않은 영화 중 하나라 하겠다. 우리는 자극적 시각 장치에만 익숙해져서 그런지 이런 종류의 밋밋한 영화를 만나면 쉽게 '지루함'에 빠진다. 하지만 이 정도의 '진지한 지루함'은 간혹 경험해 봐도 그렇게 나쁠 것 같지는 않았다.

류장하는 〈파이란〉(2001), 〈봄날은 간다〉(2001)에 조감독으로 나섰고, 드디어 이 영화로 데뷔하게 된다. 그리고 나름대로 정신 사나운 한국 영화계에 수채화같은 영화 하나를 관객들에게 선사하는데 성공한 듯 보인다.

사람들은 쉽게 이 정도의 이야기 거리에 지루함을 느낄 것이다. 그만큼 생활에 매몰되어 일상의 참맛을 모르고 사는 분주한 인간들이 우리 주변에 가득하기 때문이기도 하다. 커다란 반전도 없고, 이야기의 맺음도 불분명하고, 멋진 영웅도 등장하지 않는 보통사람의 지극히 평범한 이야기가 적잖은 돈을 투자하고 시간을 죽이러 온 이들에게 만족을 주기가 쉽지는 않을 것이다. 하지만 잠시 분주한 우리 환경에서 발을 빼 거울 속 우리를 비추어본다면, 이러한 조용한 속삭임의 소중함도 눈치 챌 수 있을 것이다.

음대를 졸업하고, 트럼펫으로 연주활동을 하면서 살고 싶어 하는 30대 현우가 벌이를 위해 탄광촌에 있는 중학교 관악 교사로 들어가게 되는 사연과 그의 일상을 담은 이 영화는 스토리와 구성의 탄탄함보다는 그냥 자연스레 흘러가는 우리의 하루살이처럼 영화를 느끼는 것이 더 편안할 것이다. 물론 몇몇 군데 지극히 작위적인 장면들이 아예 없는 것은 아니지만, 한국에도 이 정도의 지루함을 깔끔함으로 꾸며낼 수 있는 감독이 있다는 것은 즐거운 일일 것이다. 그리고 현우 역으로 옷을 갈아입은 최민식. 올드보이의 시큼한 때가 언제 있었냐는 듯 찌든 30대의 모습을 절절하게 잘 그려내고 있었다. 그 역시 '좋은 배우'임에 틀림없다.

마지막으로 한마디만 덧붙이자면 감독의 카메라 워크에 대해서는 칭찬하지 않을 수 없다. 그렇게 폼 내지 않고, 재주를 부리고 있지도 않았지만, 스쳐가는 일상인의 시선을 감독은 카메라에 잘 담아내고 있었다. 카메라의 각도와 빛의 세기 그리고 색의 톤을 조절하면서 영상으로 풀어내는 감독의 수필을 관객이 읽을 수 있게 하는 것. 그거 아무나 할 수 있는 일은 아닐 것이다.

  선배들이 쉽게 그랬던 것처럼 어느 순간 갑자기 도사가 된 듯한 자세로 작품 생활하는 짓거리만 안한다면 그는 색깔 있는 작가감독으로서 이름을 분명히 새길 수 있는 재능을 가진 듯해 보인다. 한국의 가장 큰 질병인 '대가병'(大家病)만 조심한다면 그는 수채화 시선을 카메라에 옮길 수 있는 좋은 감독으로 남게 될 것 같다.

저패니매이션에 대한 한 단상

나의 일본 애니에 대한 본격적 순례는 미야자키 하야오의 〈원령공주〉[159](모노노케 히메, 1997)'라는 작품을 보면서 부터이다. 나는 아주 우연한 기회에 미야자키의 이 작품을 한 후배로부터 전해 듣게 되었다. 사실 그때까지 나의 일본 애니에 대한 지식 수준은 그리 깊지 못했다. 기껏 〈드래곤볼〉, 〈은하철도 999〉, 〈천년여왕〉, 〈우주 소년 아톰〉 등 주로 TV 방영용 애니메이션으로 세례를 받았을 뿐이었다. 사정이 그러하니 극장판 일본 애니에 대한 나의 지식과 정보의 수준이란 참으로 참담한 수준이었다. 그 지경의 내 수준에 만나 본 '원령공주'란 애니의 제목은 내게 그저 그런 일본식 판타지나 SF무협 만화영화 정도로 생각되었을 뿐이었다.

그러나 몇 날 몇 일이 지난 후, 어렵게 구한 CD라며 후배가 건네준

〈도깨비 공주〉를 보고 난 내 몸을 훑고 내려가는 한 느낌을 떨쳐버릴 수가 없었다.[160] 실사영화와 비교해도 절대 뒤지지 않는 꽉 짜인 구성과 스토리 그리고 작품의 완성도. 게다가 빼놓을 수 없는 그림의 정교함에 수려함까지!(물론 그의 수려함은 디즈니 류의 정밀함과는 차이가 있다.) 미야자키는 그동안 그의 이름 한번 들어보지 못했던 나를 비웃기라도 한 듯 작품이 상영되는 내내 영상으로 나의 가벼움을 훈계하고 있었다. 그 후 난 미친 듯이 그의 작품을 구해 보기 시작했다. 〈바람계곡의 나우시카〉(1984), 〈천공의 섬 랴퓨타〉(1986), 〈이웃집 토로로〉(1988), 〈붉은 돼지〉(1992) 등등. 특히 〈나우시카〉를 본 후 내가 느껴내야만 했던 감흥은 충격 그 자체였다. 그 정도의 작품성을 지니고 있는 실사영화도 사실 손꼽아야 할 정도기 때문이다. 더군다나 상징적 이미지를 그림으로 처리하는 그의 능력에 나는 열린 입을 다물 생각도 하지 못했다. 차차 시간이 나는 대로 그의 작품을 분석해 보겠지만 이번에는 우선 일본 애니에 대한 나의 미천한 이해의 한 자락만을 피력하고자 한다.

리미티디 애니 vs. 풀 애니

우선 한 후배의 독백을 끌어들이며 일본 애니의 특징을 만나보도록 하자. 독일 유학 중이었을 때 〈에바 시리즈〉 좀 보자고 나에게서 CD를 빌려간 후배가 며칠이 지난 후 그것을 돌려주면서 혼잣말처럼 버린 언어가 있었다. "근데, 이놈의 만화는 왜 이리 대사가 많아요?" 순간 나는 단번에 일본 애니의 특징을 간파한 이 친구의 날카로운 분석력에 감탄을 하지 않을 수 없었다. 그래 일본 애니는 미국, 즉 디즈니의 그것보다 훨씬 많은 대사로 무장하고 있다. 그리고 내가 그 친구에게 빌려주었던 에바 시리즈의 경우는 좀 더 극단적이기도 하다. 아무튼 일본 애니는 지겹도록 많은 양의 대사를 가지고 승부하는 것을 우리는 쉽게 만나볼 수 있다.

왜 그들은 그렇게 대사에 집착하는가? 이 문제를 쉽게 이해하는 길은 경제적인 문제에서 찾아 볼 수 있다. 보통 극장용 영사기로 1초라는 시간에 사용되는 필름은 24장의 사진이다. 애니의 경우도 초당 이 24개의 프레임을 사용하여 영사기를 돌리는 것이 보통이다. 디즈니류의 만화영화는 거의 이 초당 24라는 공식을 지켜가는 편이다. 그것을 일컬어 '풀 애니메이션'이라고 하는데, 일본 애니의 경우는 사정이 좀 다르다. 일본의 애니는 미국의 24프레임 방식과는 달리 8프레임을 사용하는 '리미티드 애니메이션'이다.

일본이 1초의 시간을 위해 8장의 그림을 사용하게 된 것은 일본 애니의 아버지라고 불리는 데즈카 오사무(手塚 治虫, 1928~1989)의 공로(?) 때문이기도 하다. 흔히들 TV 애니의 창시자로도 부르고 있는 이 데즈카 오사부라고 하는 인물은 일본 애니계에서는 거의 신화적 존재이다. 우선 그가 만든 작품들을 열거해보면 대부분의 사람들이 "아하~" 하고 탄성을 지를 바로 그런 인물인 셈이다. 〈우주소년 아톰〉,

〈철인 28호〉, 〈정글대제 레오〉 등등 60년대부터 일본의 애니계를 이끌어간 실질적 지도자가 바로 이 사람이다. 바로 애니 황제 데즈카가 처음 방송국과 TV 애니를 시작할 때 '애니 보급'이라는 지상의 목적을 이루기 위해 턱없이 싼 제작비로 계약을 체결하는 바람에 생겨난 것이 일본식 리미티드 애니메이션이다. 저렴한 가격으로 애니를 제작하는 가장 최선의 방법은 당시로서는 가격도 만만치 않고 구하기도 쉽지 않았던 애니 영사용 셀을 아끼는 수밖에 없었다. 그래서 데즈카는 과감히 24프레임을 포기하고 8프레임 방식을 선택하였다. 과거 한국의 경우도 애니제작자들의 열악한 환경으로 인하여 사용한 셀지를 다시 지우고 재사용하는 일도 적지 않았다고 하니 그들의 고충을 가히 짐작해 볼 수 있을 것 같다. 여하튼 데즈카의 이러한 태도와 행동은 후에 미야자키와도 같은 후배 감독들에 의해 비판도 받게 되는데, 꼭 일본식의 8프레임 방식이 애니의 발전에 저해적인 요소로 작용한 것만은 아닌 것 같다.

상상력에 건 승부수

그것은 일본 애니와 디즈니로 대표되는 미국 애니를 감상한 후 곧바로 느낄 수 있는 차이이다. 우선 디즈니의 애니는 참으로 섬세하다. 오래된 애니건 최근 애니건 한 장면 한 장면마다 실사와 비견해도 전혀 뒤지지 않을 정도의 세련됨과 자세한 묘사에 성공하고 있다. 요즘은 컴퓨터 그래픽이 발전했다고 쳐도, 50-60년대 그들의 작품을 보노라면 그 당시에도 상당히 세련된 묘사에 신경을 쓰고 있었음을 확인하게 된다. 비근한 예로〈백설공주와 일곱 난장이〉(1937)라고 하는 작품에서 백설공주가 춤추는 장면을 보게 되면 마치 사람이 살아서 춤을 추는 듯한 동작을 하는 것에 감탄을 쏟아놓게 된다. 더군다나 그 장면을 그리기 위해 실제로 댄서가 춤추는 장면을 실사로 촬영하여 하나하나 필름에 셀을 대고 백설공주로 그려냈다는 사실을 접하고 보면 미국인들의 장인정신도 무시할 수 없을 정도이다. 그리고 이후 나오는 CG를 활용한 그들의 작품에도 이러한 세밀한 장인의 손길은 남아있다. 〈라이온 킹〉(1994)의 오프닝 장면에서 연출되는 아프리카 밀림의 하루는 어느 실사 못지않은 수려한 묘사와 화면구성을 하고 있지 않은가!

그림 14 미야자키 하야오의〈모노노케 히메〉

그러나 일본의 경우는 다르다. 그들은 그처럼 세밀한 시간과 또 자본을 가지고 초당 24장이라는 물량적 공세를 취할 수 없었다. 물론 요즘이야 그들도 이 정도의 투자 여유는 충분히 있겠지만, 그래도 일본의 애니는 쉽게 24프레임으로 방향을 틀지 않는다.

왜 그럴까? 그들은 애니를 실사와는 구분되는 영역에 두고 있기에 그런 것이 아닐까. 미국의 그것이 실사를 지향하는 애니라면, 일본의 애니는 확고한 자신만의 세계를 지니고 있다 할 것이다. 그래서 마치 실사처럼 느끼게 만드는 세밀한 묘사에는 거리를 두고 있지만 애니의 기본인 상상력에는 무한히 성공하고 있는 것을 보게 된다. 즉, 그들은 다 만들어진 떡을 관객들의 입 속에 집어 넣어주기 보다는 관객들 스스로가 그 떡을 만들어보라는 메시지를 던지는 셈이다. 실제로 그런 모습으로 보이지 않을는지는 모르지만, 전혀 다른 이미지의 표출을 통해 마치 그것이 실제로도 그러한 것처럼 느끼게 하는 상상력을 동원한 '공감적 실감'에 그들은 승부를 걸고 있는 셈이다. 이런 예로서 에바시리즈에 자주 등장하는 폭파장면을 들 수 있겠다. 에바에 등장하는 폭파장면은 어김없이 십자형의 포화 내지는 천사의 날개와도 같은 형상의 폭연이 등장한다. 사실 실제로 폭파의 섬광이 그처럼 선연한 십자형 모습을 하지는 않는다. 그러나 에바의 십자형 섬광은 에바가 가지고 있는 이미지와 흡착하듯 연결되어 관객들로 하여금 상당한 실감도를 느끼게 해준다. 애니제작자가 보여주는 그림이 관객의 상상력을 자극하여 마치 그것이 사실인 것처럼 느끼게 하는 순간이다. 이는 세밀한 묘사를 통해 마치 그것이 사실인 것처럼 느끼는 것과는 분명 차이가 있다. 이런 점에서 일본의 애니는 상상력의 긴장도를 극도로 높이는 점에서 디즈니류의 애니와는 수준을 달리하고 있다.

세련된 대사가 주는 묘미

일본의 애니를 특징짓는 또 한 가지는 '세련된 대사'이다. 일본 애니를 보고 있노라면 시간과 투자비를 줄여보려는 제작자의 사투를 상영시간 내내 만나볼 수 있다. 하긴 매일 매일 방송되는 연재물에 밥줄이 걸려있는 이들의 가련한 모습을 잊어서는 안 되겠지만… 대개 TV애니의 상영시간이 25분 정도인데 실사도 아니면서 이 정도의 분량을 매일같이, 아니 매주 채운다는 것은 사실 엄청난 노력과 정성 없이는 불가능하다. 그러다 보니 제작자들은 무언가 반복적인 화면을 찾게 될 것이다. 이런 그들의 고충 속에 태어난 것이 바로 변신물 시리즈이다. 흔히 알려진 〈세일러 문〉도 이런 종류의 것이고, 로봇 만화 대부분이 반복하는 장면을 지니고 있다. 로봇과 조종사의 도킹 장면, 혹은 로봇의 변신장면, 아님 그 로봇의 출동장면 등 적어도 1-2분 정도의 분량은 매번 같은 그림으로 채울 수 있는 장면을 대부분의 일본 애니는 지니고 있다. 적어도 TV판에서는 말이다. 여하튼 이러한 그들의 가열한 투쟁은 정지화면, 내지는 극도로 제한된 셀을 사용하면서도 관객들의 시선을 끌만한 묘수를 찾지 않을 수 없게 만들었다. 그래서 그들이 승부를 걸게 된 것은 바로 대사이다. 사실 몇몇 특수한 부류의 장르를 논외로 한다면, 일본 애니의 대사는 상당한 수준이다. 미야자키의 작품들을 말할 것도 없고, 〈아키라〉나 〈에바 시리즈〉에 등장하는 대사들도 그 만화가 청소년 대상이라고는 믿어지지 않을 정도로의 내용과 의미를 지니고 있다. 그리고 대부분의 대사들은 즉물적이고 즉각적이라기보다는 상징을 통한 비유적 표현이 많아 곧바로 관객들의 상상력을 비집고 들어오게 된다. 물론 화면은 거의 정지되어있다. 그럼에도 불구하고 관객은 그 그림이 서있음을 좀체 느끼지 못한다. 왜? 그때가 그들은 그 정지된 화면 속에서 나온 대사가 자극한 상상력을 통해 더 많은 그림을 머릿속에 그려대고 있기 때문이다.

비주얼한 정보와 그 피드백

솔직히 난 일본애니를 보며 그들이 반세기 동안 이루어놓은 업적과 노하우가 놀라울 지경이다. 더군다나 그들이 창조해놓는 스토리의 발랄함은 열린 입을 다물지 못하게 한다. 지구에 등장한 모든 신화를 교묘히 짜깁기라도 한 듯 한 그들 애니의 구성을 보면 어쩌면 일본 애니는 현대의 옷을 입은 일본의 신화 같게도 느껴진다. 더군다나 이러한 신화적 상상력으로 세례를 받고 있는 일본의 신인류들이 어떠한 모습으로 성장할 것인가에 대해서도 몸서리칠 만큼 궁금증이 생겨난다. 사실 비주얼한 것에 중심을 두고 있는 이들의 모습은 여러 모로 시사하는 바가 크다. 사실 무언가를 암기할 때도 우리는 그 내용보다는 비주얼한 것으로 기억하는 것이 훨씬 수월하다. 즉, A4지 한 장에 빼꼭히 적혀있는 글들을 모두 암기하는 것은 쉬운 일이 아니겠지만, 그것을 사진처럼 하나의 그림으로 머릿속에 담아내는 것은 그리 어렵지 않을 것이다. 그러니 가능한 모든 정보를 비주얼 한 상태로 변형시켜 우리 뇌 속에 저장해 둔다면 문자화된 정도를 기억하는 것보다 훨씬 많은 양의, 그리고 다채롭고 풍부한 정보를 담아낼 수 있을 것이다. 물론 그 이후 저장된 정보들을 세밀히 문자화시킬 수 있는 능력마저 가지고 있다면 그야말로 금상첨화일 것이다. 우리가 하나의 사진을 보고 그 사진의 이미지를 타인에게 설명할 수 있듯이, 우리 머릿속에 있는 이미지를 차근차근 다른 이에게 언어로서 풀어낼 수만 있다면 말이다!

현대인을 위한 비신화화?[161]

- 〈하울의 움직이는 성〉에 대한 종교학적 이해

"눈물 깊은 곳에 흔들리는 미소"

미야자키 하야오. 그는 거인이다. 〈바람계곡의 나우시카〉(1984)로부터 시작된 본격적인 그의 극장용 애니메이션 작품 활동은 〈천공의 성 라퓨타〉(1986)→〈이웃의 토토로〉(1988)→〈마녀배달부 키키〉(1989)→〈붉은 돼지〉(1992)→〈도깨비 공주〉(1997)로 이어지면서 일본을 비롯한 전 세계 관객들의 탄성과 후원을 이끌어냈다. 그처럼 작품과 흥행에서 지속적인 성공을 거둔 예술인도 흔치 않을 것이다. 미야자키는 공전의 히트를 기록한[162] 〈도깨비 공주〉를 끝으로 현역 감독으로서의 삶을 정리하겠노라고 선언하였다. 하지만 세월의 무게도 그의 창작욕은 잠재울 수 없었는지, 은퇴를 발표한 이후에도 미야자키는 두 개의 영화를 그의 작품 목록에 연이어 올려놓았다. 그것이 바로 〈센과 치히로의 행방불명〉(2001)과 〈하울의 움직이는 성〉(2004)이다. 이전 작품들과는 달리 강한 일본색채를 앞에 내세웠던 〈센과 치히로의 행방불명〉은 개봉과 더불어 이전 〈도깨비 공주〉가 가지고 있던 전 일본 흥행기록을 깨면서[163] 1위 자리에 올라섰고, 〈하울의 움직이는 성〉 역시 196억 엔의 흥행수익을 거두면서 역시 이전 1위였던 〈도깨비 공주〉를 제치고 2위를 차지했다. 노병은 죽지 않고 사라질 뿐인가! 미야자키는 넘쳐나는 세월의 무게마저 가볍게 옆으로 돌리며 자

신의 작품 세계를 정리하는 대작들을 이렇게 동료와 관객들에게 선물했던 것이다.

이 글은 지금은 은퇴하여 자신의 후계자[164]가 된 아들의 작품 세계를 후원하고 있는 미야자키 하야오의 마지막 작품 〈하울의 움직이는 성〉에 집중하여 그가 이 작품을 통해 보여주고자 했던 많은 생각들 중에 '하나'[165]를 선택하여 세밀히 관

찰하고자 한다.

그것은 바로 '주술' 혹은 '마법'이다. 〈하울의 움직이는 성〉은 미야자키 특유의 작품 색깔을 유지하면서도 약간은 다른 톤의 이야기를 관객에게 던져준다. 미야자키의 나이가 이순(耳順)을 넘어 종심從心을 향해 가고 있어서인가? 이전보다는 훨씬 부드럽고 순해진 그의 목소리가 영화 내내 속삭이듯 흘러나온다. 3년 전 〈센과 치히로의 행방불명〉에서까지만 해도 뚜렷이 등장하고 있었던, 집요했던 그의 목표의식이 이 작품에서는 핏대와 더불어 높이 오르는 고함이 아니라 인자한 할아버지의 나지막한 속삭임으로 바뀐 듯해 보인다. 물론 여전히 노동하는 인간 그리고 제한 없이 강조되는 생산의 주체로서 여성에 대한 배려, 공공의 목적과 선을 위한 투신 등. 그의 가슴을 울리던 주제들은 힘 있게 살아남아 이 영화를 지탱하는 건실한 기둥이 되고 있다.

하지만 어느덧 환갑을 훌쩍 넘어버린 미야자키翁은 이제 주된 관심의 초점을 점차 사람에게로 돌리는 것 같다. 물론 이전에도 미야자키는 〈이웃집 토토로〉나 〈붉은 돼지〉 등을 통하여 '사람다움'에 대한 본질적 물음 던지기와 대답 찾기를 지속하고 있었긴 했지만, 이번 작품만큼 인간 그 자체에 몰두하고 있었던 적은 없었다고 봐야 할 것이다.

다이애나 윈 존스Diana Wynne Jones, 1934~의 동명 소설을 애니메이션으로 재탄생시킨 이번 작품은 '비신화화' 혹은 '탈주술화'라는 거울을 통해 보다 세밀히 분석될 수 있다고 생각한다. 이전의 미야자키와는 달리 〈하울의 움직이는 성〉에서는 '신화' 혹은 '주술걸기'Zauberei에 대한 미야자키의 관심이 이전만큼 그 동선이 확연하게 노출되지는 않는다. 즉, 파괴하는 이와 그것을 막으려는 이, 공동을 위하려는 이와 그것을 해체하려는 이, 선을 택한 자와 악의 편에 서있는 자 등등. 조금은 그래도 맘 편하게 그들의 위치를 규정지을 수 있었던 이전의 작품과는 달리 이번 작품에서는 그런 이분법적 구도가 조금은 희석된 채 나타나고 있는 것이다. 따라서 누가 좋은 편인지 혹은 나쁜 편이지 확실하게 구분할 수 있는 단서들이 좀처럼 떠오르지 않으며, 심지어 그런 요소들이 서로 마구 섞여가며 영화를 감상하는 이들의 마음을 때로는 불편하게, 때로는 귀찮게 만들어 가기도 한다.

그리고 18세 소피가 마법에 걸리는 과정과 이후 변화무쌍하게 바뀌어 가는 모습을 지켜보고 있자면 적잖은 현기증까지 생겨나기도 한다. 때로는 90세 노파로 혹은 60대 할머니로, 가끔은 4-50대 중년 아줌마의 모습으로, 간혹 젊은 18세 아가씨의 모습으로 미야자키는 참으로 편안하게 소피의 변모를 즐기고 있다. 왜 그랬을까? 물론 미야자키에게 직접 물어보면 그 답은 편하게 얻을 수 있을 것이다. 그런 변화의 과정에 작가의 의도가 어느 정도 있었다고 봐야 할 것이다. 게다가 상대는 미야자키라고 하는 거장이 아닌가! 그렇다면 그런 변화무쌍함 뒤에는 어떤 의도가 있었던 것일까? 바로 그런 의도를 조금이나마 추적하고자 하는 것이 이 글쓰기의 주제가 될 수 있을 것이다.

"당신은 추억 속에 없어"-비신화화와 탈주술화

이 글에서 열쇠로 삼은 말이 '비신화화'非神話化이다. 독일어 'Entmythologisierung'을 옮긴 것인데, 여전히 이 옮긴 말에 대해서는 말들이 많다. 독일어에서 접두어 'ent-'는 무엇인가를 떼어내 버린다는 뜻을 가진다. 따라서 'Entmythologisierung'이란 말은 무엇인가로부터 신화적 요소 혹은 포장을 떼어내 버린다는 뜻으로 새길 수 있다. 이런 맥락에서 혹자는 이를 '탈신화화'(脫神話化)라고 부른다. 하지만 그것이 '비신화화'이든, '탈신화화'이든 간에 결국 이것은 '해석'에 관한 문제이다.

애초 이 단어를 충실한 학문의 말로 바꾼 이는 신학자 루돌프 불트만(Rudolf Bultmann,1884-1976)이다. 불트만이 비신화화론을 해석의 도구로 삼게 된 것은 시대적 요청에 적절히 대응하기 위해서였다. 불트만의 큰 고민은 18세기 계몽의 꽃이 만개한 이후 놀라운 속도로 커가기 시작한 근대의 과학 정신에 충실하게 교육받은 현대 교양인들에게 어떻게 그리스도교 신앙을 소개할 수 있을까에 집중되고 있었다. 과학적 세계관에 익숙한 현대인들에게 그리스도교의 경전은 너무도 낯선 이야기였고, 이해하거나 납득하기 어려운 신화 속에 갇힌 것들이었다. 불트만은 이렇게 신화라는 포장에 묶여있는 그리스도교 신앙을 현대인들에게 '이해'시키기 위해 '비신화화'라는 '해석의 칼'을 빼어든다. 이때 불트만이 주목하고 있는 것은 바로 '신화'(Mythos)였다. 계몽화되었고, 세계를 기계론적으로 해석하고 있는 현대인들에게 신화는 이질적인 것, 혹은 매우 합리적이지 못하고 신뢰키 곤란한 조작된 이야기에 머물러 있을 뿐이다. 이들에게 신화는 시간 때우기 위한 조성된 멋들어진 이야기에서 크게 벗어나지 않을 뿐이다.

하지만 불트만에게 신화는 더 이상 버려야 할 어수룩한 때의 지어낸 이야기가 아니었다. 그는 신화를 이렇게 정의한다. "신화는 저 세상적인 것을 이 세상적인 것으로, 신적인 것을 세속의 것으로, 저곳의 것을 이곳의 것으로 나타내는 표현방식이다."[166] 즉, 불트만에게 신화는 버려야 할 혹은 극복해야 할 대상이 아니다. 아니 오히려 신화는 '이해'를 위하여 '해석'이 필요한 그 무엇인 것이다. 납득하기 곤란한 저곳의 것을 이곳에서 경험한 이들이 그것을 이곳의 언어로 잡아두기 위해 선택한 것이 '신화'이며, 따라서 신화는 그 배후에 해석되어야 할 '무언가'를 간직하고 있는 것이다. 따라서 중요한 것은 신화라는 양식에 의해 제시되고 있는 표현들이 아니라 그들이 지시하고자 하는 열매요 내용들인 것이다. 이런 점에서 신화는 단순히 지어낸 창작품이 아니라 고대인의 세계 이해를 담아내고 있는 소중한 문화결과물이 된다. 불트만은 그것이 성서에는 수많은 '기적'(Wunder)이야기로 나타난다고 보았다. 하지만 이때 언급되는 기적 역시 일상 속에 만나게 되는 신적 행위에 대한 인간적 표현이다. 따라서 신화는 철저히 '인간의 입장'에서 '해석'되고 '이해'되어야만 한다. 하지만 시대의 흐름에 따라 당대의 세계상을 공유하지 못하는 세대는 신화를 접할 때 쉽게 그것을 우주론적으로 해석해 버리고 만다. 신화가 내세우고 있는 것들이 주로 우주에 관한 것들이기 때문이다. 그래서 간단하게 신화의 내용은 존재론이 되며 우주론이 되고, 자연관이 되어 지금의 세계상과 충돌을 일으키게 되어 지적으로 부족한 고대인들의 유사과학, 내지 미신적인 것으로 낙인찍히게 된다.

하지만 줄곧 신화의 관심은 우주론적인 것이 아니라, 인간론적이며 더 나아가 실존론적이다. 이런 점에서 '비신화화'는 결코 신화를 근대적 세계이해 속에 해체시키고 제거시키는 것이 아니다. 오히려 그것은 신화를 통해 지금 여기에서 얻고 있는 고대인의 심상을 지금의 말로 바꿔주는 해석의 작업일 뿐이다. 바로 이런 점에서 불트만의 '비신화화론'은 '실존론적 해석'existentiale Interpretation이라 불리기도 한다.[167] 따라서 불트만의 비신화화 작업은 결국 신화를 통해 신화가 제시하는 객관적 세계상을 분석, 이해하는 것에 있는 것은 아니다. 신화를 떼어냄으로서 알게 되는 것은 신화라는 포장 속에 숨어있던 신화를 이야기하는 바로 인간 자신에 대한 이해이다. 즉, 신화는 인간의 자기 이해를 담고 있는 하나의 양식이다. 그리고 비신화화는 세대에 따라 다르게 포장될 수도 있는 허울과 껍질을 벗기는 작업이지, 신화를 윤리와 과학으로 치환시키는 '전가의 보도'(傳家寶刀)는 아닌 것이다.

이런 점에서 수없이 반복되는 신화와 주술은 기실 인간 스스로 자신을 이해하는 하나의 방법이라고 해야 할 것이다. 소피의 정신 사나운 변신의 모습도, 거대한 새의 모습으로 사람들의 전쟁에 저항하는 마법사 하울의 주술도 결국은 스스로의 모습을 비추고 있는 것. 신화는 그렇게 '주체의 해석'을 기다리고 있을 뿐이다. 추억 속에 있는 것은 '당신'이 아니다. 그것은 지금 추억하고 있는 바로 '나 자신'일 뿐이다. 이렇게 신화는 '주체'를 객관화시키는 마법의 상자일뿐이다.

비신화화와는 성격이 좀 다르긴 하지만 '탈주술화'(Entzauberung)라는 개념이 있다. 사회학의 아버지라 일컬어지는 막스 베버(Max Weber, 1864~1920)가 사용한 말이다. 베버는 근대의 속성을 합리화로 보고, 주술적인 세계 이해로부터의 탈피야말로 근대를 이해하는 지름길이 된다고 보았다. 16, 17세기부터 가속을 내기 시작한 과학의 발전이 세계를 예측 가능한 것으로 만들었다. 이제 인류는 더 이상 세계를 주술적이고도 신적인 근거에 의해 이해하거나 해석할 필요가 없게 된 것이다. 이제 세계는 더 이상 신비로운 대상이 아니라 도구화된 이성을 가지고 이해 가능한 그 무엇이 되어버린 것이다. 이런 구도로 세계를 이해하고 수용하게 되면 사회에 대한 인간의 자세도 달라진다. 성스러움이 떠나버린 사회에는 합리성과 효율성이 극대화되어 이제 사회는 목적이 부여된 합리화가 극대화되어 매우 체계적인 관료제도가 자리를 잡게 된다. 이와 같은 관료제 사회에서는 사적이고 감정적인, 즉 예측불가능하고 계산할 수 없는 요소들은 철저히 배제된다. 그리고 지나친 계산 중심화는 결국 '탈인간화'를 초래할 뿐이다.[168]

결국 근대에 대한 베버의 진단 역시 찬연한 광영만은 아니었다. 극대화된 합리화 작업은 인간을 '감정 없는 향락인'으로 만들어 버릴 것이며, 결국에는 '인격'마저 잃게 될 수도 있는 것이다.

이렇게 불트만과 베버의 신화와 주술에 대한 해석을 듣고 있자면, 〈하울의 움직이는 성〉에서 관객에게 말하고자 했던 미야자키의 목소리가 보다 더 뚜렷해지는 것 같다. 신화는, 주술은, 마법은 근대의 인간이 버려야 할 그 어떤 것이 아니라, 그 안에 '남'이 아닌 '나'의 자화상을 담고 있는 그 무엇이라고! 이런 방식으로 미야자키는 신화, 주술, 마법을 빼앗긴 인간이 오히려 저주 속에 갇힌 것은 아닌지 묻고 있는 것은 아닐까. 단지 과학 하나로만 세계를 보는 단조로움에 대한 미야자키의 불평이 영화 전편에 녹아있는 것은 또 아닐는지.

"세계의 약속" – 주술은 세계이해의 한 방법

근대의 시작을 주술적 세계로부터의 탈출로 보는 이들이 있다. 대부분의 계몽주의자들이 그렇게 생각했다. 이는 신화의 해체로도 해석할 수 있을 것이다. 신화적 눈으로 세계를 이해하고 해석하던 것으로부터 벗어나 이제 이성을 도구삼아 세상은 계산 가능하고 예측 가능한 것이 되어 버렸다. 더 이상 사람들은 이성에 반하는 자리에서 세계를 받아들이지 않게 되었다. 그런데 과연 이렇게 베버식 논조를 따르자면, 세계의 탈주술화는 성공했고, 합리화와 지성화는 사회 곳곳에서 성공적 임무를 수행하여 목적합리성과 형식합리성이 확립되어 완전한 제자리를 잡고 있는 것인가? 〈하울의 움직이는 성〉을 꼼꼼이 살피노라면, 이런 근대적 기획의 반작용 혹은 그것이 가지는 본래적 한계에 대한 진지한 물음을 반복해서 던지는 미야자키의 음성을 들을 수 있게 된다.

주술로부터 탈출한 인간들. 과연 그들은 마법으로부터 완전히 자유로워졌는가? 마법사 하울의 집은 거대한 쇳덩어리이다. 이 집체만한 쇳덩어리는 칼시퍼라는 불의 요정 혹은 악마의 힘으로 움직인다고 묘사되고는 있지만, 작품 속에서 보이는 모습은 거대한 기계군집체일 따름이다. 그것은 마법이 없어도 에너지를 발판삼아 돌아가는 기계론적 설계의 결과임을 한눈에 파악할 수 있을 정도이다. 마법사의 집이 기계 때문에 움직이고 있다는 이 교묘한 상황설정이 미야자키가 이 작품을 통해 관객들에게 던지고 싶은 의문의 본질을 볼 수 있도록 도와준다. 이처럼 미야자키는 영화 내내 정상적인 모습이긴 하지만, 각자의 주술로부터 자유롭지 못한 많은 사람들을 쉼도 없이 제시하고 있는 중이다.

뛰어난 능력의 마법사 하울은 그 이름과 역량에 비한다면 창피할 정도로 유치한 얼짱 콤플렉스 환자였고, 화려한 왕궁 시절을 잊지 못하는 명예라는 이름의 저주에 매여 있는 황무지의 마녀, 허수아비가 될 수밖에 없었던 이웃나라의 왕자님[169], 그리고 가업을 충실히 잇고 있으며 또 그에 대한 책임감과 자신감에 충만해 있는 것처럼 보이나 여전히 그 나이에 어울리는 18세의 로망을 펼치고 싶어 하는 소피의 주술. 이미 우리 사회에 만연되어 있는 여전히 없애버리지非化) 못하는 수도 없는 주술의 그물들을 미야자키는 은근 슬쩍 제시하고 있는 것이다.

그런데 여기서 미야자키는 또 다른 질문을 관객에게 던진다. 18세의 소피는 거리에서 우연히 하울을 만나고 그의 도움으로 어려운 처지에서 구출되고, 덤으로 하늘을 걷는 황홀한 경험을 하게 된다. 그후 소피의 마음에는 하울에 대한 그리움이 지펴지게 되는데, 바로 그날 하울을 만나고 돌아와 하루를 정리하려 했던 바로 그때. 황무지의 마녀가 등장해 그녀에게 독한 저주를 불식간에 던져준다. 바로 18세의 소피가 90세의 노파가 되어버리는 저주인 것이다.[170] 그렇다면 소피에게 내려진 저주의 마법은 분명 황무지 마녀에 의한 것이다. 그런데 꼭 그런 것만은 아닐 수도 있다는 제2, 제3의 해석을 미야자키는 관객들에게 요청하고 있는듯하다.

저주가 객관적이고, 외부로부터 기인한 것이라면 분명 저주의 현상도 일정하게 그 저주의 숙주를 지배해야 할 것이다. 하지만 미야자키는 장난이라도 하는 듯이 수도 없이 소피의 모습을 변장시켜가며 작가가 가지고 있는 주술성에 대한 의견을 혼란스럽게 제시하고 있다[171]. 왜 그랬을까? 혹시 미야자키는 주술의 원인을 외부가 아닌 내부에서 찾고 있는 것은 아닐까? 아니 주술의 현상을 그렇게 객관화시켜서 구분하고 있는 것이 아니지 않을까?

인류가 주술에 대해 학문적 관심을 갖게 된 것은 그리 오래전 일이 아니다. 아무리 높여 잡아도 그것은 『황금가지』로 유명한 제임스 프레이저(Sir. James G. Frazer, 1854~1941)라는 고전 인문학자에 멈춰 서게 된다. 우선 프레이저는 근대 학문의 정수라 불릴 수 있는 분류와 정리 기법[172]을 신화와 설화에 적용시킨다. 그 결과 나온 작품이 바로 『황금가지』이다. 이 책에서 프레이저는 꽤 많은 지면을 할애해가며 종교와 주술의 관계와 차이 등에 대해 말하고 있다. 우선 그는 다양한 주술들을 몇 가지 유형으로 묶어내어 설명하고 있다. 그가 찾아낸 주술의 유형은 크게 두 가지로 공감주술(sympathetic magic)과 감염주술[173](contagious magic)이 그것이다. 공감주술로는 모방주술[174](imitative magic), 흑주술[175](black magic) 등을 꼽을 수 있다. 이는 비슷한 것은 비슷한 것에 영향을 미칠 수 있다는 생각에서 시작된 주술이라 할 수 있다.[176] 프레이저는 이렇게 주술을 유형별로 정리한 후 사람들이 주술을 행하는 이유는 그러한 행위를 통하여 자연 환경을 자신에게 유리하게 만들기 위해서라고 해석한다. 주술이 일종의 유사과학적 기능을 하고 있다고 볼 수 있는 설명이다. 그리고 더 이상 주술의 효력이 미치지 않는 시점에서 종교가 생겨난다고 프레이저는 보았다. 프레이저의 관점에서 주술과 종교는 분명 다른 것이다.[177] 반면 뒤르켕(Emile Durkheim, 1853-1917)은 종교와 주술의 차이를 의무적이냐 자의적이냐로 구분한다. 뒤르켕이 보기에 종교제의는 의무적인데 반해, 주술제의는 자의적인 것이다. 인류학자 말리노프스키(Bronislaw

Malinowski, 1884-1942)는 주술 의례를 인간이 위기를 당했을 때, 혹은 긴장과 불안이 고조되었을 때 그러한 불안감을 해소하기 위해 행하는 것으로 보았다. 그렇기 때문에 주술 의례를 원시과학적 '모방주술'로 볼 것이 아니라 정서적인 태도로 보아야 한다고 했다. 이와는 달리 종교는 실제적 성과를 생각지 않고 그 행위 자체가 목적이 되는 것이라 보았다.

방식이야 어떻든지 간에 이들의 특징은 종교와 주술을 구분하고 있다는 것이다. 물론 주술과 종교를 구분하는 것은 방편적으로 이들을 이해하고 설명하는 데에는 유리하기는 하다. 하지만 실제 인류의 종교행위에는 종교와 주술은 구별되기 보다는 연속적 선 위에 있을 때가 더 많다. 그리고 이 둘은 서로 쉽게 중첩되기도 한다. 따라서 종교와 주술이 매우 엄격하고 분명하게 구분되고 나뉘질 수 있는 성질의 것이 아니라는 것[178]이 최근 종교학자들의 견해이다. 이런 점에서 앞서 언급한 선구적 학자들의 종교와 주술에 대한 이분법적 이해는 단지 참고를 위한 자료가 될 뿐이다.[179]

앞서 살펴본 바와 같이 주술은 과학적 지식의 부족함에서 오는 것이 아니다. 주술은 도구적 이성의 기능이 허약하기 때문에 오는 것도 아니다. 오히려 주술은 인간이 살아가는 삶의 한 방편이요 양상일 뿐이다. 주술은 인간이 생활세계 속에서 적응해 가는 과정의 다른 이름들일 뿐이다. 따라서 각 사람이 지닌 각개의 환상과 집요한 가치관이 각자의 주술을 허용하는 것이다. 사람들은 마치 주술과 저주가 외부로부터 온다고 생각하며 또 그렇게 해석하고 있지만, 대부분의 주술은 자기 자신이 살아가는 다양한 모습일 뿐이다. 따라서 주술은 걸릴 필요도, 걸릴 이유도 없게 된다. 어떤 점에서 모든 사람들은 이미 주술에 걸려있고, 또 어떤 점에서 주술에 걸린 모든 사람들 자신이 주술을 걸게 한 당사자이기도 하다.

현대인들은 주술적 세계관을 벗어났고 새롭게 정비된 지극히 수학적이고 과학적인 세계 속에서 살고 있다고 생각하지만, 어떤 점에서 인간들은 여전히 주술의 세계 속에서 살고 있는 것이다. 따라서 수시로 인간은 각자가 처하고 있는 상황에 따라 다양한 주술을 걸고, 풀고 또 걸고 있는 것이다. 그래서 소피는 변신하게 된다. 비록 거울 속에서는 90대의 노파가 한숨짓고 있다 하더라도, 때로는 청소하는 40대의 아낙으로, 혹은 멋진 얼짱 꽃미남에 이유 없이 가슴 설레는 사춘기 소녀의 순정으로, 간혹 사랑하는 이를 위해서는 제 한 몸 살피지 않고 헌신하는 어머니의 마음으로. 소피는 계속 자신의 주술세계를 확장시켜 가고 있는 것이다. 그리고 그녀는 그렇게 주술을 풀려하지 않고, 주술을 받아들이고, 인정하고 그리고 그 주술을 즐기고 있는 것이다.

과학이 일천하던 시대. 사람들은 주술은 좋지 않은 것으로 '해석'했다. 하지만 과학이 신의 경지에 닿고 있는 지금. 미야자키는 주술은 또 다른 이름의 '세계관'이었음을 나지막이 속삭이고 있다. 그리고 그런 주술적 세계 속에서 선과 악의 구분은 별 의미가 없음도 선언한다.

끝까지 악녀로 남아있었어야 할 황무지의 마녀는 갑자기 맘 느긋한 할머니가 되어 감초역할을 수행하고, 이지적 악녀의 모습을 유지해 줘야 할 궁중 마법사 설리만은 어느덧 평화를 위한 해결사로 등장하고 있다. 꽃미남 하울은 오히려 신체 콤플렉스에 빠져 사는 못난 청춘이 되어 버리고, 주인공 소피의 변덕은 그녀의 얼굴만큼 분주하기도 하다.

그래도 나름대로 선악의 구별 하에 보다 지고한 그리고 인류 공영의 목적을 달성키 위한 하나의 표상을 제시하곤 했던 미야자키의 이전 작품과는 달리, 이렇게 〈하울의 움직이는 성〉은 쉬지 않고 움직이고 있던 미야자키의 세계관과 인간이해의 흔적을 관객에게 보여주고 있는 것이다.

"꽃의 향기 속에 영원히 살아"

사람들은 쉽게 주술과 과학을 다른 것이라 생각한다. 하지만 60이 되어버린 할아버지 미야자키는 주술, 신화, 마법, 과학 등등은 같은 알맹이의 다른 얼굴들일 뿐이라고 속삭인다. 때론 사람들은 편하게 인문학과 자연학을 나누어 버린다. 그리고 각자의 환상과 주술 속에서 독립적 영역을 확장해 간다. 하지만 60이 되어버린 작가 미야자키는 하늘을 나는 기계나 하늘을 나는 마법사나 '같은 주술'의 '다른 모습'일 뿐이라고 읊조린다. 이 노인의 이야기에 탈인간화된 현대인은 얼마나 귀를 기울일까.

　얼마 전 〈The Core〉(2003)라는 영화를 DVD로 보았다. 지진발생 무기로 인해 지구 자기장에 문제가 생겨 새롭게 조직된 지구 구조 특공대가 지구 핵심층까지 뚫고 들어가 멈춰버린 지구의 엔진을 다시 복구한다는 이야기이다. 그 영화는 내내 전혀 보지 않았던 지구의 내부를 형상화시켜 관객들에게 제공해주었다. 영화가 끝난 후 머리 속을 떠나지 않았던 한마디, "보지 못하는 것을 가지고 말한다는 점에서, 지구 물리학이나 철학 그리고 종교나 다를 바가 없구만…"

　이제 미야자키는 주술마저 즐길 수 있는 '순한 귀를 지닌'(耳順) 나이가 되었나 보다 그리고 그 주술을 잊고 사는, 아니 잊어버렸다 자신하고 있는 현대인들에게 주술이 주는 또 다른 '맛'을 그는 하나의 동화로 그려내고 있다. 그러면서 미야자키는 자신만의 주술을 관객들에게 제시하고 있다. 그리고 묻기를,

"여러분은 어떤 주술세계에 살고 있나요?"

世界の約束 (ハウルの動く城) [180]

涙の奥にゆらぐほほえみは 눈물 깊은 곳에서 흔들리고 있는 미소와

時の始めからの世界の約束 시간이 시작될 때부터 세계의 약속

いまは一人でも二人の昨日から 지금은 혼자지만 둘의 어제로 부터

今日は生まれきらめく 오늘은 태어나서 반짝인다.

初めて会った日のように 처음 만난 날과 같이

思い出のうちにあなたはいない 추억 속엔 당신은 없어

そよかぜとなって頬に触れてくる 산들바람이 되어 볼을 어루만져준다

木濡れ日の午後の別れのあとも 나뭇잎 사이로 비치는 오후 햇살의 이별 후에도

決して終わらない世界の約束 결코 끝나지 않은 세계의 약속

いまは一人でも明日は限りない 지금은 혼자라도 내일은 무한하다

あなたが教えてくれた 당신이 가르쳐 주었던

夜にひそむやさしさ夜に 잠기어 있는 상냥함

思い出のうちにあなたはいない 추억 속엔 당신은 없어

せせらぎ歌にこの空の色に 졸졸 시냇물의 노래에 하늘의 색채에

花の香りにいつ

Ⅲ. 터치, 대중문화

대중문화는 현실을 담고 있는 지도

　문화는 마치 공기와 같다. 늘 곁에 있어 잘 눈치 채지 못하지만 그것이 없으면 살 수가 없듯이, 늘 우리 주변에 머물며 우리를 살아가게 만들어주는 존재가 또한 문화이다. 어원적으로 문화는 '경작하다'라는 뜻을 갖는다. 그 말은 사람이 무언가를 해서 내놓은 결과물이 모두 문화라는 것이다. 인간을 사회적 동물이라고도 하지만, 사실 경작만큼 인간을 다른 동물들과 구별해주는 것도 없을 것이다.

　그런데 요즘 문화와 관련된 용어 중 '대중문화'란 말을 많이 접하게 된다. 대중문화란 말 그대로 수많은 사람들이 즐기고 누리고 있는 문화이다. 특히 인쇄술과 다양한 미디어의 발달은 문화를 공동으로 누리는 이들의 수를 기하급수적으로 늘려놓았다. 활자 인쇄가 아직 보편화되지 않았고 책이나 공연 등 여러 소비재 미디어의 가격이 하늘을 찌를 때, 문화를 즐기는 이들의 수는 그리 많지 않았다. 아마 고작해야 수백, 수천에 머물렀을 것이다. 하지만 위성중계, TV, 영화, 인터넷, 이동통신 등을 통한 지금의 문화행위는 수백만에서 수천만 혹은 그 이상을 헤아리는 규모로 커졌다. 올림픽이나 월드컵같이 4년마다 반복되는 각종 스포츠 제전들은 이미 수십억의 시청자를 줄 세우고 있고, 페이스북이나 트위터 등 개인 소셜 미디어 앱을 통해 생산되는 정보는 하루에만도 수십억 건을 넘어서고 있다. 말 그대로 진정한 대중문화의 시대에 우리는 살고 있다.

그런데 정작 대중문화는 최근까지도 그렇게 주의 깊은 관찰대상이 되지는 못했다. 그저 그 분야에 속한 이들과 그것을 즐기는 이들의 가십성 영역에서 이따금씩 언급될 뿐 보다 진지한 분야에서 이들의 의의와 사회적 기능, 그리고 역사적 의미를 묻고 따지는 일은 그리 흔치 않았고 또 오래되지도 않았다. 그리고 이런 괄시 뒤에는 대중문화는 고급문화 혹은 예술문화에 비해 뭔가 저급하고 가치도 떨어진다는 생각이 자리하고 있다. 특히 배운 사람들이 더 했고, 사회적으로 높은 신분에 속한 이들이 그랬다. 그래서 대중문화는 고급문화나 예술의 반대어로 흔히 받아들여졌고, 또 그렇게 대우받아왔다.

그런데 고급문화와 대중문화의 차별적 구분은 20세기 전환기 미국사회에서 시작되었다. 미국 사회에서 상대적으로 높은 수입과 지위를 유지하고 있는 앵글로색슨계 백인 개신교도들이 당시 일반인들이 즐기는 문화와 유럽의 분위기를 물씬 안고 있는 자신들의 문화를 구별하기 위해 이런 이분법적 구도를 사용하기 시작한 것이다. 따라서 자신들의 문화는 고급스럽고, 흑인을 비롯한 하층계급이 즐기는 문화는 저급하다는 딱지가 반복 생산되었다. 이렇게 고급문화와 대중문화의 구별은 그것이 가지는 예술적 가치에 있다기보다는 사회적 계급 문제에서 비롯되었다. 따지고 보면 문화란 인간의 모든 정신적-물리적 행위의 결과물이다. 따라서 인간의 행위 가운데 문화 아닌 것은 찾아보기 어렵다. 바로 이 점에서 문화에 대한 편견은 일종의 인간적 교만이요 오만에 지나지 않는다고도 할 수 있다. 문화는 문화일 뿐, 거기에 고급이나 저급을 본질적으로 찾는 것은 무의미하기 때문이다.

그런데 요즘 사람들이 대중문화에 집중하는 이유는 바로 그것이 '현실을 담아내고 있는 지도'와 같기 때문이다. 많은 이들이 즐기고 향유하는 문화는 그만큼 그 시대와 사회의 현실을 담아내는 생생한 지도가 될 수도 있기 때문이다. 이제 앞으로 우리는 이 지도를 들고 현실을 탐험하는 길에 나설 것이다. 대중문화를 통해 그 시대와 현실을 살아가고 있는 사람들, 그리고 그들의 즐거움과 아픔을 보고 듣고 느끼는 것. 그것이 앞으로 우리 여정의 주요한 목적이 될 것이다.

〈너의 목소리가 들려〉[181]

SBS 드라마스페셜
너의 목소리가 들려

한국은 드라마 공화국이다. 일주일 내내 TV프로그램을 이끄는 중추가 드라마이기 때문이다. 다른 나라의 경우 보통 일주일에 1회 정도 방영하지만, 우리나라 드라마는 주중 2회가 기본이다. 월화, 수목,

주말, 거기에 금요일에는 옴니버스형식의 단편이 방영되고 아침저녁으로는 일일연속극이, 그것도 모자라 낮 시간 동안에는 재방이 편성되는 등 드라마 없이는 TV프로그램이 없다할 정도이다.

사람들이 드라마에 빠지는 이유를 여럿 댈 수 있겠지만, 우선 반복되는 일상에서 벗어나고자 하는 욕구를 꼽을 수 있다. 무표정하게 돌고 도는 일상은 커다란 무게가 되어 우리의 생기를 짓눌러버린다. 이 무료함의 쳇바퀴에 빠져버리면 일순간의 시간적 틈도 감내하기 힘들게 된다. 지치고, 질리고, 심심하고, 살맛나지 않는 일상에서 벗어나려면 무엇을 해야 할까? 모두들 근사한 요트에 앉아 끝없이 펼쳐지는 수평선을 바라보며 특별히 초대한 실내악의 라이브를 즐길 수는 없는 일 아닌가. 손쉽게 그리고 큰 돈 들이지 않고 일상의 감옥으로부터 벗어나는 방법은 무엇일까?

이럴 때 드라마는 매우 적절한 선택이 된다. 적어도 하루에 두세 시간씩 우리는 드라마를 통해 시간을 잊고, 무료함을 넘어서고, 기다림을 이겨낼 수 있기 때문이다. 특히 분주하게 앞만 바라보고 질주하는 사회일수록 일탈의 활력이 필요할 터인데, 우리 사회가 드라마에 올인 하는 것도 바로 그 폭력적 질주와 연관이 있다 할 것이다. 거친 성공신화와 행복 신드롬에 빠져 있는 이들을 달래줄 수 있는 무언가가 필요하고, 이런 대중의 요청에 미디어 공급자들은 드라마로 대응하고 있는 것은 아닌지 … .

최근 드라마 공화국에서 대중의 관심을 집중시키던 작품으로 얼마 전 종영된 SBS의 〈너의 목소리가 들려〉가 있다. 드라마의 소재는 조금 독특하긴 하나 유치하기도 하다. 남의 마음을 읽는 초능력자! 얼핏 생각하면 투명인간과 더불어 누구나 갖고 싶은 능력이 아닌가. 내 앞에 있는 사람이 정직한 말을 하는지, 아니면 거짓말을 하는지 라이브로 확인할 수 있다면 얼마나 멋질까라는 생각은 어린 아이뿐만 아니라, 속 터지게 답답함을 느끼는 어른들도 종종 욕망하는 바이기도 하다. 그렇다면 이런 약간은 유치한 소재를 앞에 내세운 이 드라마는 로맨틱 코미디? 물론 그런 요소도 섞여있긴 하지만 〈너목들〉은 좀 더 진중하고 심각한 주제를 밑에 깔아주고 있다.

남의 생각을 읽으면 행복할까? 그리고 그를 통해 갑을 관계의 주도권을 쥘 수 있을까? 우리는 흔히 이런 질문들에 '그럴 것'이라고 생각할 것이다. 하지만 적당히 서로 감추고 싶은 것들을 지니고 제약과 한계 내에서 관계를 형성하는 것이 대부분 사람들이 살아가는 모습이고 또 그것이 지극히 정상적인 것임을 우리는 안다. 짐짓 코미디가 될 수도 있었던 소년의 텔레파시 능력은 드라마를 통해 또 다른 '고통'으로 우리에게 새로이 '해석'된다.

사람과 사람은 어떻게 관계를 맺을까? 그리고 어떤 관계가 서로에게 즐겁고 행복한 결과를 선물로 줄까? 남의 생각을 명확히 안다는 것은 두 사람의 관계와 소통에게 정녕 도움이 되는 것일까? 내게 안 좋은 생각을 갖고 있는 이들, 나를 욕하는 이들, 나에게 사기를 치려는 이들, 나를 좋아하지만 쉽게 다가서지 못하는 사람, 그리고 그 사람을 그리 탐탁치 여기지 않는 나. 그런 와중에 그 모든 이의 생각을 읽을 수 있는 나! 어쩌면 그건 축복의 능력이 아니라 고통 그 자체가 될 수도 있다. 작가는 이 생각을 읽을 수 있는 능력의 고통을 수족관 장면으로 표현한다. 소년이 유일하게 평온을 얻을 수 있는 곳은 수족관이다. 왜냐하면 그곳에 사는 물고기들은 사람의 생각을 갖고 있지 않기에. … 그런 점에서 수하는 불통의 시대를 사는 현대인들에게 소통의 마중물 역할을 하고 있다. 한 소년의 성장통을 통해 작가는 우리 시대에 가장 필요한 것이 무엇인지를 웅변하고 있는 듯하다. 그리고 그것은 바로 '소통'.

그렇다면 소통을 위한 최선의 기술은 무엇일까? 그것은 '들음'이다. 수하의 텔레파시 능력은 그것의 극대화된 드라마적 표현이었지만, 결국 우리 모두는 텔레파시 능력을 지니고 있는 셈이다. 문제는 우리 안의 이야기에만 집중하고 다른 이의 말은 쉽게 지나치고 있다는 것일 뿐! 그가 극악한 살인자이건, 혹은 푼수기 많은 덜렁이 변호사이든, 우직하고 융통성 없는 판사이든, 무표정한 얼굴로 지나치는 행인이든 간에 저마다 하고픈 이야기는 가슴속 깊이 차곡차곡 쌓여 있다는 것을 우리는 잘 안다. 그런데도 그 말이 밖으로 토해지질 못하고 안으로, 안으로 쌓이고 썩어가고 있는 것은 그 말을 '들어줄' 사람을 찾지 못했기 때문이다.

수하는 그런 점에서 사람들의 속내를 들어줘야 할 우리 책임의 '의인화'이며, 또한 우리 안의 통증을 밖으로 토해내도록 하는 '용기의

〈너의 목소리가 들려〉 237

화신'이기도 하다. 그렇게 수하를 통해 드라마는 공명되고, 사람들의 소통의 산통을 덜어 내준다. 그리고 그것을 감지한 이들은 이 드라마에 몰입하게 된다. 왜? 내 안의 쌓인 것을 덜어내기 위해 드라마〈너목들〉은 사람들과 함께 울고 웃는다. 결국〈너의 목소리가 들려〉는 갖고 싶은 초능력이 아니라, 남을 향해 귀를 열어놓으라는 소박하지만 잊혀져 있던 우리의 타고난 값진 능력을 환기시키고 있는 셈이다.

〈주군의 태양〉[182)]

　〈너목들〉에 이어 서울방송이 계속 수목드라마의 강자 자리를 지켜 냈다. 〈주군의 태양〉 덕분이다. 소지섭과 공효진이라는 상품성과 연기력을 겸비한 젊은 배우를 앞에 내세우고, 또한 〈내 여자 친구는 구미호〉, 〈빅〉등과 같이 로맨스와 판타지를 섞은 묘한 장르에 강한 면을 보여주었던 홍 자매(홍정은, 홍미란)가 극본을 맡아 방송 전부터 적잖은 관심을 받아오던 터였다.

　워낙 전편 〈너목들〉이 강세로 마감한 탓에 제작진은 기대 반 불안 반으로 첫 회를 준비했을 것이다. 그런데 〈주군의 태양〉은 첫 회부터 17.5%라는 준수한 시청률을 걷어 들이더니, 마침내 최종회에서는 21.1%를 찍으며 수목드라마의 최강자로 위세를 확정했다. 전편 〈너목들〉의 26.2%에는 미치지 못했지만, 한 방송사의 드라마가 연이어

같은 요일 대를 장악했다는 점도 눈에 들어왔고, 또 이들 작품의 모양과 내용이 묘하게 닮았다는 점이 더 흥미를 끌게 한다.

앞서 언급했던 〈너목들〉이 '텔레파시'라는 초능력을 드라마의 요긴한 소재로 삼았다면, 〈주군의 태양〉은 '귀신을 보는 능력'이 드라마를 끌어가는 동력이 된다. 승승장구하던 여대생이 사고 후 죽은 이를 보는 능력을 갖게 된다. 이 정도 구도라면 사실 달달한 로맨스 물보다는 괴기 영화에나 어울릴 법하다. 게다가 〈전설의 고향〉도 아닌데 주말도 아닌 수목 밤 시간에 꼬박꼬박 거실 대형 TV화면에 서늘하게 분장한 귀신들을 보여주는 것 또한 여간한 용기 아니면 시행하기 어려웠을 것이다. 아무리 포장을 잘하고 분장을 완벽하게 했더라도 단지 귀신 보여주기에 집중했더라면 이 드라마는 관심의 중심에 서기 어려웠을 것이다.

헌데 이 드라마는 보기 좋게 성공했고, 그 뒤에는 드라마가 안고 있

는 메시지에 공을 돌려야 할 것이다. 앞에는 조금 심하게 자극적인 귀신이나 죽은 사람을 내세우고 있지만, 결국 이 작품 역시 인간의 막힌 '소통'에 대한 이야기를 전해주고 있고, 이 점에서 전작인 〈너목들〉과 같은 선 위에 있다고 할 수 있다.

무섭게 분장하긴 했지만 이 작품 속에 나오는 귀신들은 그렇게 공포의 화신처럼 느껴지지는 않았다. 그리고 그 이유는 그들은 무언가 이 세상에 남아있는 자들에게 전할 것이 있기 때문이다. 소통을 간절히 원하는 이들이 언제나 공포일 수는 없을 것이다. 허나 안타깝게 존재의 양식이 바뀌어버린 탓에 '그들'과 '이들'을 '소통'할 길을 좀처럼 찾기 어렵다. 소통의 기원과 갈망은 크지만, 소통의 방법을 찾지 못하는 형국은 현대를 살아가는 우리들의 자화상이라 할 수 있겠다.

대부분의 일상을 3자로 살아가는 현대인들. 함께 밥을 먹고, 함께 잠을 자고, 함께 생활한다 해서 붙여진 '식구'(食口)란 낱말 역시 현대사회에서는 그저 사전 속에서나 그 뜻을 지킬 뿐이다. 일이 우리를 가르고, 과제가, 취미와 기호가, 번잡함과 분주함이 여전히 우리를 나누고 있을 뿐이다. 이제 식구나 가족은 법적인 구호일 뿐, 실생활 속에서 우리는 소통을 이어갈 제대로 된 식구를 얻지 못한다. 그나마 많은 시공을 공유하고 있는 학교나 직장의 동료들 역시 인격적 소통보다는 견제와 경쟁의 대상으로 서로가 낙인찍을 뿐이다.

헌데 사람은 소통하지 않고는 배기지 못하는 법. 자신 안의 이야기를 나누고, 듣고, 통해야 존재의 이유를 찾을 수 있는데 현실은 그러하지 못하니 소통의 갈증은 계속 안으로 안으로 쌓여 화석처럼 굳어만 간다. 그러니 살아도 산 것이 아니고, 숨을 쉬어도 가슴이 열리지 않는 것 같게 된다. 홍 자매는 그러한 현대인의 모습이 '죽은 자'들과 크게 다르지 않다고 결론을 내린 것 같다. 그래서 과감히 전면에 죽은 자들을 내세우며 현대인들에게 '왜 소통하지 않고 죽은 자의 삶을 살고 있는가!'고 소리치고 있는 것은 아닌지.

이런 점에서 드라마 〈주군의 태양〉은 죽은 자의 이야기가 아니다. 그건 산 자의 사연이고 통한이고, 고백이고, 가슴앓이다. 작가는 이러한 현대인의 굽어진 갈망을 여주인공 태공실이 어떻게 죽은 자를 보게 되었는지를 통해서 정리해주고 있다.

"3년여 영혼의 상태로 죽은 자를 많이 만났어요. 그분들 모두 나름대로 사연이 많더라고요. 그분들은 다시 이 세상으로 돌아갈 수 있는 내게 한 가지 부탁을 했어요. 돌아가게 되면, 다시 살아나게 되면 남겨진 이들에게 꼭 자신들의 이야기를 전해달라고.. 그 약속이 저를 빛나게 하고, 그 약속이 죽은 이들을 계속 볼 수 있게 한 것 같아요…"

소통. 그만큼 우리에겐 없어서는 안 될 요소이다. 사람 사이의 소통도 그러하거늘 하물며 신과의 소통은 덧붙여 무엇 하겠는가.

유감, 〈런닝맨!〉[183]

주말 오후면 꼬박꼬박 안방극장은 예능프로그램들이 장악해 버린다. 토요일은 전통의 〈무한도전〉을 위시해서 〈스타킹〉, 〈불후의 명곡〉 등이 황금시간대를 차지하고 있고, 일요일에는 〈진짜사나이〉, 〈1

박2일〉, 〈런닝맨〉 등이 똬리를 틀고 안방 주인 노릇을 하고 있다.

휴일 저녁시간대다 보니 온가족이 보게 되고, 당연히 주말 예능들은 아이들의 주된 관심사가 되곤 한다. 그러다보니 주말 예능의 고정 출연진들은 아이들의 우상으로 자리를 잡은 지 오래다. 국민MC라 불리는 유재석은 유느님(유재석+하느님)이라 불릴 정도로 청소년 세대에 끼치는 영향은 우리 상상을 넘어선 곳에 있다. 매번 갈라지는 쇳소리로 고막을 불편하게 만드는 하하도 이미 아이들 세계에서는 '하로로', 혹은 '하통령'(하로로+대통령)으로 통하고 있을 정도다. 일개 연예인을 지칭하는 별칭으로 초월적인 절대자와 지상의 최고통치자를 부르는 단어를 가져오고 있으니 가히 그들의 영향력을 가늠하기 어려운 형편이다.

오늘은 바로 유느님과 하로로가 이끌고 있는 〈런닝맨〉이라는 예능에 대해 한마디 보태고 싶다. 런닝맨은 MBC〈무한도전〉, KBS〈1박2일〉 등이 이른바 리얼버라이어티를 이끌고 있을 때, 역시 같은 포맷이었던 〈패밀리가 떴다〉의 후속으로 SBS가 내세운 대표적 주말 예능프로그램이다. 〈런닝맨〉은 타방송사의 프로그램과 차별화 작전으로 매회 일정한 스토리텔링을 부여한다. 아울러 프로그램의 내용에 RPG(Role Playing Game, 일종의 역할분담게임)적 성격을 부여해 젊은 세대의 몰입도를 끌어내는 전술을 구사하고 있다. 보드게임이나 비디오 게임에서나 볼 수 있음직한 스토리텔링을 유명한 연예인들이 직접 구현해나가니 재미도 있고, 아울러 평소 자신들이 즐기는 게임과 유사한 포맷이다보니 청소년들의 프로그램에 대한 충성도도 제법 높은 편이다. 이렇게 〈런닝맨〉은 상대적으로 교육 세대들에게 인기 높은 예능 프로그램이다.

그런데 재미와 흥미의 집중을 위해 〈런닝맨〉이 사용하는 전술(?)들 중에 조금 챙겨봐야 할 부분이 눈에 띈다. 그것은 지석진, 이광수, 하하로 대표되는 이른 바 '배신자 집단'의 웃음코드이다. 이들은 상대적으로 다른 고정 출연진들보다 약세로 평가된다. 나이, 체력, 체격 등에서 일정 부분 핸디캡을 갖고 있는 이들은 매회 변화하는 게임의 법칙 속에 살아남기 위해서 일정부분 동료를 속이거나 배신하는 '짓'을 저질러야 하고. 이는 재미와 웃음을 위한 어느 정도의 도덕적 '양해'라고도 볼 수 있다. 그 덕에 시청자들은 평안히 TV 앞에 앉아 이들의 배신과 속임수에 배꼽을 잡고 웃는다.

아, 그런데 언제부터인가 이런 배신과 기만의 반복에 편안히 웃어주는 것이 불편해진다. 아무리 예능이고, 재미를 위해서라고는 하지만, 다양한 계층의 세대가 지켜보고 있고 더군다나 아이들이 좋아하는 프로그램인데 이렇게 반복적으로 속임수와 사기를 무기로 전면에서 웃음을 견인하고 있다면 과연 괜찮은 걸까? 웃기기만 하면 모든 것은 용서가 되는 것일까? 아니 어쩌면 그 웃음코드에 익숙해진 아이들은 즐거울 수만 있다면 어느 정도의 속임수와 사기 혹은 기만은 미덕이라 '오해' 내지는 '이해'하게 되는 것은 아닐까 두려운 마음이 일어난다. 시청률을 위해 그저 재미에만 집중하느라 우발적인, 때론 의

도적인 '배신의 진격'을 반복해서 공중파에 노출시키는 일은 적잖은 문제가 될 수 있다고 생각된다. 우리가 흔히 지적받아 왔듯이 배신, 사기, 기만은 즐겁고, 웃기기 위한 말들이 아니라, 해서는 안 되고 피해야 할 행위들이기 때문이다.

  분명 숨 막히는 우리 생활 속에 웃음은 필수조건이라 할 수 있지만, 그렇다고 우리의 모든 윤리적 가치를 흡수할 정도의 필수가치라 강변할 수는 없지 않은가.

〈우리 동네 예체능〉[184]

이상한 프로그램 하나가 주초 심야 시간대를 장악하고 있다. 바로 유재석과 더불어 국민MC라 불리는 강호동의 〈우리 동네 예체능〉이다. 화요일 심야시간대 치고는 나쁘지 않은 7~8%의 시청률로 동일

시간대 다른 프로그램들을 두 배 이상 따돌리고 있다. 예서 궁금증 하나가 요동하며 떠오른다. 왜 그런가? 무엇이, 어떤 이유가 사람들로 하여금 이 프로그램에 집중하게 하는가?

진행자 때문인가? 그럴 수도 있겠다. 이 프로그램을 이끌어가는 장본인이 바로 천하 강호동 아닌가. 한때 유재석과 더불어 방송 진행계를 양분했었고, 맡는 프로그램마다 정상을 차지했던 그 강호동. 수년 전 세금문제가 불거지기 전까지만 해도 공중파 3사의 대표 프로그램을 한 손에 휘어 감고 천하를 호령했던 그 강호동. 대표적인 리얼버라이어트 방송인 〈1박 2일〉을 위시해서, 새로운 형식의 토크쇼 〈무릎팍 도사〉와 〈강심장〉, 그리고 신인 발굴 프로그램인 〈스타킹〉에 이르기까지 그의 활약은 눈부실 지경이었다.

그러나 1년여의 잠정은퇴 후 복귀한 그의 성적은 초라하기 이를 데 없었다. 그토록 공들였던 〈무릎팍 도사〉는 재개한지 얼마가지 못해 폐지되었고, 〈1박 2일〉은 그 없이도 나름 잘 굴러갔으며, 〈강심장〉 역시 폐지의 쓴맛을 피하지 못했고, 뒤를 이어 그만의 프로그램으로 발전하리라 믿었던 〈달빛 프린스〉는 파일럿방송과도 같이 몇 회 끌지도 못하고 쓰러져갔다. 한때 전국을 호령하던 그로서는 감당하기 어려운 현실이었을 것이다.

그런 와중에 체육인이었던 그의 캐릭터에 맞춘 새로운 방송으로 인사를 한 것이 바로 〈우리 동네 예체능〉이다. 이 방송의 홈피에는 다음과 같은 기획의도가 적혀있다.

"지쳐있는 대한민국 국민을 위한 건강충천 프로젝트!!!! 남녀노소 누구나 함께 할수 있는 생활밀착형 건강 버라이어티! 우리 동네 예체능!!"

프로그램의 구성도 단출했다. 체육인 출신 강호동과 운동을 좋아하고, 또 잘하는 연예인들이 모여 팀을 짜고 다양한 종목의 동호인들과 한판 대결을 펼친다는 것이 방송의 큰 줄기이다. MC군단은 그때그때마다 새로운 종목을 몇 주간 익혀서 일반인 동호인들의 도전을 받아 경기를 펼치게 된다. 정말 단순하다. 각본이 필요 없을 정도다. 평소에 운동하던 이들이 모여 제법 얼굴이 알려진 연예인들과 땀을 섞여가며 몸을 부딪치는 것이 이 방송의 전부라고도 할 수 있을 정도이다.

그런데도 사람들은 열광하고 또 집중한다. 그리고 그 이유는 그 중앙에 강호동이 있기 때문이 아니라 그를 비롯한 많은 이들의 땀과 노력이 읽혀지기 때문이다. 그렇게 이 프로그램은 최초로 일반인이 중심을 이루는 매우 보기 드문 방송이 되고 만다. 물론 사람들로 하여금 관심의 끈을 놓지 않도록 하는 것은 유명 연예인들이긴 하지만, 방송 장체에 몰입토록 하는 것은 그들을 비롯한 모든 이들의 열정과 정성이다. 이기기 위해 남은 모는 힘을 하얗게 태우는 그늘의 땀과 거친 호흡 그리고 박동하는 심장 소리가 방송 전체를 지배하고 있기에 사람들은 이 프로그램에 빠져들게 된다.

하여 우리는 작은 결론 하나를 만나게 된다. 이 예능 같지 않은 예능에 사람들이 몰입하는 이유는 스포츠가 주는 '정직함' 바로 그것이다. 스포츠의 핵심은 '정정당당한 대결'이다. 사실 이는 현실에서는 찾아보기 힘든 매우 이상적인 인간의 욕구와 희망이 만들어낸 구성적 세계이긴 하다. 물고 뜯고 후비고 속여 대는 현실의 지저분함을 벗어버리고 오로지 순수한 자신의 땀과 노력으로 경쟁을 펼치도록 하는 것이 스포츠이다. 물론 때론 그곳에서도 온갖 변칙과 술수가 판을 칠 수 있다. 하지만 스포츠는 그런 것을 반칙이라 명명하여 해서는 안 될 것으로 규정하고 있다. 그리고 그렇게 얻은 승리를 우리는 승리라 부르지 않는다. 스포츠에서 승리의 기쁨을 제대로 맛보기 위해서는 올바른 승리를 해야만 하는 것이다.

이 점에서 〈우리 동네 예체능〉은 예능의 새로운 방향을 우리에게 제시한다. 사기와 배신, 배반으로 강요되는 '여물지 못한 웃음'이 아니라, 땀과 노력으로 가득한 '행복한 웃음'의 가능성을!

에필로그

문화에 빠지는 사람들

흔히 현대를 '문화의 시대'라 말한다. 예서제서 쉼 없이 터져 나오는 화두가 바로 '문화'이다. 실제 문화와 관련된 정보와 소식, 그리고 사업은 이전과는 비교할 수 없을 정도로 커지고 성장한 상태이기도 하다. 이런 성장의 배경에는 지난 세기부터 숨 가쁠 정도로 빠르게 성장한 매스미디어의 활약이 크다.

사실 이전까지만 해도 문화를 누리고 즐길 수 있는 계층은 극히 제한적이었다. 과거 우리가 누릴 수 있는 문화콘텐츠는 필하모닉 오케스트라의 웅장한 합주와 성대한 장식과 치장, 그리고 성악가의 노래가 어우러진 오페라, 그리고 무대 위에서 펼쳐지는 현장감 넘치는 연극 등이었을 것이다. 하지만 이런 공연을 즐기기 위해서는 다른 그 무엇보다 필요한 것은 돈이었다. 작품을 기획, 제작하여 무대에 올릴 수 있는 물적 토대와 경제적 능력이 있어야 이런 콘텐츠를 제대로 향유할 수 있었다. 따라서 이런 유의 문화생활은 서민으로서는 쉽게 누릴 수 있는 호사가 아니었다.

그런데 매스미디어의 발달은 이러한 상류층의 특권(?)을 일반인도 즐길 수 있게 해 주었다. 한 번에 많은 수의 고객을 끌어 담을 수 있는 매스미디어는 콘텐츠의 제작과 소비 비용을 최대한 낮출 수 있었기 때문이다. 몇 백 명을 위한 것보다 몇백만, 몇천만 혹은 몇억을 위한 콘텐츠의 소비 비용이 한없이 싸진다는 것은 누구나 쉽게 생각할 수 있지 않은가. 이렇게 지금의 문화콘텐츠는 누구나 즐기고 누릴 수 있는 서민의 것이 되었다. 이런 환경 하에서 점차 문화와 그것을 상품화하는 작업은 인간 사회 구석구석까지 손길을 뻗치게 되었다.

이런 문화시대의 도래를 이끈 대표적인 매스미디어로는 무엇이 있을까? 우선 가정마다 한두 개씩은 보유하고 있는 TV를 들 수 있겠다. TV는 일반화질에서 SD를 넘어, HD화질로, 그리고 다시 Full HD를 넘어 최근에는 UHD(Ultra High Definition Television)까지 나와 있다. 예서 잠깐 이들 화질의 차이를 살펴보면, 우선 HD TV는 16:9 화면비율을 표준으로 삼을 때 1280*720 정도이고, Full HD는 1920*1080, 그리고 UHD는 최대 7680*4320까지 나온다. 이 정도 수치만 나열하면 감이 잘 오지 않을 것이다. 영화관에서 만나는 매우 선명한 필름영화의 해상도가 4096*2160인 것을 생각해보면, 최근 계속 개발하여 상용화를 서두르고 있는 8K UHD의 해상도는 그것의 2배 가까이에 이른다. TV 화질이 이 정도라면, 말 그대로 영화를 집안으로 가져왔다고 해도 지나치지 않을 지경이다. 거기에 5.1채널 사운드 시스템으로 오감이 만족하는 콘텐츠 체험을 거실 소파에 앉아 편안히 즐길 수 있는 것이 바로 지금이다.

TV만 이런 것이 아니다. 영화계의 변신도 눈부시다. 이제 3D는 기본에다가 영화의 내용에 따라 움직이는 진동형 좌석에, 비와 바람의 세밀함을 느낄 수 있는 4D, 5D 장치가 갈수록 기본이 되어 가는 추세이다. 음악 역시 이전 카세트테이프 플레이어에서는 맛볼 수 없을 정도의 세밀하고 깊이 있는 울림을 손 안의 작은 디바이스로도 느낄 수 있게 되었다.

거기에 현대 매스미디어의 종결자 스마트폰의 등장은 가히 혁명적이다. 바로 몇 년 전만 해도 사람들이 손바닥만 한 기기를 들고 다니면서 전화를 하고, 문자를 하다, 음악을 듣고, 영화를 보고, 또 인터넷을 검색하고, 간단한 문서도 작성하는 등 사무실에서 할 수 있는 작업까지 하게 되리라고는 상상도 못했을 것이다. 하지만 지금 이 모든 것이 스마트폰이라는 21세기 최대 발명품으로 모두 해결 가능하다. 이제 사람들은 스마트폰이 없으면 하루도 살 수 없을 정도가 되었다. 점점 그 정도와 강도는 심해져 커피숍에 모여 서로 이야기하기보다는 각자의 스마트폰에 빠져 몰입해 있는 사람들 보는 것이 어렵지 않을 지경이다.

TV, 영화, 잡지, 신문, 컴퓨터, 스마트폰 등등 … 손으로 꼽기에도 벅찬 수많은 미디어와 그것이 이뤄낸 눈부신 발전은 결국 인간 자체를 바꾸어 가고 있다. 미디어가 인간 인식의 확장을 가져오고, 이는 인간의 변화를 가져올 것임을 적시한 마샬 맥루한의 『미디어의 이해』(Understanding Media: The Extensions of Man, 1964)가 세상에 나온 지 어언 50여 년 만에 그의 예언은 이미 현실이 되었다.

사람들은 TV를 통해 세상을 보고, 인터넷을 통해 이웃과 소통하며, 컴퓨터를 통해 기억을 확장시킨다. 수십 년 동안 수련한 결과로 검을 자신의 수족처럼 부리는 무사와 같이 이제 미디어는 우리 몸의 치장을 넘어 우리의 한 부분이 되었고, 우리는 그것을 통해 세계와 만나고 사람들과 소통을 한다. 따라서 지금 우리가 사는 시대는 매스미디어와 그것을 통해 전해지는 대중문화의 본질과 구조를 모르고는 사람을 이해할 수가 없다.

예서 잠시 미국 캘빈대학교에서 언론학을 강의하는 로마노프스키(William D. Romanowski)의 이야기에 귀를 기울여보자. 그는 젊은 시절 록음악에 심취했었고, 또 대단한 영화광인데다가 관련 분야 지식도 수준급이다. 이런 현장 경험에다가 학문적 훈련까지 더해져 그는 그리스도교적 관점으로 대중문화를 분석하고 설명하는 대표자가 되었다. 로마노프스키 교수는 대중문화를 한마디로 '현실의 지도'(Map of Reality)라 정의한다. 이는 대중문화란 단순한 소비재가 아니라 한 시대를 품고 담아내는 지도와 같다는 것이다. 따라서 대중문화에 대한 세밀하고 풍성한 이해와 분석은 그 시대를 사는 동시대인과 그들이 속한 사회를 제대로 읽어내는 지름길이 된다. 이제 대중문화는 천하고 흔한 것이라 무시당하며 지나쳐야 할 것이 아니라, 세심히 살피고 분석해야 할 우리 시대의 지도이며, 내비게이션이라 할 것이다.

우리가 또 주목해야 할 이야기는 치데스터(David Chidester)라는 학자를 통해 들을 수 있다. 그는 종교와 대중문화가 가지는 유사한 특성을 몇 가지로 묶어 설명하고 있다. 그가 먼저 주목한 것은 '촉각'이다. 다시 그는 촉각이 이루어지는 과정을 3가지로 구분하고 있다. 그 첫 번째가 피부를 통해 얻어지는 감성이요, 두 번째는 운동감각을 통해 얻어지는 신체 속에 포함된 감각이며, 세 번째는 몸 안 대상들의 물리적 조정을 통해 얻어진 지각 정보이다. 촉각은 이런 세 가지 과정을 통해 얻어지는데, 이러한 몸의 촉각 혹은 촉감이라는 점에서 대중문화와 종교는 매우 밀접히 닮아있다고 그는 지적한다.

치데스터는 이 촉각을 다시 4가지로 구분한다. 그것이 각각 묶음,(binding) 불태움,(burning) 움직임,(moving) 다룸(handling)이다. 이는 각각 '우리', '열정', '전진', '도전'이라는 특성을 가져온다. 즉, 묶음을 통해 공동체성을 함양케 되고, 불태움을 통해 열정적 헌신을 갖게 된다. 움직임을 통해 원하는 목표를 향해 중단 없는 전진을 하게 되고, 다룸을 통해 쉬지 않는 도전의 정신을 갖게 된다는 것이다. 그리고 이 점에서 대중문화와 종교는 동일한 구조적 특성을 지녔다고 그는 보고 있다.

치데스터의 지적은 이 시대를 살아가고 있는 우리에게 암시하는 바가 적지 않다. 이는 종교가 사람들의 촉감에 적절한 반응을 제공하지 못한다면 대중문화에 그들의 관심을 뺏길 수 있다는 말과 다를 바 없기 때문이다. 즉, 더 이상 종교 공동체 안에서 묶음과 불태움, 그리고 움직임과 다룸의 감각이 작동하지 않는다면, 사람들은 과감히 그들이 속했던 종교 공동체의 문을 박차고 나올 수 있다는 것이다. 종교 활동을 통하여 더 이상 공동체 안에 하나 됨의 경험을 하지 못한다면, 또한 매번 절대적 존재로의 헌신을 불타는 열정으로 담아내지 못한다면, 분명한 신앙의 목표를 발견하지 못하여 앞으로 나아갈 바를 찾지 못한다면, 자신이 속한 종교 공동체 안에서 적당히 해야 할 일을 담당하지 못한다면 어떤 일이 생길까?

곧바로 사람들은 그런 촉각을 주는 다른 대체물을 찾으려 할 것이다. 그래서 공휴일이 되면 산으로, 강으로, 때론 수많은 이들이 모이는 경기장으로 발길을 돌릴 것이다. 거기서 동호회 식구들과 함께 동질감을 만끽하며 묶음의 감격을 느낄 것이고, 때론 거대한 경기장에서 같은 모양과 색의 깃발을 흔들며 특정 팀의 서포터즈가 되어 목이 터져라 응원가를 부르며 동질감의 기쁨을 나눌지도 모른다. 때론 좋아하는 아이돌 그룹이나 밴드의 공연장을 찾아 함께 춤추고 노래하며 자신의 열정을 불태울지도 모른다. 만약 종교 공동체 안에서 그러한 묶음과 열정 그리고 움직임과 다룸을 경험하지 못한다면 말이다.

따라서 그 시대를 읽고자 한다면, 무엇보다 예민하게 대중문화의 흐름을 살펴야 할 것이다. 사람들이 어떤 영화, 드라마, 소설 그리고 게임에 몰입하는지. 그리고 왜 그리하는지, 그것의 구성적 특징은 무엇이고 내용은 무엇을 지향하는지 … 이 작업을 통해 우리는 결국 동시대를 사는 우리 이웃들의 참 모습을 발견하게 될 것이다. 이렇게 문화는 우리를 찾고 이해하게 해주는 참된 지도요, 내비게이션이 된다.

참고문헌

1. 단행본

가지 노부유키 加地伸行(김태준 역),『유교란 무엇인가?』, 지영사, 1996

김시무. 2001.『영화예술의 옹호』. 현대미학사.

마셜 맥루한 & 쿠엔틴 피오르(김진홍 역).『미디어는 맛사지다』. 서울: 커뮤니케이션북스. 2001.

마셜 맥루한(김성기 외 역).『미디어의 이해』. 서울: 민음사. 2002.

박기현.『문화콘텐츠를 위한 미디어 미학』. 서울: 도서출판 만남. 2006.

배상준.『영화예술학입문』. 성신여대출판부. 2009.

앤드류 애드거 외(박명진 외 역).『문화이론사전』. 서울: 한나래. 2003.

앨리스터 맥그래스(김덕천 역).『기독교 영성 베이직』. 서울: 대한기독교서회. 2005.

요시마 슌야(안미라 역).『미디어 문화론』. 서울: 커뮤니케이션북스. 2006.

윌리엄 로마노프스키(신국원 역).『대중문화전쟁』. 서울: 예영커뮤니케이션. 2001.

           (정혁현 역).『맥주, 타이타닉, 그리스도인』. 서울: IVP. 2004.

이동연.『대중문화연구와 문화비평』. 서울: 문화과학사. 2002.

일레인 볼드윈 외(조애리 외 역).『문화코드, 어떻게 읽을 것인가?』. 서울: 한울아카데미. 2008.

조셉 보그스(이용관 역). 1991.『영화분석론: 영화보기와 영화읽기』. 제3문학사.

최재석.『왜 그리스도인에게 문학적 소양이 필요한가?』. 대한기독교서회. 2006.

클라이브 마쉬 편(김도훈 역). 2007.『영화관에서 만나는 기독교 영성』. 살림.

J. B. 노스(윤이흠 역),『세계종교사』상, 현음사, 1986.

김영한,『바르트에서 몰트만까지』, 대한기독교출판사, 1982.

김윤아,『미야자키 하야오』, 살림출판사, 2005.

김의찬,『클릭! 일본문화: 고지라에서 에반게리온까지』, 한겨레신문사, 1998.

김준양 저,『이미지의 제국 : 일본 열도 위의 애니메이션』, 한나래, 2006.

나카자와 신이치(김옥희 옮김),『신의 발명』, 동아시아, 2005.

나카자와 신이치(김옥희 옮김),『신화: 인류 최고의 철학』, 동아시아, 2003.

막스 베버(전성우 역),『탈주술화 과정과 근대: 학문, 종교, 정치』, 나남출판사, 2002.

박규태, "일본의 문화콘텐츠와 종교: 미야자키 하야오를 중심으로",『종교연구』44, 2006.

박규태,『애니메이션으로 보는 일본 : 소녀와 마녀 사이』(살림출판사, 2005)

발터 슈미탈스(변선환 역),『불트만의 실존론적 신학』, 대한기독교 서회, 1983.

이나바 신이치로(정윤아 역),『미야자키 하야오의 나우시카를 읽는다』, 미컴, 1999.

이용배,『애니메이션의 장르와 역사』, 살림출판사, 2004.

제임스 조지 프레이저(박규태 역),『황금가지』1, 2, 을유문화사, 2005.

조철수,『수메르 신화』, 서해문집, 2003

한국만화애니메이션학회,『일본애니메이션의 분석과 비판: 만화애니메이션연구 3』, 한울아카데미, 1999.

Beaudoin, Tom. *Consuming Faith*. Langham: Sheed & Ward. 2003.

Greschat, Hans-Juergen. *Was ist Religionswissenschaft*. Stuttgart: Kohlhammer. 1988.

Inge Kirsner, *Religion im Kino*, V&R, 2000.

Jones, Lindsay(ed), *Encyclopedia of Religion Vol.13* (2nd Edition). Macmillan Reference USA. 2004.

Kirsner, Inge. *Erloesung im Film*. Stuttgart: Kohlhammer. 1996.

Krause, Gerhard (ed.) *Theologische Realenzyklopaedie Vol.31*. Walter de Gruyter. 2000.

Kristensen, W.B., *The Meaning of Religion*, Martunus Nijhoff, 1971

Lynch, Gordon (ed.). *Between Sacred and Profane: Researching Religion and Popular Culture*. London: I.B.Tauris. 2007.

Tylor. E.B. *Primitive Culture: Researches Into the Development of Mythology, Philosophy, Religion, Art, and Custom*. London: John Murray. 1871.

2. 논문류

김원선, "재생의학의 현재와 미래", 〈생명연구〉, 생명문화연구소, 2004

김준영. "현대 미디어에 나타난 예수의 고난과 부활". 서울신학대학교 신학대학원 석사학위논문. 2012

박기현. "드니 아르캉의 대조의 미학 연구". 〈한국프랑스학 논집〉 63집. 2008

박문현, "동학에서 본 줄기세포", 〈동학학보〉, 동학학회, 2005

백은미. "대중문화 시대의 영성". 이화여자대학교 한국문화연구원. 〈한국문화연구〉 1권 2001

서경, "착상 전 배아의 도덕적 지위", 〈대한산부인과학회지〉, 대한산부인과학회, 2008

송상용, "인간배아 줄기세포 연구의 윤리", 〈생명연구〉, 생명문화연구소, 2004

신강호, "영화비평의 방법론", 〈영화연구〉 6호. 1989년 10월

양해림. "한국사회의 생명공학에 대한 성찰: 황우석 사태를 중심으로", 〈인문학연구〉, 충남대학교 인문과학연구소, 2007

우재명, "생명과학 기술과 연구자 윤리", 〈신학과 철학〉, 서강대 신학·철학연구소, 2004

이수범, 권영수, "온라인 토론장의 여론 표출 양상에 관한 연구: 황우석 박사와 MBC PD수첩의 갈등사례를 중심으로", 〈커뮤니케이션

학 연구〉, 한국커뮤니케이션학회, 2007

이진오, "생명공학의 조작된 자연성과 종교적 초월성에 대한 칸트적 고찰 -생명현상과 인간의 존엄성 문제를 중심으로".〈철학과 현상학 연구〉. 한국현상학회, 2008

전명수. "종교와 대중문화의 관계 시론". 한국종교학회.〈종교연구〉 48집. 2007

전현식, "인간줄기세포 연구에 대한 에코페미니즘의 비판적 성찰",〈한국기독교신학논총〉, 한국기독교학회, 2006

정용석. "기독교 영성 연구".〈대학과 선교〉 15집. 2008

한승옥, "독자반응-비평적 관점에서 본〈무정〉", 한국현대소설학회,〈현대소설연구〉 42권. 2009

홍경원, "해석을 위한 선택적 대안으로서의 독자반응비평?" 한신대 한신신학연구소,〈신학연구〉 제 48집. 2006

황유선-김유정-심홍진 외, "뉴미디어 환경에서 영화 관람 그리고 반복소비에 영향을 미치는 요인", 한국언론학회,〈한국언론학보〉 55권 2호. 2011년 4월

3. 인터넷 검색

http://www.kobis.or.kr/kobis/business/stat/boxs/findFormerBoxOfficeList.do?loadEnd=0&searchType=search&sMultiMovieYn=&sRepNa-

tionCd=&sWideAreaCd= (《영화진흥위원회》 역대 박스오피스 2014년 10월 23일 현재)

https://twitter.com/unheim/status/497013490528165888 (진중권 교수 명량관련 트위터)

http://media.daum.net/entertain/enews/newview?newsid=20140925114607009 (《뉴스엔》 2014년 9월 25일자 기사. "진중권 〈명량〉 졸작이라 했따가 매국노 됐다.")

http://www.cine21.com/news/view/mag_id/78063 (《씨네21》 2014년 10월 6일자 온라인 기사. 최현용, "우리는 왜 〈군도〉, 〈명량〉, 〈루시〉, 〈타짜〉를 볼 수 밖에 없는가"에 답함)

http://movie.naver.com/movie/bi/mi/point.nhn?code=93756#pointAfterTab (《네이버》 영화분야)

http://www.huffingtonpost.kr/2014/08/14/story_n_5677335.html (《허핑턴포스트 코리아》 2014년 8월 14일자 기사. 강병진, "〈명량〉에 대한 진중권의 조금 더 긴 이야기")

http://news.naver.com/main/read.nhn?mode=LSD&mid=sec&sid1=106&oid=038&aid=0000394157 (《한국일보》 2007년 8월 13일 기사. 진중권, "[진중권의 상상] (12) 심형래의 〈디워〉와 데우스 엑스 마키나")

http://tenasia.hankyung.com/archives/293332 (《한국경제신문》 2014년 8월 7일자 김한민 감독 인터뷰 기사)

http://sports.donga.com/grid/3/0503/20140726/65442059/2 (《스포츠동아》 2014년 7월 26일자 김한민 감독 인터뷰 기사)

미 주

1) 맥루한의 이 주장은 1967년 쿠엔틴 피오르와 공저로 펴낸『미디어는 맛사지다』(The Medium is the Massage)에서 또렷이 부각된다. 이 책의 우리말 번역은 다음과 같다. 마셜 맥루한 & 쿠엔틴 피오르(김진홍 역),『미디어는 맛사지다』(서울: 커뮤니케이션북스, 2001)

2) 성촉절(聖燭節)은 'groundhog day'라고 불리며, 이는 영화의 영어 제목에도 그대로 사용되었다. 마못이란 다람쥐 비슷한 동물이 해마다 2월 2일에 겨울잠을 자던 굴에서 나와 자기 그림자를 찾는 것에서 그해의 기후를 점치는 관습으로 이날이 생겼다고 한다.

3) 이 말은『맹자』제 5편 만장(萬章) 하(下)편에 나온다.

4) 이 글은 〈복음과 실천신학〉 제 20집 353~375쪽에 실린 내용을 수정 보완하여 이곳에 옮겨왔다. 이길용, "미디어 속의 한국교회, 왜곡된 이미지 분석과 대안제시를 위한 소고 -영화「밀양」을 중심으로" 한국복음주의실천신학회 편, 〈복음과 실천신학〉 20집 (2009.11.)

5) 한겨레신문, 2008년 11월 18일. *http://www.hani.co.kr/arti/society/religious/322528.html*

6) 보다 자세한 기사 내용은 위 각주 1)번의 링크를 참조하라. 그리고 기윤실의 설문 통계 결과와 그에 대한 분석기사는 아래 링크에서 직접 다운로드 받을 수 있다. *http://trusti.kr/2008/bbs/board.php?bo_table=2007_cemkstory&wr_id=6603*

7) 그만큼 기독교 신앙의 수용 여부에서 이미지가 차지하는 비중은 크다고 할 수 있다. 선노과성에서 이미시가 자시하는 중요성에 대해서는 다음 논문을 참조하라. 전요섭 & 류우열, "긍정적 이미지 수립을 통한 효과적 전도 전략 방안",한국 복음주의 실천신학회,『복음과 실천』제 11권 (2006년 봄호) 166-168.

8) Andrew Edgar 외 Peter Sedgwick 엮음. *Key concepts in cultural theory*, 박명진 외 8인 공역,『문화이론 사전』(서울: 한나래, 2003), 144.

9) 이런 추세로 영국을 비롯한 유럽에서도 영화 등 다양한 미디어에 대한 학문적 분석 작업이 활발해지고 있다. C. Marsh & G. W. Ortiz (ed.), *Explorations in Theology and Film: An Introduction*, 김도훈 역,『영화관에서 만나는 기독교 영성』(서울: 살림, 2007), 46. 아울러 Inge Kirsner는 영화관에서의 인간 행위는 예배시의 그것과 대비할 수 있고, 영화에 대한 언급은 구조적으로 종교에 대한 언급과도 잘 조화된다고 강조한다. 이상 영화와 종교의 관계에 대해서는 다음을 참조하라. Inge Kirsner(Hg.), *Religion im Kino* (Goettingen: Vandenhoeck & Ruprecht, 2000), 12-13.

10) 김양중 & 전요섭, "영화 매체가 대학생들의 신앙적 태도 변화에 미치는 영향" 한국복음주의 실천신학회.『복음과 실천신학』제 16권 (2008, 봄호). 174.

11) 유재천 외 10명,『매스 커뮤니케이션의 이해』(서울: 커뮤니케이션북스, 2005), 3. 김양중 & 전요섭, "영화 매체가 대학생들의 신앙적 태도 변화에 미치는 영향" 한국복음주의 실천신학회.『복음과 실천신학』제 16권 (2008, 봄호). 174에서 재인용.

12) "끈질긴 이야기꾼의 도돌이표, 영화감독 이창동",「시네21」594호 (2007.03.01), 108. 다음 링크에서도 위 기사를 확인할 수 있다. *http://www.cine21.com/Article/article_view.php?mm=005002007&article_id=45275*

13) 지강유철, "우리는 다시 '유죄 선고'를 받았다",「기독교사상」583호 (2007.07): 69.

14) 1993년 박광수의「그 섬에 가고 싶다」의 시나리오와 조감독을 맡

음으로 뒤늦게 영화계에 입문한 전직 고등학교 국어교사 출신인 이창동 감독은 1997년 「초록 물고기」로 정식 데뷔한다. 이후 2002년 「오아시스」로 59회 베니스 영화제 감독상을 수상하였고, 2003년에는 문화부 장관을 역임하기도 하였다. 그가 만든 4편의 영화-「초록물고기」(1996), 「박하사탕」(1999), 「오아시스」(2002), 「밀양」(2007)-는 모두 사회적 이슈를 만들면서 작품성을 인정받기도 하였다.

15) 영화진흥위원회의 공식집계에 의하면 「밀양」은 2007년도 개봉한 영화들 중 흥행순위 26위에 해당한다. 구체적인 정보는 아래 주소에서 조건검색을 해보면 된다.
http://www.kobis.or.kr/index_new.jsp

16) 「뉴스앤조이」(*http://www.newsnjoy.co.kr*)의 검색기능을 통해 살펴보면 그곳에 올라온 밀양 관련 글들은 총 8개이다. 정혁현, "보이지 않는 태양, 당신은 누구시기에"; 이광하, "하늘에서 땅으로 임하는 구원, 「밀양」"; 정강길, "「밀양」, 관념적 기독교 맹점 예리하게 포착한 영화"; 김형희, "영화 「밀양」의 영화평을 읽고"; 김세준, "기독교교육의 관점에서 본 「밀양」"; 송단, "영화 밀양에서 본 한국 기독교" 이상의 칼럼형태의 글이고, 나머지 두 개는 기사형태의 글이다. "수다의 만찬, 관객의 시선으로 「밀양」을 보다"; 문화 「밀양」은 기독교 영화 아니다"

17) 「기독교사상」에서는 「밀양」과 관계된 총 6개의 글을 실었다. 이신정, "쏟아지는 햇빛, 그 참혹한 응시의 그늘"; 김상근, "송강호 복음서"; 구미정, "참을 수 없는 신실의 버서움에 대하여"; 채수일, "영화 「밀양」과 천덕꾸러기 기독교"; 황영미, "기독인과 비기독인의 소통방식에 대하여"; 지강유철, "우리는 다시 '유죄 선고'를 받았다"

18) 그 책은 다음과 같다. 김영봉,『숨어 계신 하나님: 영화 밀양을 통해 성찰한 용서 사랑 그리고 구원』(서울: IVP, 2008). 물론 영화에 대한 평론집이 없는 것은 아니나, 특정 영화가 상영된 지 1년도 되지 않아, 오직 한 영화만을 위한 평론집이 출간되었다는 것은 매우 드문 현상이라고 할 것이다.

19) 이청준,『밀양: 벌레이야기』(서울: 열림원, 2007), 작가 서문 참조. 이 책은 영화「밀양」의 개봉과 더불어 단행본으로 재 발간되었다.

20) 구미정, "참을 수 없는 진실의 버거움에 대하여",「기독교사상」583호 (2007.07): 41.

21) 이상은 앞서 언급한 그의 인터뷰 기사를 참조바람. "끈질긴 이야기꾼의 도돌이표, 영화감독 이창동",「시네21」594호 (2007.03.01): 106-14.

22) 총 2시간 20여분의 상영시간 중 거의 절반에 해당하는 분량이다.

23) 이러한 감독의 의도는 신애의 아픔에 교조적, 형식적으로 접근하는 한국교회와 교인들의 모습으로 반복되어 표출된다.

24) 신응철,『철학으로 보는 문화』(서울: 살림, 2004), 46.

25) 당연히 이 시대에는 문자해독 능력이 있는 소수의 시각형 인간이 권력을 독점하는 구조가 되었다. 문자시대의 특징에 대해서는 다음 글을 참조하라. H. Marshall McLuhan, *Understanding Media: The Extensions of Man*, 김성기 & 이한우 역,『미디어의 이해』(서울: 민음사, 2002), 136-138.

26) H. Marshall McLuhan, *The Gutenber Galaxy*, 임상원 역,『구텐베르크 은하계-활자 인간의 형성』(서울: 커뮤니케이션북스, 2001), 384-385.

27) H. Marshall McLuhan, *Understanding Media: The Extensions of Man*, 김성기 & 이한우 역, 『미디어의 이해』(서울: 민음사, 2002), 479-495

28) 신응철,『철학으로 보는 문화』(서울: 살림, 2004), 46-47.

29) 국제신문, 2008년 11월 22일 기사 (http://211.214.103.10/news2000/pdf//2008/1122/112222015c.pdf)

30) 김홍권,『좋은 종교, 좋은 사회: 한국 주요 종교의 사회 기여도 분석』(서울: 예영커뮤니케이션, 2008), 81.

31) 이 활동에는 인도적 대북 지원, 수재의연금, 대구 지하철 화재 의연금, 인도적 해외 지원 등이 포함된다.

32) 김홍권,『좋은 종교, 좋은 사회』, 86.

33) 김홍권,『좋은 종교, 좋은 사회』, 95.

34) 윤경로, "한국 기독교 수난과 105인 사건", 「한성사학」제 15집 (2002): 50.

35) 일제 초기 1원은 순금 두 푼(750mg) 정도였다고 한다. 이를 지금의 화폐가치로 환산하면 대략 1만 원 정도이다.

36) 전지영, "일제 강점기 임시 은사금의 분배와 성격에 관한 연구", (석사학위논문: 강원대학교 사학과, 2008), 57.

37) 전지영, "일제 강점기 임시 은사금의 분배와 성격에 관한 연구", 19.

38) 물론 그 이후에도 박은식(1859~1925), 신채호(1880~1936) 등이 유교 정신의 맥을 이어가긴 하였다.

39) 송건호,『송건호 전집 12: 빛을 남긴 사람들』(서울: 한길사, 2003), 280.

40) 기윤실의 교회 신뢰도 조사결과에도 한국 기독교가 신뢰를 회복하기 위해서 우선해야 할 일들 중 타종교 관용 건은 25.8%에 달한다. 순위로 매기면 42%의 언행일치 다음에 위치한다.

41) 한미준/한국갤럽 리서치,『한국교회 미래 리포트』(서울: 두란노, 2005), 246.

42) 한미준/한국갤럽 리서치,『한국교회 미래 리포트』, 248.

43) 한미준/한국갤럽 리서치,『한국교회 미래 리포트』, 244.

44) 신광철은「만다라」,「아제아제 바라아제」 등 뛰어난 불교영화가 등장하고 있는 것에 반해 기독교 영화의 빈약함에 대해 지적하고 있다. http://www.christiantoday.co.kr/view.htm?id=184194 참조바람. 불교영화에 대한 설명은 다음 논문을 참조하라. 신광철, "한국 불교 영화의 회고와 전망",「종교연구」27집(2002): 121-131.

45) 몇 년 전 개봉한 Mel Columcille Gerard Gibson의「Passion of Christ」(2004)나 캐나다 Denys Arcand 감독의「Jesus De Montreal」(1989) 등은 대표적 가톨릭 영화로 관객에게 많은 감동을 선사했다. Denys Arcand 감독의 영화에 대한 신학적 분석은 다음을 참고하라. Inge Kirsner, *Erloesung im Film* (Stuttgart: Kohlhammer, 1996), 133-84.

46) 이 글은 서울신학대학교 학생생활연구서가 펴낸〈학생생활연구〉 4호(2011)에 "영화 미디어에 대한 한 이해"란 이름으로 실렸던 것을 수정 보완하여 옮겨왔다.

47) Marshall McLuhan, *Understanding Media: The Extensions of Man*, 김성기, 이한우 역,『미디어의 이해: 인간의 확장』(서울: 민음사, 2002), pp. 35-55.

48) 박기현,『문화콘텐츠를 위한 미디어 미학』(서울: 도서출판 만남, 2006), p. 73.

49) Gordon Lynch (ed.), *Between Sacred and Profane: Researching Religion and Popular Culture,* (London: I.B.Tauris, 2007), p. 1.

50) Gordon Lynch (ed.), *Between Sacred and Profane*, p. 6.

51) William D. Romanowski, *Eyes Wide Open*, 정혁현 역,『맥주, 타이타닉, 그리스도인』(서울: IVP, 2004), p. 79.

52) 남아공 University of Cape Town의 종교학과 교수로 주로 '종교와 세계화', '종교와 대중문화'에 관한 연구에 집중하고 있다.

53) David Chidester, *Authentic Fakes: Religion and American Popular Culture* (Berkeley & L.A.: Univ. of CA Press, 2005), 87-90, 전명수, "종교와 대중문화의 관계 시론", 한국종교학회, 〈종교연구〉 48집, 2007, p. 372에서 재인용.

54) 전명수, "종교와 대중문화의 관계 시론", p. 372.

55) 박기현,『문화콘텐츠를 위한 미디어 미학』, p. 43.

56) 박기현,『문화콘텐츠를 위한 미디어 미학』, p. 43.

57) *http://boxofficemojo.com/alltime/world/*

58) 한국 내 아바타 상영수익은 세계로 따지면 8위에 해당한다. 개봉 스크린 수로 따지자면 총 912개로 미국에 이어 2위를 달렸다. 아직까지 국내는 박스 오피스를 영화 관람객의 누적수로 셈하지만, 일반적으로 영화 순위는 상영수익으로 정하고 있다. 이런 점에서 〈아바타〉는 3D 중심으로 상영을 해 입장료 수입이 일반 2D 영화보다는 유리한 면도 없지 않았다.

59) David Kinsley, *"Avatar"* in Lindsay Jones ed., Encyclopedia of Religion, 2nd Edition. Vol. 2. (Thomson Gale, 2005), p. 707.

60) 브라흐마은 창조주로, 시바는 파괴와 죽음의 신, 그리고 비슈누는 세계의 질서를 유지 보존해 주는 신으로 각각 숭배되고 있다.

61) 비슈누의 아바타로는 보통 10종류가 있다고 한다. 그 각각은 다음과 같다. 마츠야(Matsya), 쿠르마(Kurma), 바라하(Varaha) , 나라심하(Narasimha), 바마나(Vamana), 파라슈라마(Parshurama), 라마(Rama), 크리슈나(Krishna), 고타마 붓다(Gautama Buddha), 칼키(Kalki). J.B. 노스(윤이흠 역),『세계종교사(하)』(서울: 현음사, 1986), pp. 812-813. Swami Harshananda. *Hindu Gods and Goddesses*. 김석진 역.『인도의 여신과 남신』(서울: 남명문화사, 1987), pp. 57-74.

62) T.E.D.는 Technology, Entertainment, Design의 약자이다. 미국에서 열리고 있는 국제 컨퍼런스인데 각 분야의 전문가나 학자를 초빙하여 20분 정도의 짧은 강연을 하고 그것을 인터넷 상에서 공개하는 서비스를 제공하고 있다. 이 조직은 '퍼져나갈 가치가 있는 생각들'(Ideas worth spreading)을 모토로 하고 있으며, 인터넷 주소는 다음과 같다. *http://www.ted.com/*

63) 이상 카메론의 강연은 아래 주소에서 확인하라.
http://www.ted.com/talks/lang/eng/james_cameron_before_avatar_a_curious_boy.html

64) 애니메이션(Animation)의 일본식 표현이다. 90년대 이후 일본 애니메이션의 세계적 영향력이 거대해지자 이제 학계의 공식 용어로 자주 사용되기도 한다. '아니메' 연구서로는 다음 책을 참조하라. Susan J. Napier *Anime: From Akira to Princess Mononoke*, 임경희

& 김진용 옮김,『아니메』(서울: 루비박스, 2005).

65) 미야자키 하야오 감독의 대표작들 중의 하나로 1997년 개봉되어 총 193억 엔의 흥행수입을 올려 일본 역대 3위를 기록하고 있는 작품이다.

66) 일본의 만화를 일컫는다. 다른 지역의 만화와는 달리 복잡한 서사구조와 다양한 장르를 포섭하고 있는 일본산 만화를 특별히 구별하기 위해 토착발음 그대로 '망가'라 부른다.

67) 1부는 1999년에 그리고 2, 3부는 2003년에 개봉되었다.

68) 해마다 제작되는 영화 편수와 판매되는 티켓 수만 따진다면 인도는 세계 제 1 이다. 이러한 인도의 영화 붐을 일컫는 말로 서구에서는 볼리우드(Bollywood)란 단어를 사용한다. 봄베이와 헐리우드의 합성어이다.

69) http://www.newsis.com/ar_detail/view.html?ar_id=NISX20100408_004837389&cID=10401&pID=10400

70) 이길용, "신화, 그 원초적 이미지" 한국영상문화학회, 〈영상문화〉 12집 2007. p. 32.

71) Mihaly Csikszentmihalyi, *Finding Flow*. 이희재 역,『몰입의 즐거움』(서울: 해냄, 2008). p. 45.

72) Mihaly Csikszentmihalyi,『몰입의 즐거움』, pp. 45-46.

73) 대표적으로 방송극 작가 김수현씨가 자신의 트위터에 〈아바타〉의 서사구조가 따분했고 지루했다는 평을 실어 누리꾼 사이에 화제가 되기도 했었다. 이에 대한 〈한국일보〉의 기사는 다음을 참조하라.
http://news.hankooki.com/lpage/culture/201002/

*h*20100201062210111780*.htm*

74) 김양중 & 전요섭, "영화 매체가 대학생들의 신앙적 태도 변화에 미치는 영향", 한국복음주의 실천신학회, 『복음과 실천신학』제 16권 (2008, 봄호). p. 176.

75) James F. White. *Introduction to Christian Worship*, 정장복 & 조기연 역, 『기독교 예배학 입문』(서울: 예배와 설교 아카데미, 2000), p. 25.

76) '누미노제'(numinose)란 용어는 독일의 신학자 루돌프 옷토(Rudolf Otto, 1869~1937)에 의해 학문적으로 소개되었다. 그는 대표저서 "Das Heilige"(길희성 역, 『성스러움의 의미』, 분도출판사, 1987)에서 칸트(I. Kant, 1724~1804) 이후 이성 중심, 윤리 중심으로 해석되는 종교이해를 넘어서고자 시도한다. 옷토의 시도는 종교에서 합리성을 넘어서는 그 이상의 것을 찾아내고 분석하는 것으로 이어진다. 곧 그는 종교에는 누멘적 경험이 있게 되고, 이것이야말로 이성적이고 합리적인 것을 넘어서는 보다 본질적인 것이라고 주장하기에 이른다. 계속해서 옷토는 이 누멘적인 것의 속성을 다음과 같이 밝혀내고 있다. 즉 그것은 인간으로서는 도저히 알 수 없는 것(mysterium)이며, 또한 두렵고(tremendum)도 매혹적(fascinas)인 것이다. 옷토는 이런 누멘적 체험은 환상이나 마약 등에 의한 기만적인 것이 아니라 가장 확실한 궁극적 실재를 의식하는 것이라 보고 있다. 이런 옷토의 작업은 종교이해에서 '경험적 요소'를 부각시키는 것이며 이런 점에서 그의 작업은 이전 슐라이에르마허(F. Schleiermacher, 1768-1834)의 작업을 잇고 있다고 할 수 있다. 이상 옷토의 누미노제에 대한 이해는 다음 글을 참조하라. 김승혜, 『종교학의 이해: 종교연구 방법론을 중심으로』(왜관: 분도출판사, 1986), pp. 95-113.

77) Paul W. Hoon, The Integrity of Worship (Nashville: Abdingdon Press, 1971), p. 94. 김영한, "포스트모던 시대의 올바른 예배", 한국개혁신학회, 〈한국개혁신학〉 24호 (2008), p. 22.에서 재인용.

78) 이 글은 서울신학대학교 학생생활연구소에서 펴낸 〈학생생활연구〉 8호(2014)에 "영화 〈명량〉(2014) 분석적 읽기"라는 제목으로 게재된 것을 수정 보완하여 이곳에 실었다.

79) 2016년 현재 한국 영화 중 천만 관객 이상을 동원한 영화는 총 13편이다. 그중 김한민 감독의 〈명량〉이 2014년에 개봉되어 총 1,700여만 명의 관객을 끌어들여 국내 개봉작 중 최고 흥행을 기록하고 있다. 그 외 천만 관객 이상을 동원한 한국 영화는 다음과 같다. 관객의 숫자는 백만 단위까지만 처리하였다. 〈국제시장〉(2014, 1,400만), 〈베테랑〉(2015, 1,300만), 〈괴물〉(2006, 1,300만), 〈도둑들〉(2012, 1,200만), 〈7번방의 선물〉(2013, 1,200만), 〈암살〉(2015, 1,200만), 〈광해, 왕이된 남자〉(2012, 1,200만), 〈왕의 남자〉(2005, 1,200만), 〈태극기 휘날리며〉(2004, 1,100만), 〈해운대〉(2009, 1,100만), 〈변호인〉(2013, 1,100만), 〈실미도〉(2003, 1,100만)

80) 영화 진흥원에서 운영하는 역대 박스오피스 검색 결과이다. http://www.kobis.or.kr/kobis/business/stat/boxs/findFormerBoxOfficeList.do?loadEnd=0&searchType=search&sMultiMovieYn=&sRepNationCd=&sWideAreaCd= * 검색일자 2014년 10월 23일

81) https://twitter.com/unheim/status/497013490528165888

82) http://media.daum.net/entertain/enews/newsview?newsid=20140925114607009 진교수는 위 기사를 통해 〈명량〉에 대한 혹평에 대한 반응으로 자신을 매국노라 치부하고 있음을 지

적하고 있다.

83) 배상준,『영화예술학입문』(서울: 성신여대출판부, 2009), p.27

84) 배상준(2009), p.11

85) 요시마 균야(안미라 역),『미디어 문화론』(서울: 커뮤니케이션북스, 2006), p.119

86) 에디슨은 1891년 이 기기에 대한 특허 신청을 하였고, 1894년에는 상품화하였다.

87) 요시마 균야(2006), p.119

88) 요시마 균야(2006), p.128

89) 요시마 균야(2006), p.130

90) 김시무,『영화예술의 옹호』(서울: 현대미학사, 2001), pp.278-279

91) 박기현,『문화콘텐츠를 위한 미디어 미학』(서울: 도서출판 만남, 2006), p.30

92) 박기현(2006), p.44

93) 박기현(2006), p.49

94) 김시무(2001), p.252

95) 김시무(2001), p.252

96) 이 제약은 최근에 다양한 디지털 매체의 발달로 많은 부분 상쇄되고 있다. 이는 영화 감상의 흐름마저 바꾸어 놓고 있다. 즉 영화 감상이 이전에는 특정한 공간 안에 다수의 관객들이 관람하는 형태가 주를 이루었으나, 최근에는 개인별로 디바이스(PC, 스마트폰, DVD플레이어 등)를 이용하여 반복, 집중 감상할 수 있는 기술 환

경이 되었다.

97) '무대에 배치한다.'는 뜻의 프랑스어이고, 영화, 연극 등에서 사용하는 전문 용어이다. 무대 위에 인물이나 사물을 어떻게 배치할 것인가에 대한 물음을 담고 있는 미학적 개념이라고 할 수 있다.

98) '조립'한다는 뜻의 프랑스어이고, 따로 촬영된 장면들을 의도된 편집을 가지고 떼어 붙여 새로운 장면이나 내용을 만들어내는 영화적 기법을 말한다.

99) 이들 영화비평이론에 대해서는 다음 글을 참조바람. 신강호, "영화비평의 방법론", 〈영화연구〉 6호(1989년 10월호), pp.181-200

100) 황유선 외, "뉴미디어 환경에서 영화 관람 그리고 반복 소비에 영향을 미치는 요인", 〈한국언론학보〉 55권 2호(2011년 4월), p.132

101) 황유선(2011), p.136

102) 홍경원, "해석을 위한 선택적 대안으로서의 독자반응비평?" 〈신학연구〉 제 48집(2006), p.81

103) 이상 5가지 독자반응비평의 이론들에 대한 설명은 다음 글을 참조하라. 한승옥, "독자반응비평적 관점에서 본 〈무정〉", 한국현대소설학회, 〈현대소설연구〉 42권(2009), pp.540-542

104) 한승옥(2009), p.540

105) 한승옥(2009), p.544

106) 한승옥(2009), p.544

107) http://movie.naver.com/movie/bi/mi/point.nhn?code=93756#pointAfterTab

108) http://www.huffingtonpost.kr/2014/08/14/story_n_5677335.html

109) http://www.huffingtonpost.kr/2014/08/14/story_n_5677335.html에서 재인용

110) CGV의 총 스크린 수는 657개이다.

111) 메가박스의 총 스크린 수는 438개이다.

112) 롯데시네마의 총 스크린 수는 657개이다.

113) 최현용, "〈한국영화 블랙박스〉 시스템에 끊임없이 도전할 뿐" http://www.cine21.com/news/view/mag_id/78063

114) 진중권, "심형래의 '디워'와 데우스 엑스 마키나" 〈한국일보〉 2007년 8월 13일 기사. http://news.naver.com/main/read.nhn?mode=LSD&mid=sec&sid1=106&oid=038&aid=0000394157

115) 고대 그리스 연극 무대에서 복잡하게 꼬인 스토리를 풀기 위해 배우가 기계장치를 통해 하늘로부터 내려오는 신의 역할을 함으로써 문제를 해결한데서 나온 용어이다. 보통 작품의 완성도가 떨어질 때 이 말을 자주 사용한다.

116) 〈한국경제신문〉 2014년 8월 7일자 김한민 감독 인터뷰 기사. http://tenasia.hankyung.com/archives/293332

117) 〈스포츠동아〉 2014년 7월 26일자 김한민 감독 인터뷰 기사. http://sports.donga.com/grid/3/0503/2014-0726/65442059/2

118) 이 글은 서울신학대학교의 기독교영성연구소에서 펴낸 〈삶과 영성〉 1호(2014)에 "대중문화와 영성"이란 이름으로 실린 것으로 수정 보완하여 이곳에 옮겨놓았다.

119) E.B.Tylor, *Primitive Culture: Researches Into the Development of*

Mythology, Philosophy, Religion, Art, and Custom (London: John Murray, 1871), p.1

120) 이 부분에 대해서는 다음 글을 참조 바람. 일레인 볼드윈 외(조애리 외 역), 『문화코드, 어떻게 읽을 것인가?』(서울: 한울아카데미, 2008), pp.24-28

121) 음악, 미술, 연극, 공연 등 다양한 예술 활동 등

122) 이동연, 『대중문화연구와 문화비평』(서울: 문화과학사, 2002), p.11

123) 앤드류 애드거 외(박명진 외 역), 『문화이론사전』(서울: 한나래, 2003), pp.121-122

124) *ibid.*, p.122

125) 윌리엄 로마노프스키(정혁현 역), 『맥주, 타이타닉, 그리스도인』(서울: IVP, 2004), p.79.

126) 윌리엄 로마노프스키(신국원 역), 『대중문화전쟁』(서울: 예영커뮤니케이션, 2001), p.78

127) *ibid.*, p.78

128) 모든 미디어가 인간 감각의 확장임을 밝히는 맥루한의 주장은 다음을 참조하라. 맥루한(김성기 외 역), 『미디어의 이해』(서울: 민음사, 2002), pp.35-55; 마셜 맥루한 & 쿠엔틴 피오르(김진홍 역). 『미디어는 맛사지다』. 서울: 커뮤니케이션북스. 2001. 특히 후자는 책 전편을 통해 미디어가 인간 감각의 확장임을 다양한 그림과 사진으로 설명하고 있다.

129) 라틴어 '*ubique*'에서 유래한 단어로 '동시에 어디에나 존재하는'이란 의미를 지닌다. 정보 통신 기술의 발달로 시간과 장소에 구애받

지 않고 언제 어디서나 온라인에 접속하여 정보를 활용할 수 있는 환경을 뜻하는 단어이다.

130) 백은미, "대중문화 시대의 영성", 이화여자대학교 한국문화연구원, 〈한국문화연구〉 1권 (2001), p.234

131) ibid., p.236

132) Lindsay Jones(ed), *Encyclopedia of Religion Vol.13*(2nd Edition)(Macmillan Reference USA, 2004) p.8718

133) Gerhard Krause(ed.) *Theologische Realenzyklopaedie Vol. 31*(Walter de Gruyter, 2000), p.708

134) 정용석, "기독교 영성 연구"〈대학과 선교〉 15집 (2008.12), p.16

135) 앨리스터 맥그래스(김덕천 역), 『기독교 영성 베이직』 (서울: 대한기독교서회, 2005), p.15

136) Hans-Juergen Greschat, *Was ist Religionswissenschaft* (Stuttgart: Kohlhammer, 1988), p. 18

137) 백은미, "대중문화 시대의 영성", 이화여자대학교 한국문화연구원, 〈한국문화연구〉 1권 (2001), p.236

138) David Chidester, *Authentic Fakes: Religion and American Popular Culture*(Berkely & L.A.: University of Califonia Press, 2005), pp.81-90, 전명수, "종교와 대중문화의 관계 시론" 한국종교학회, 〈종교연구〉 48집(2007.09), p.372에서 재인용.

139) ibid., p.372

140) 영화의 시놉시스는 다음 글을 참조하라. 박기현, "드니 아르캉의 대조의 미학 연구"〈한국프랑스학 논집〉 63집 (2008), p.236-237

141) 이 스토리보드는 〈엘지미디어〉에서 1994년에 발매된 〈몬트리올의 예수, VCD〉를 대상으로 했고, 이는 김준영 "현대 미디어에 나타난 예수의 고난과 부활"(서울신학대학교 신학대학원 석사 학위 논문, 2012년 제출), p.38에서 인용하였다.

142) 이 글은 고려대학교 응용문화연구소에서 펴낸 〈에피스테메〉 3집(2009)에 "배아줄기 세포가 던진 생명논쟁의 한 이해"를 수정 보완하여 이곳에 재수록하였다.

143) 대니 보일Danny Boyle은 이 영화에 〈Trainspotting〉(1996)이란 제목을 붙였다.

144) 〈28 Days Later〉(2002)

145) 이 글에서는 주로 인간의 생명으로 이 개념을 제한해서 논하도록 하겠다.

146) 이 문제에 대해서는 다음 글을 참조하라. 서경, 「착상 전 배아의 도덕적 지위」, 『대한산부인과학회지』, 대한산부인과학회, 2008. 참고로 서경 교수는 인간 생명의 시작을 수태의 순간부터 잡아야 할 것을 제안하고 있다.

147) 황우석 사건이 불러일으킨 당시 한국사회 여론형성의 상관관계에 대해서는 다음 글들을 참조하라. 이수범, 권영수, 「온라인 토론장의 여론 표출 양상에 관한 연구: 황우석 박사와 MBC PD수첩의 갈등사례를 중심으로」, 『커뮤니케이션학 연구』, 한국커뮤니케이션학회, 2007

148) 1997년에 영국 에든버러 로슬린 연구소의 윌머트I. Wilmut 연구팀은 1996년 7월 5일 체세포 복제를 통해 양을 복제해냈다고 발표하였다. 이 사건은 이후 세계적으로 생명윤리에 대한 관심을 증

폭시키는데 큰 역할을 하였다.

149) 이 신화는 고대인들이 생각하던 창조의 의미를 친절하게 일러주고 있다. 그것은 '무로부터의 창조'가 아니라, '혼돈으로부터의 질서'이다. 그리고 창세기의 창조이야기도 이 선상에서 읽혀질 수 있다.

150) 이상은 다음에 대한 요약이다. 조철수, 『수메르 신화』, 서해문집, 2003, 137-179.

151) 창세기 창조설화의 의미에 대해서는 다음을 참조하라. 강성열, 『고대 근동 세계와 이스라엘 종교』, 한들출판사, 2003, 27-33.

152) 인간의 몸뿐만 아니라 형태를 갖춘 모든 사물들을 포함한다.

153) 이 점에서 기철학자들은 다른 이야기를 하기도 한다.

154) 또한 이 점에서 신유학은 완벽한 유물론이라고 보기 힘든 부분도 분명 있다.

155) 이에 대한 주희의 애매함 때문에 조선조의 유명한 '인물성 동이론'이 등장하기도 한다.

156) 가지 노부유키加地伸行(김태준 역), 『유교란 무엇인가?』, 지영사, 1996, 176.

157) 종교학자 크리스텐센W.B. Kristensen에 의하면 고대인들 역시 이런 구조로 생명을 이해했다고 한다. 즉, 생명의 기원은 신적 존재 혹은 절대자에게 있으며 신과 인간은 종교적 제의를 통해 신적 생명을 공유하고 있다고 생각했다는 것이다. 이에 대해서는 아래 글을 참조하라. Kristensen, W.B., *The Meaning of Religion*, Martunus Nijhoff, 1971, p. 241.

158) 도올은 1987년 통나무에서 펴낸 『아름다움과 추함』이란 작은 책자에서 예의 '느낌의 인식론'을 설파하고 있다. 이 책에서 도올은 자신의 기철학적 관점에서 서구의 미학이 이성중심주의에 흐른 것을 비판하며 느낌의 인식론을 주장하다. 그가 말하는 느낌의 인식론이란 이성과 감정을 구분하지 않고, 이를 '느낌'으로 포용하여 인식 주체와 대상의 명확한 구분에 의존하는 서구의 인식론을 넘어서고자 했다.

159) 이 영화의 본제목은 〈모노노케 히메〉이며 우리말로 하면 '도깨비 공주' 정도가 되겠다. 하지만 개봉 당시 우리나라는 일본문화 수입을 제한하고 있었기에 이 작품도 홍콩을 통해 소개되어 중국식 이름인 '원령공주'로 알려졌다.

160) 물론 이러한 느낌은 그의 본격적 극장 애니였던 〈바람의 계곡 나우시카〉를 본 후의 감동과 비할 바는 아니었다. 사실 작품의 완성도와 치밀함, 그리고 이야기의 탁월한 구성력은 〈모노노케〉보다는 〈나우시카〉에 더 많은 점수를 주고 싶다.

161) 이 글은 한국영상문화확회에서 펴낸 〈영상문화〉 13호(2008.07)에 실린 "현대인을 위한 비신화화? : 〈하울의 움직이는 성〉에 대한 종교학적 이해"를 수정 보완한 것이다.

162) 일본 개봉을 통해 총 1백 8억엔의 흥행수입을 기록했다.

163) 〈센과 치히로의 행방불명〉은 총 304억엔의 흥행을 기록했다. 아울러 이 영화는 2002년 베를린 국제영화제에서 그랑프리에 해당하는 금공상을 수상하기도 했다.

164) 그의 아들 미야자키 고로는 2006년 〈게드전기-어스시의 마법사〉로 정식 데뷔하였다. 아버지의 뒤를 이어 일본 애니메이션의 명가 〈지브리〉를 이끌어야 할 운명을 쥔 고로는 데뷔작에서는 아

버지만큼의 역량을 충분히 입증하지는 못했다.

165) 여기서는 그 포인트를 '비신화화'로 잡아보았다. 즉 현대인들에게 전해주는 마법과 주술에 대한 미야자키의 이야기를 그렇게 설정해 본 것이다.

166) R. Bultmann, *Kerygma und Mythos* I., S. 22. 발터 슈미탈스(변선환 역), 『불트만의 실존론적 신학』(대한기독교 서회, 1983), 256쪽에서 재인용. 몇몇 용어는 필자가 이해하기 쉬운 것으로 교체했다.

167) 김영한, 『바르트에서 몰트만까지』(대한기독교출판사, 1983), 139쪽.

168) 막스 베버(전성우 역), 『탈주술화 과정과 근대: 학문, 종교, 정치』,(나남출판사, 2002), 388쪽.

169) 미야자키의 유머가 도드라지는 순간이기도 하다. 대개 왕실이란 자의든 타의든 많은 허수아비를 양산하는 곳이지 않은가.

170) 이 저주의 특징은 남에게 저주의 이유를 스스로 밝힐 수 없다는데 있다. 타인에게 전할 수 없는 저주의 이유. 그것은 이 저주의 기원이 남이 아니라 자신에게 있음을 암시하는 복선이 아닐는지.

171) 미야자키의 해석과는 달리 다이애나 윈 존스의 원작에서 소피는 마녀의 저주를 풀기 전까지는 줄곧 90대 노파의 모습을 유지하고 있다. 따라서 영화에서 그려지는 다양한 모습의 소피는 철저히 미야자키의 계산된 의도라고 봐야 할 것이다.

172) 사실 근대의 학문이라 함은 바로 이 정리와 분류이다. 관찰과 실험을 통해 얻게 된 결과들을 유형별로 형태별로, 혹은 기원별로 분류 배열하여 정리하는 기법. 근대학문의 알파요 오메가라 할 수 있다.

173) 서로 접촉한 사물은 떨어져 있어도 공감을 계속한다는 생각에 바탕

을 두고 있는 주술이다. 예를 들어 어느 사람의 신체 일부분(머리카락, 손톱 등)은 멀리 떨어져 있더라도 본래 주인에게 영향을 줄 수 있다고 믿는 생각에서 나온 주술이다. 성인들의 유물이나 유골을 중시여기는 것도 역시 이와 같은 사유의 연장이라 볼 수 있다.

174) 기우제를 행할 때 물을 붓는 행위와 더불어 천둥을 치는 소리를 내는 것 등이 이에 속한다.

175) 해코지하고자 하는 이의 형상을 인형으로 만들어 행하는 주술이다. 보통 해를 입히고자 하는 이를 닮은 인형을 바늘이나 날카로운 도구로 찌르거나 베어내어 그 인형의 모델이 된 이에게 피해를 입히고자 하는 주술이다.

176) J. B. 노스(윤이흠 역), 『세계종교사』(상)(현음사,1986), 42-43쪽.

177) 이상 프레이저의 주술론은 다음을 참조하라. 프레이저(박규태 역), 『황금가지』제1권(을유문화사, 2005), 150~172쪽.

178) 예를 들어 고도로 발전된 교리를 지닌 그리스도교나 불교에서도 성찬, 세례, 사리숭배 등 여러 주술적 요소들을 발견할 수 있다.

179) J. B. 노스(윤이흠 역), 『세계종교사』, 40-41쪽.

180) 〈하울의 움직이는 성〉의 주제음악이며, 가사의 몇 부분들은 이 글의 부제로도 사용되었다.

181) 2013년 6월 5일에 시작하여 같은 해 8월 1일까지 SBS를 통해 방영되었다.

182) 2013년 8월 7일부터 2013년 10월 3일까지 SBS에서 방영된 수목 드라마

183) 2010년 7월 11일 첫 방송된 후 지금까지 방영 중인 SBS의 주말 예능 프로그램

184) 2013년 4월 9일 첫 방송된 후 지금까지 방영 중인 KBS2의 화요 예능 프로그램

신인류와 문화콘텐츠 그리고 대중문화

초판 1쇄 인쇄 2016년 9월 1일 | 초판 출간 2016년 9월 15일 | 저자 이길용 | 펴낸이 임용호 | 펴낸곳 도서출판 종문화사 | 편집 이태홍 · 디자인오감 | 인쇄 · 제본 (주)두경 | 출판등록 1997년 4월 1일 제22-392 | 주소 서울시 은평구 불광동 354-7. 3층 | 전화 (02)735-6891 팩스 (02)735-6892 | E-mail jongmhs@hanmail.net | 값 13,500원 | ⓒ 2016, Jong Munhwasa printed in Korea | ISBN 979-11-87141-00-6 03330 | 잘못된 책은 바꾸어 드립니다.